2024年度浙江省哲学社会科学规划“省市合作”课题资助

财富管理背景下金融科技使用意愿和行为的影响机制研究

CAIFU GUANLI BEIJINGXIA JINRONG KEJI SHIYONG YIYUAN HE XINGWEI DE YINGXIANG JIZHI YANJIU

袁 野 著

中国农业出版社
北 京

本书的出版得到了 2024 年度浙江省哲学社会科学规划“省市合作”课题《“两业”融合背景下金融科技助力中小制造企业解决融资问题的路径研究》（编号：24SSHZ033YB）基金的资助，在此表示感谢。

前 言

金融科技是快速数字化的世界经济中最重要的元素。近年来，金融科技在金融服务业不断创新，受到了全球的广泛关注。随着互联网技术与金融行业的深入融合，金融科技为公众提供了支付服务、财富管理、众筹、借贷服务、数字货币等创新金融服务。许多互联网金融公司逐渐进入金融科技市场，银行等传统金融公司也在加速转型，金融科技对财富管理行业的影响愈加广泛和深入。财富管理领域中，数据驱动的商业模式通过手机与客户连接，改变了人们的财富管理方式。在这样的背景下，急需对财富管理领域中金融科技使用的影响机制作深入探究。

企业层面中，技术和创新被认为是大多数组织竞争优势的主要驱动力，新技术的发展为企业和管理人员带来了前所未有的机遇和挑战。金融科技助力财富管理，融合大数据、人工智能、金融实时数据分析等领先的核心技术，基于支持金融分析的高性能数据处理、投资组合优化和模拟的海量计算，为用户提供智能风险评估和多样化的产品。用户可以体验动态平台，获得专业化咨询服务。财富管理企业中，金融科技的使用能够大大降低运营成本，提高服务效率，为客户提供更有力的保障。然而，影响财富管理企业对金融科技的使用意愿和采纳行为的因素却不甚明晰，识别重要影响因素并研究其影响机制十分必要。

本书从个人和企业两个视角出发，基于信息系统期望确认理论、技术采纳与利用整合理论、技术-组织-环境框架理论，结合自我效能理论、价值理论等，以有使用金融科技管理个人财富经历的个人用户和财富管理企业为研究对象，探究影响个人用户和财富管理企业使用金融科技的重要因素和影响机制，以及相关因素的中介机制。具体而言，本书围绕以下几个问题展开：①个体认知视角中，用户持续使用金融科技管理个人财富的意愿受到哪些因素影响，其影响作用和影响机制是怎样的。②用户在采纳金融科技后，有哪些内外因素影响其持续使用意愿和态度，进而影响持续使用行为。③从企业层面来看，哪些因素会影响财富管理企业采纳金融科技的意愿，这些因素如何影响感知价值和采纳意愿，进而影响金融科技采纳行为。

为回答这几个研究问题，本书通过以下三个主要部分来展开研究。首先，在个人研究层面，采用先量后质的混合方法进行研究设计。个体认知视角下影响用户持续使用金融科技管理个人财富研究中，基于信息系统期望确认理论和自我效能理论构建研究模型，提出研究假设，包括直接效应假设和中介效应假设。数据收集采用问卷调查法，借用现有成熟量表，在金融科技和财富管理背景下适当修改，得到初步问卷。根据前测试和预测试结果进行题项修改后，得到最终问卷，利用在线调研平台对使用过金融科技的财富管理用户发放问卷。用结构方程模型分析数据，得出研究结论。其次，在个人层面定量研究结果基础上，利用案例研究法对用户采纳后的金融科技持续使用意愿和行为进行研究。采用理论抽样选取样本，通过深入访谈获取研究数据。定性研究结果对定量研究结果进行了验证、解释和补充，使个人视角的研究结论更加全面。最后，在企业研究视角中，基于经典的技术-组织-环境框架理论，并结合员工个人特质，对财富管理企业采纳金融科技进行定量研究。利用问卷调查法获得研究数据，并分析数据，得到研究结论。

按照上述研究思路和研究内容，本书得到了以下研究结论：①用户持续使用金融科技意愿会受到满意度和感知有用性的正向影响，满意度会受到确认感和感知有用性的正向影响，感知有用性也会受到确认感的影响。金融科技背景下的金融自我效能和科技自我效能都会对确认感和感知有用性产生正向影响，此外，两类自我效能可以分别通过确认感对感知有用性产生间接影响，金融自我效能对用户感知有用性和确认感的预测作用比科技自我效能大。②感知有用性、努力期望、社会影响、便利条件、信任和感知智能性会对用户持续使用意愿和态度产生正向影响，感知风险会对持续使用意愿和态度产生负向影响。持续使用意愿和态度都会对金融科技使用产生正向影响。与定量研究相比，除感知有用性以外，案例研究还补充发现了其他影响持续使用意愿和态度的重要因素。特别是感知智能性这一较新概念，在以往新技术采纳和使用研究中较少出现，然而在金融科技背景下却十分重要。③金融科技采纳行为会受到企业采纳意愿和员工感知价值的正向影响，其中感知价值对采纳行为的影响比采纳意愿对采纳行为的影响大。员工感知价值会受到感知智能性、IT基础设施、政府支持和个人创新性正向影响。而采纳意愿仅受到感知智能性和IT基础设施的影响。

本书在研究视角和研究方法上具有一定的创新性。与过去单一研究视角不同，本书从个人和企业双重视角展开，全面探究了用户使用金融科技管理财富和企业使用金融科技开展业务的影响机制。研究结论在理论上丰富了金融科技和财富管理文献，构建了财富管理背景下个人和企业使用金融科技的理论模型，有助于形成系统的财富管理背景下金融科技研究体系。在研究方法上，采用了定量定性相结合的混合方法，发挥了定量研究外部效度高和定性研究内部效度高的双重优势，呈现了全面而丰富的个人使用金融科技管理财富的影响机制研究成果。此外，本书关注模型样本外预测力，采用当前较新的PLSpredict方法评价模型预测力，可以作为较早使用该方法的范例。本书实证研究中还识别了关键中介因子和中介效应，为未来相关研究提供了有价值的参考。研究结论对财富管理企业和金融科技企业有一定参考意义，提出了对外部客户关系管理、市场营销和内部人力资源管理方面的有价值的建议。

著　者

2024年6月

目 录

第1章 绪　论

1.1 研究背景与问题提出

1.1.1 研究背景

2020 年 12 月，中共中央总书记、国家主席、中央军委主席习近平在中央经济工作会议中强调，强化普惠金融服务，更大力度推进改革创新。近年来，浙江省以数字化改革为引领，积极推进杭州国际金融科技中心、移动支付之省建设，支持金融科技发展，提高金融服务普惠性和便利性。随着居民积累财富的增长，大众客户不断崛起，财富管理服务也不再仅由高净值客户专享。“新兴富裕”人群的财富管理需求开始萌芽，财富管理逐渐走入大众的视野和生活。相对于多年前中国个人理财业务的空白，目前，个人理财已经逐渐成为当今社会的刚需[1]。在移动互联网时代，技术的便利使金融服务触手可及，普通客户的财富管理需求不断释放，成为财富管理市场中的中坚力量，中国正在迎来“大财富管理”时代。满足人民群众日益增长的财富管理需求，是新时代资本市场发展的重要使命，也是中国机构投资者面临的历史机遇。

我国经济水平日益增长，人均国内生产总值（GDP）不断提高，我国居民财富快速积累。尤其是近年来，GDP 由 2010 年的 412 119.3 亿元提升至 2020 年的 1 013 567.0 亿元。尽管受到新冠疫情全球化的影响，但 2020 年我国人均 GDP 仍然稳步增长，如图 1－1 所示。根据中国家庭金融调查与研究中心和蚂蚁集团研究院在 2021 年共同发布的《疫情后时代中国家庭的财富变动趋势》，与 2020 年第四季度相比，2021 年第一季度家庭的财富和收入增速有所减缓，但财富增速仍超过收入增速。在影响家庭财富变动的因素中，住房资产和金融投资价值是导致家庭财富增加或减少的主要因素。对财富增加的家庭来说，住房资产增加贡献了 76.7%，金融投资价值增加贡献了 16.2%；而对财富减少的家庭来说，金融投资价值减少贡献了 43.6%，住房资产减少贡献了 33.1%（图 1-2）。可见，金融投资价值对家庭财富有巨大的影响。

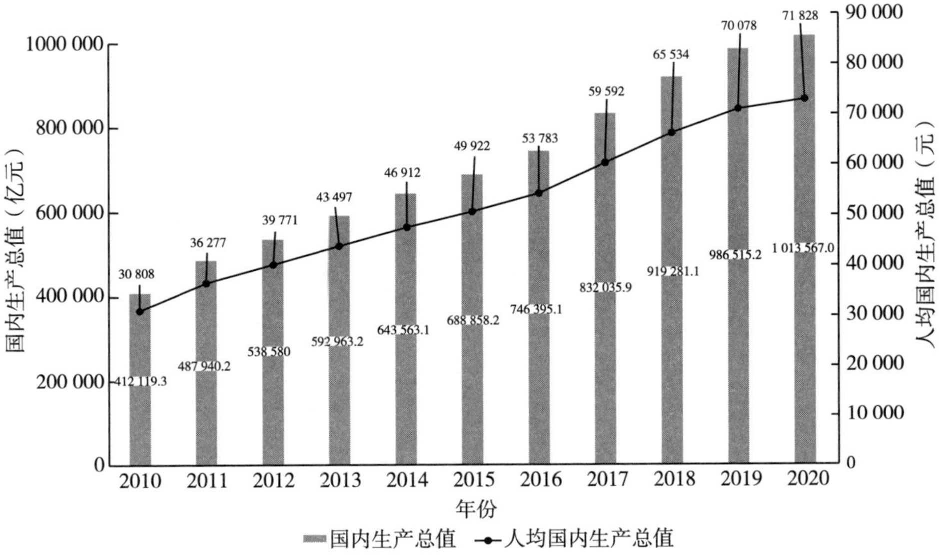

图 1-1　2010—2020 年我国国内生产总值和人均国内生产总值

资料来源：国家统计局。

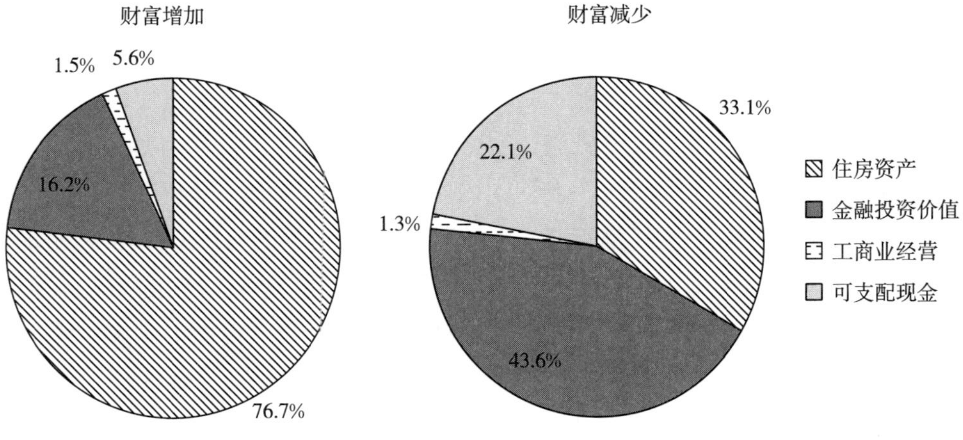

图 1-2　影响财富增加和财富减少的因素比例

资料来源：《疫情后时代中国家庭的财富变动趋势》，中国家庭金融调查与研究中心，蚂蚁集团研究院，2021。

纵观百年金融史，每一次金融领域的大发展都与信息科技的突破有关。货币与金融本质上都是带着能量的信息流，金融业离不开海量信息的存储、加工与传输，领先信息科技的采用可以极大程度地降低金融业运行成本，提升服务效率。因此，许多科技创新在商业上的首次应用都发生在金融业，金融与科技密不可分[2]。随着全球经济水平的提升和科技水平的不断提高，科技服务于金融逐渐形成了金融科技的新业态。

金融科技是现代互联网相关技术与金融服务行业典型的商业活动（如贷款、支付等）的关联，科技扮演重要角色[3]。伴随金融科技的蓬勃发展，人工智能、大数据、云计算、区块链等金融科技已从概念转向落地。大数据风控、智能获客、机器人自动化流程、智能欺诈识别、智能客服、刷脸支付等大批成熟的金融科技应用已经开始为金融机构日常运营赋能，在降本增效的同时，提升消费端金融服务体验。舒尔特（Schulte）等人认为，未来最有价值的金融机构是那些以数据为核心业务的金融机构。来自数以亿计的传感器和数以亿计的手机提供的庞大数据，将被存储在云端。这种交易数据与认知技术结合起来，将是完全数字化和无纸化的。金融工程师可以整合来自手机、社交网络和数十亿新传感器的数据，来实现相关业务[4]。阿里巴巴集团在电子商务领域的业务快速增长，帮助其云业务存储数十亿客户数据，从而提供盈利服务。蚂蚁集团为8亿人和2 000万家中小企业提供信用评价，对传统机构提出了巨大挑战。

近年来，在以创新发展为核心的国家“双创”战略指导下，中国金融科技呈现爆炸式发展。金融科技对全球商业产生了重要影响，特别是对中国金融业的发展和变革产生了巨大影响，成为中国诸多产业格局中引人注目的关键力量之一。作为高效且低成本的、解决传统金融业务痛点的新技术，金融科技通过改变沟通方式来克服金融服务中的种种问题，为银行业整合业务、优化服务提供了绝佳的机遇[5-7]。金融科技能够从客户数字化、营销数字化和服务数字化等方面，多维度、多层次地促进财富管理行业数字化转型[8]，并运用大数据、机器学习等技术提高财富管理行业服务效率，降低服务成本[9]。金融科技产业的创新理念，可以有效解决金融行业发展的痛点，成就客户价值。同时，金融科技能够帮助扩大财富管理行业服务覆盖面，拓展财富管理服务渠道，延伸服务广度，助力普惠金融发展[10]。

金融机构作为专业的资产配置主体，能够较好地平衡投资风险与收益，为客户在财富管理方面获得良好结果提供一定的保障。传统财富管理的长期收益水平，大多依赖于财富管理顾问的专业知识和行业经验。然而，财富管理顾问的建议也常受到一些非理性行为的影响。例如，有的财富管理顾问会为了个人业绩或达到机构业务指标而强行推荐并不合适的产品，也存在财富管理顾问只专注于客户的收益期望而忽略其风险承受能力的问题。这些行为都可能导致客户财富管理的不良结果。

金融科技能够助力财富管理机构从业者帮助更广泛的大众管理财富[11]。随着金融科技的发展和智能投资顾问系统的构建，财富管理企业面临前所未有的机遇和挑战。金融机构可以利用大数据、人工智能等技术，在客户可承受的风险范围内，为客户提供更加合理的资产配置方案。智能投资顾问系统基于历史数据和即时信息，依据复杂的模型和智能算法进行决策分析。在特定风险接受程度下，以最优化长期收益为原则，监测执行配置策略过程。智能投资顾问系统对资产配置作出的决策更加专业，能够在长期实现风险和收益的最优平衡。这种新的商业模式冲击传统商业模式，成为不可逆转的趋势。

1.1.2 问题提出

随着金融供给侧结构性改革的深入和资本市场开放力度的加大，财富管理领域竞争日益激烈，金融机构在加大信息技术人才储备和扩大科研投入的同时，也将金融科技作为核心竞争力。在这种背景下，金融科技对财富管理行业发展的影响是颠覆性的。对影响金融科技使用的因素和机制的深入研究，无论是对个人的财富管理决策，还是对财富管理企业的运营管理，甚至对整个行业的健康有序发展都有着重要意义。

基于以上内容，本书从个人和企业双重视角，研究财富管理背景下金融科技的使用。在个人视角中，采用定量研究和定性研究相结合的混合方法，探究影响个人使用金融科技管理财富的意愿和行为的因素。在企业视角中，采用定量方法进行实证研究。本书试图解决现有金融科技和财富管理研究部分盲点，为管理实践提供参考和建议。本书的主要研究问题包括以下三个。

第一，个体认知视角中，用户持续使用金融科技管理个人财富的意愿受到哪些因素影响？其影响作用和影响机制是怎样的？

第二，用户在采纳金融科技后，有哪些内外因素影响其持续使用意愿和态度，进而影响其持续使用行为？

第三，从企业层面来看，哪些因素影响财富管理企业采纳金融科技的意愿？这些因素如何影响感知价值和采纳意愿？感知价值和采纳意愿如何影响企业的金融科技采纳行为？

1.2 研究设计

1.2.1 研究目的

在财富管理需求日益增长的背景下，金融科技的发展为财富管理行业注入了新的生机，而财富管理背景下影响金融科技使用的因素、路径和机制仍然不甚明晰。本书从个人和企业双视角，基于信息系统期望确认理论（ECT - IS）、自我效能理论、技术采纳与利用整合理论（UTAUT）、技术-组织-环境（TOE）框架理论等，系统地研究影响金融科技在财富管理行业中应用的机制。本书旨在：①识别影响用户持续使用金融科技管理个人财富的内外因素；②解释重要因素对个人使用金融科技管理财富的影响机制；③识别影响财富管理企业采纳金融科技开展业务的意愿和行为的因素；④确认员工感知价值在财富管理企业中对金融科技采纳意愿和行为的重要作用。通过由浅入深、由个体到企业循序渐进的研究，以期较为全面、系统地对财富管理行业中金融科技的使用机制进行解释和预测，丰富信息系统持续使用、技术采纳与利用等相关理论，帮助金融科技和财富管理机构吸引与保留用户资源，提高企业服务效率，为金融科技和财富管理机构提供经验依据和实践策略。

1.2.2 研究内容

本书以使用金融科技管理个人财富的用户和采纳金融科技的财富管理企业为研究对象，利用混合方法，通过定量研究和定性研究，分析个体认知视角中影响用户持续使用金融科技管理个人财富意愿的因素，探索采纳后阶段用户持续使用金融科技进行财富管理的影响因素和影响机制，并深入研究财富管理企业采纳金融科技的意愿和行为。本书研究内容共分为

6 章。

第 1 章绪论。首先，本章对研究背景即财富管理背景下金融科技的使用进行介绍，并提出三个研究问题。然后，梳理研究目的、研究内容和研究方法，并通过技术路线图将本书架构和研究思路进行直观展示。最后，提炼本书的创新点。

第 2 章文献综述。本章对研究背景和所用到的相关理论进行回顾，包括金融科技、财富管理、信息系统期望确认理论，以及自我效能理论、技术采纳与利用整合理论、TOE 框架理论。通过系统文献综述法，对财富管理、金融科技和相关理论文献进行系统归纳，找到研究热点和研究缺口。根据文献综述结果，说明研究问题的重要性。最后对混合方法的分类和优势等进行文献回顾，并介绍本书在个人研究视角中的混合方法研究设计。

第 3 章个体认知视角中用户持续使用金融科技的意愿研究。本章从个人层面出发，使用定量研究方法，基于信息系统期望确认理论和自我效能理论，构建理论模型。通过对有利用金融科技管理个人财富经验的用户进行在线问卷发放和收集，分析数据，确认影响用户持续使用金融科技管理个人财富意愿的主要因素，梳理这些因素对用户持续使用意愿的影响机制。

第 4 章用户采纳后持续使用金融科技的案例研究。本书采用混合方法研究个人视角下使用金融科技进行财富管理的意愿和行为。在第 3 章对用户持续使用金融科技管理财富意愿进行定量研究后，本章采用多案例定性研究，对多位有过利用金融科技管理个人财富经历的用户进行深入访谈，汇总分析影响个人采纳后持续使用金融科技进行财富管理的关键因素。本章研究结果对第 3 章的定量研究结果进行了解释和补充。

第 5 章财富管理企业采纳金融科技的意愿和行为研究。本章从企业层面出发，基于 TOE 框架理论，从技术、组织和环境三个维度分析影响财富管理企业采纳金融科技的意愿和行为的因素。并且增加考虑个人特质在金融科技采纳和使用中的重要影响，即个人创新性，构建了财富管理企业金融科技采纳意愿和行为的理论模型。

第 6 章结论与展望。首先分别讨论本书三个子研究的研究结果。对个人层面的定量研究结果和定性研究结果作混合方法研究结果分析，形成个人视角下金融科技使用模型。然后整合三个子研究的研究结果，汇总整理出个人和企业双视角下金融科技应用于财富管理行业的整合模型。最后介绍本书理论贡献，提出管理启示。并指出研究过程存在的局限性，对未来深入研究提出建议。

1.2.3 研究方法

本书聚焦于财富管理背景下金融科技的使用，从个人和企业双视角进行研究，主要用到以下七种方法。

（1）专家指导法。 专家指导法是向权威专家请教，通过专家扎实的专业知识和丰富的经验对问题作出判断、评估和预测的一种方法。特别是在前期相关研究资料少、不可预知因素多的情况下，依靠专家的主观判断和粗略估计可以帮助研究者尽快确定研究问题。专家指导法常用于长期预测和动态预测[12,13]。本书初期选题参考了金融科技领域专家和信息管理研究领域专家的讲座和报告，在研究问题确定和探索实证阶段都请教了相关领域专家，得到了专家们有价值的建议，为本书研究问题的价值性、研究角度的合理性和研究方法的准确性提供了保障。

（2）文献研究。 文献研究是对搜集的相关文献进行归纳、分析和评述的一种方法，可以使研究者和读者了解和大致把握某个时期内某类学科的研究情况。文献研究包含综合性文献综述和专题性文献综述两种形式。综合性文献综述是针对某类学科，一般范围较大；而专题性文献综述则是针对某个特定的研究问题[14,15]，范围相对较小。文献综述具有内容浓缩化、集中化和系统化的特点，好的文献综述可以帮助其他研究者节省大量的阅读专业文献资料的时间和精力，快速地了解到相关研究的现状，确定自己的科研方向。本书进行了系统的专题性文献研究，对已有的金融科技期刊文章进行文献综述，发现研究热点，找出财富管理背景下金融科技的研究空缺，为本书的研究内容奠定基础。并对信息系统期望确认理论、自我效能理论、技术采纳与利用整合理论、TOE 框架理论文献进行收集、整理、归纳和分析，帮助理清研究思路和研究方法，为研究模型构建提供一定的理论基础。

（3）归纳演绎。 归纳是指由个别或特殊的具体现象出发，推出一般性结论的研究方法；相反的，演绎则是从一般性原理出发，得出对某些具体对象的个别性结论的研究方法。归纳与演绎都是重要的研究方法，无论是从个别到一般，还是从一般到个别，都是科学研究常遵循的途径。本书综合运用归纳演绎方法来展开研究，从信息系统期望确认理论和自我效能理论出发研究金融科技的持续使用，提出研究假设和模型并进行验证，再找出影响金融科技持续使用的特定因素，总结规律。

(4) 问卷调查法。问卷调查法是研究者用问卷这种控制式的测量工具对所研究的问题进行度量，从而搜集到可靠资料的方法。问卷调查法的主要优点在于标准化和成本低，目前在国内外社会调查中使用广泛。问卷的设计要规范化并可计量，调查者可采用集体分发或个别分送等方式发放问卷，被调查者根据自身情况按照问卷固定问题来填写答案。一般来讲，相较于访谈，问卷调查更详细、完整且易于控制[16,17]。本书的部分研究采用问卷调查法，根据现有的量表，结合研究目的，明确相关概念，设计测量题项，形成初始问卷。通过问卷前测试和预测试确保测量的信度和效度，形成最终问卷。本书的问卷发放和收集主要通过在线调研平台问卷星进行，对有使用金融科技管理个人财富经历的用户和财富管理企业从业人员进行调查，用作后续分析。

(5) 统计分析法。统计分析法是为认识事物的普遍规律和趋势，对研究对象的数量关系进行分析研究，如因子分析、回归分析、单变量方差分析等。统计分析法能够覆盖更广泛的人群，增加研究的外部效度。本书使用 SPSS 进行描述性统计分析，使用 SmartPLS 进行结构方程模型分析，以了解变量之间的关系，最终形成相关研究结论。

(6) 深入访谈法。深入访谈法是探索类的研究方法，主要用于获取调研对象对研究问题的一些理解和看法。深入访谈法可以通过与被访者的交流更深入地探索其内心思想与观点，能更自由地交换信息。为在访谈过程中获取真实的信息，研究者可以采用各类技巧来打消受访者的顾虑，如角色扮演、文字联想法等[18,19]。本书通过文献研究法和定量研究结果找出问题，在掌握现有文献基础上，对有使用金融科技管理个人财富经历的用户进行深入访谈，对录音和转译后的访谈稿分析和编码，形成影响用户采纳后持续使用金融科技进行财富管理的关键因素，梳理关系构建模型，与前文定量分析结果对比并作解释补充。

(7) 实证研究法。实证研究法以确定各因素在特定环境下的关联方式和作用方式为目的，利用科学手段对规模化的经验事实进行归纳，将结论通过科学严谨的逻辑演绎方法推导出来，并在现实中检验。实证研究法重点分析问题“怎么回事”，侧重于将研究活动的过程、运行的发展方向和趋势理清，而不是用某些标准去衡量“是什么”或“是否可取”[20]。实证研究法常利用数量分析技术，其研究结论一般具有广泛性和普适性。本书在对个体认知视角下用户持续使用金融科技意愿的研究和影响财富管理企业采纳金融科技的因素研究中都使用了实证研究法。

1.2.4　技术路线

本书主要按照如下技术路线展开研究，如图1-3所示。

第一，通过文献研究和专家指导，明确研究背景和研究问题，确定研究目的与研究意义，并梳理研究内容和研究方法。

第二，对财富管理和金融科技研究背景作详细回顾，梳理并回顾相关理论文献，包括信息系统期望确认理论、自我效能理论、技术采纳与利用整合理论、TOE框架理论。分析采用混合方法的优势和必要性，介绍本书的混合方法研究设计。

第三，在个人研究层面，采用混合方法，分别利用定量研究和定性研究分析个体认知视角中用户持续使用金融科技进行财富管理意愿和用户采纳后持续使用金融科技的影响因素，得出个人研究视角中较全面的研究结论。

第四，在企业研究层面，基于TOE框架理论，利用问卷调查法研究影响财富管理企业采纳金融科技的因素。

第五，对比个人层面定量研究和定性研究结论，结合企业研究结果，汇总财富管理背景下金融科技使用整合模型，提出本书在理论上的贡献和管理上的启示。最后，分析研究局限性，并作未来研究展望。

1.3　研究创新点

金融科技是近几年的研究热点，以往研究大都未聚焦在某一个特定背景下，而是对金融科技广泛应用进行整体研究。事实上，金融科技覆盖多个领域，不同领域中的发展情况、应用情况、用户使用情况都有较大差

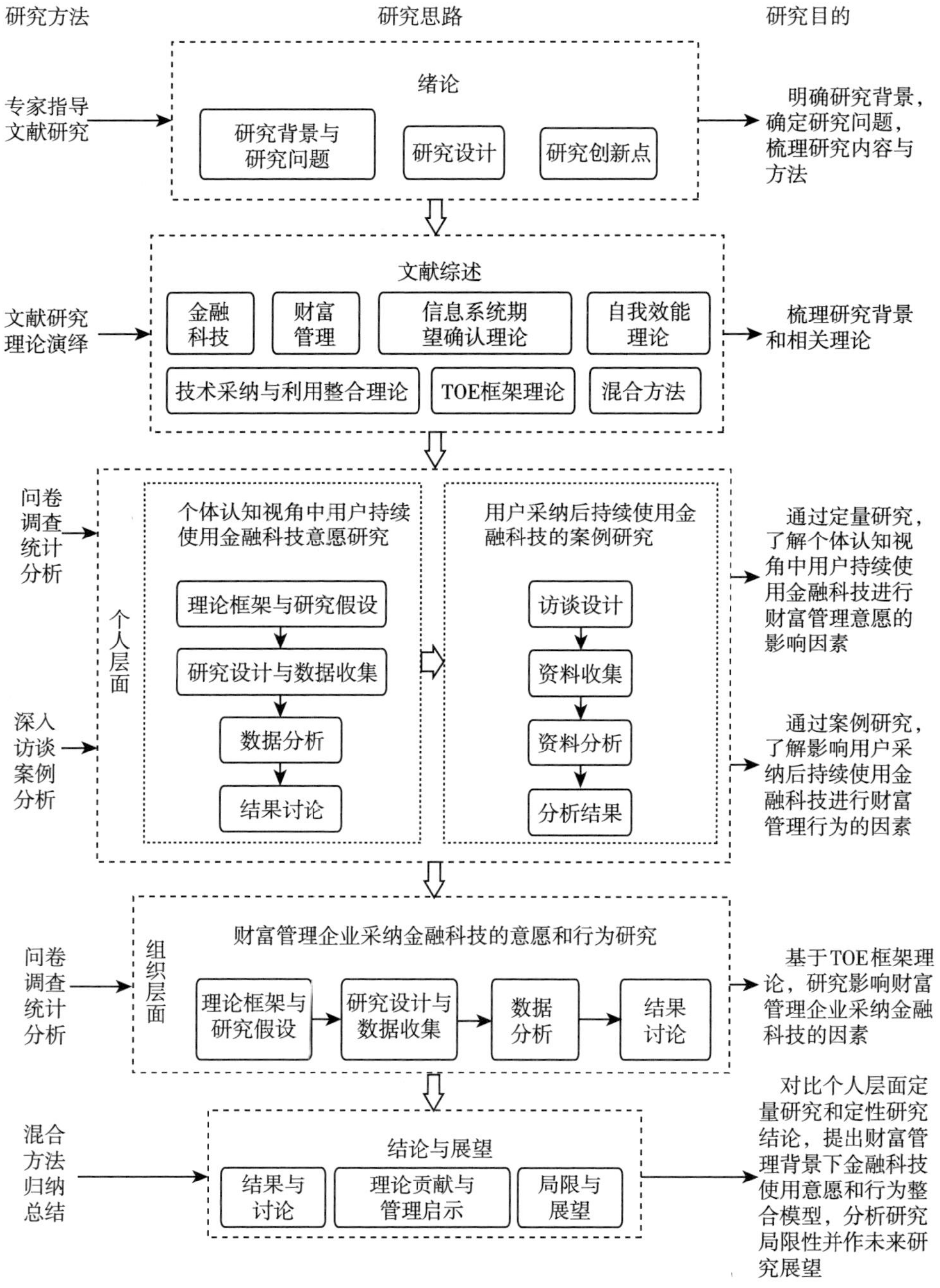
研究方法
研究思路
研究目的
绪论
专家指导
文献研究
研究背景与
研究问题
研究设计
研究创新点
明确研究背景，
确定研究问题，
梳理研究内容与
方法
文献综述
文献研究
理论演绎
金融
科技
财富
管理
信息系统期
望确认理论
自我效能
理论
技术采纳与利用整合理论
TOE框架理论
混合方法
梳理研究背景
和相关理论
问卷
调查
统计
分析
个人
层面
个体认知视角中用户持续
使用金融科技意愿研究
理论框架与研究假设
研究设计与数据收集
数据分析
结果讨论
用户采纳后持续使用金
融科技的案例研究
访谈设计
资料收集
资料分析
分析结果
通过定量研究，
了解个体认知视
角中用户持续使
用金融科技进行
财富管理意愿的
影响因素
深入
访谈
案例
分析
通过案例研究，
了解影响用户采
纳后持续使用金
融科技进行财富
管理行为的因素
组织
层面
财富管理企业采纳金融科技的意愿和行为研究
问卷
调查
统计
分析
理论框架与
研究假设
研究设计与
数据收集
数据
分析
结果
讨论
基于TOE框架理
论，研究影响财富
管理企业采纳金融
科技的因素
结论与展望
混合
方法
归纳
总结
结果与
讨论
理论贡献与
管理启示
局限与
展望
对比个人层面定
量研究和定性研究
结论，提出财富管
理背景下金融科技
使用意愿和行为整
合模型，分析研究
局限性并作未来研
究展望

图 1-3　技术路线

异。因此，对金融科技在某一特定背景下的应用研究是十分必要的。本书聚焦在财富管理行业，从个人和企业两个视角研究金融科技的使用机制，特别是在个人视角研究中，利用定量和定性两种方法进行混合研究，得到了较全面且有建设性的研究结论。具体而言，本书的主要创新点可以归为以下三个方面。

第一，研究视角创新。从不同视角考察财富管理背景下金融科技的使用。金融科技对财富管理行业的影响是多维的，单一角度很难将这种影响的路径和机制完全梳理。因此，本书从个人层面和企业层面两个视角来研究金融科技在财富管理领域中的采纳意愿、持续使用意愿和行为。在个人层面上，首先从个人认知视角研究用户持续使用金融科技管理个人财富的意愿，了解个人认知因素对财富管理意愿的影响；再通过对采纳后用户的访谈，探究影响用户采纳后持续使用金融科技的意愿、态度和行为的内外因素。在企业层面上，基于 TOE 框架理论，增加个人维度考量，分析这些因素对企业采纳意愿和感知价值的影响，进而确定对企业金融科技采纳行为的影响。个人和企业双视角的采纳可以为财富背景下金融科技的使用勾勒出更加全面、多维的研究画面，得出更丰富、更有价值的研究结论。

第二，研究方法创新。本书在研究方法上具有一定的创新性，包含混合方法的采纳和利用 PLSpredict 对模型样本外预测力的评估。采用定量和定性相结合的混合方法来研究财富管理领域中金融科技的使用，是本书的一大特色。相较于一般的新技术，金融科技具有一定的特殊性和复杂性，在财富管理行业中对个人使用的影响是多面的，单一方法、单一理解方式或单一立场都可能影响分析用户行为的准确性。在同一研究中综合运用定量和定性的研究方法和手段，更有助于有效地揭露问题本质。对金融科技应用于财富管理这一崭新又特殊的情境，采用调查问卷收集大量数据可以提高研究的外部效度。利用案例研究方法从全面角度深入分析，有助于得到更系统、更有意义的分析结果，内部效度高。这种混合方法结合了定量研究和定性研究的优势，可以对财富管理背景下各类因素对金融科技使用的影响路径和机制给出更准确、合理的解释。此外，本书在个体认知视角用户持续使用金融科技意愿研究中，考虑到常被学者们忽略的模型预测力，采用当前较新的 PLSpredict 方法，强调了模型预测力的重要性，弥补了当前研究对模型预测力的评价重视程度不够的情况。

第三，理论丰富与创新。在个人层面研究中，对信息系统期望确认理论与金融科技双重自我效能进行创新融合。持续使用意愿是判断信息系统成功的关键因素之一，信息系统期望确认理论是研究持续使用意愿最经典的模型。然而，近年来学者们批判信息系统期望确认理论忽略了用户的内在因素。因此，本书将自我效能理论与信息系统期望确认理论结合，从内外双角度来衡量用户持续使用意愿。另外，根据金融科技应用于财富管理的情境，本书将自我效能区分为金融自我效能和科技自我效能，并强调，与一般自我效能相比，情境化自我效能的测量更准确。在企业层面研究中，基于经典的TOE框架理论，增加了重要维度个人因素，并确定了个人因素的重要影响，为未来研究提供一定的参考。在个人视角和企业视角中，都发现了感知智能性这一较新概念和其对使用意愿、态度和感知价值的影响。在信息系统逐渐朝着智能化发展的趋势下，感知智能性在用户使用中开始扮演重要角色。研究者除考虑传统的重要影响因素之外，还应考虑到感知智能性，并对其他具有情境特色的新概念进行探索挖掘。

第2章 文献综述

2.1 金融科技

2.1.1 金融科技发展现状

从 IT 技术对金融行业的推动和变革角度，巴曙松和白海峰梳理了金融科技发展历程的三个阶段：金融行业通过传统的 IT 软硬件来实现办公和业务电子化的“fintech 1.0”金融 IT 阶段（ATM、POS 机、信贷系统等），金融业搭建在线业务平台进行信息共享和业务撮合的“fintech 2.0”互联网金融阶段（P2P 网络借贷、互联网保险、移动支付等），以及金融业结合大数据、云计算、人工智能、区块链等最新 IT 技术的“fintech 3.0”金融科技阶段（智能投资顾问、大数据征信、供应链金融）等[21]。阿尔纳（Arner）等人在亚太地区经济发展推动金融科技进步的背景下，提出了“fintech 3.5”，并强调了中国金融科技在市场化改革进程支持下，已在短时间内迅速发展[22]。

金融科技的使用正在改变传统的商业模式，通过提高透明度、削减成本、消除中间商和提供金融信息来增强客户的金融服务体验，具有巨大的商业价值[23]。金融科技覆盖多个金融领域，CB Insights 在 2020 年发布的 2019 年第二季度全球金融科技报告《Global Fintech Report Q2 2019》中介绍了被金融科技覆盖的 10 种金融场景，如图 2-1 所示，用户可以利用金融科技进行支付、转账汇款、个人理财、借贷等。作为金融科技发展的重要趋势之一，财富管理近年来经历了相当多的技术创新和颠覆。金融科技根据客户的投资偏好和特点，通过使用收费较低的复杂软件，为客户提供投资建议和投资组合分配。

毕马威中国自 2016 年开始，已连续成功举办多届中国领先金融科技企业评选，见证了中国金融科技的发展并成为宣传和推动中国金融科技发展

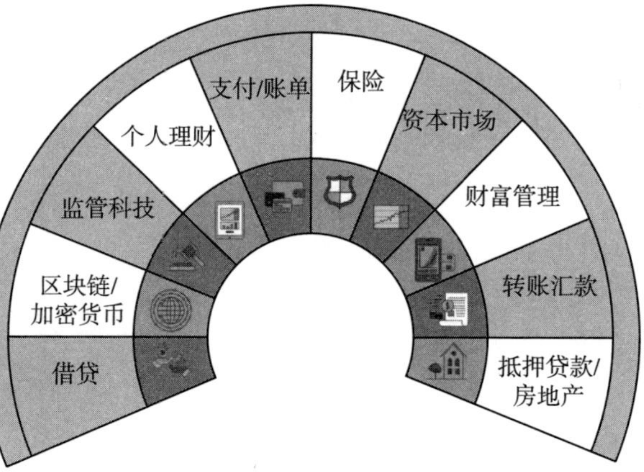

图 2-1 金融科技覆盖领域

资料来源：《Global Fintech Report Q2 2019》，CB Insights，2020。

的重要力量。为继续加强金融科技生态圈建设，毕马威中国于 2020 年 5 月第五次启动了年度中国领先金融科技企业评选，覆盖信息科技、数据、资本市场、创投、风险控制、财务、宏观经济和金融服务等领域。以科技与数据、创新与变革、金融服务普及、资本市场认可度和行业发展前瞻度为几个核心维度进行评选，从团队、技术、产品、市场、融资等方面对企业进行量化评估。在毕马威中国公布的 2020 年中国领先金融科技双 50 企业名单中，财富管理、支付、保险等领域成为金融科技创新企业的聚集地，如图 2-2 所示。其中财富科技企业、信用科技企业和底层技术企业各占 20 家，三个领域企业总数占双 50 强企业的 60%，科技与资产管理行业的融合正在全面提速。这种融合逐渐深入化和彻底化，领先科技的使用成为未来资产管理机构的必要条件。无论是参选企业还是最后入选企业，资产管理科技公司数量显著提升，且细分领域覆盖面也愈加丰富。

在投资研究中，随着“资管新规”的全面落实，投资研究能力毫无疑问成为财富管理机构的核心竞争力，而数据的准确性、及时性和全面性在投资研究中至关重要。近年来，金融市场的风险事件显著增多，对风险的控制能力已是财富管理企业生存和发展的生命线。传统风险控制多依赖人工，存在成本高、效率低、信息不全面等缺点，而智能化运营模式可以有效改善这些缺点。在信息技术快速发展的今天，各类财富管理机构都在加快数字化转型。财富管理机构运用智能机器人、大数据、人

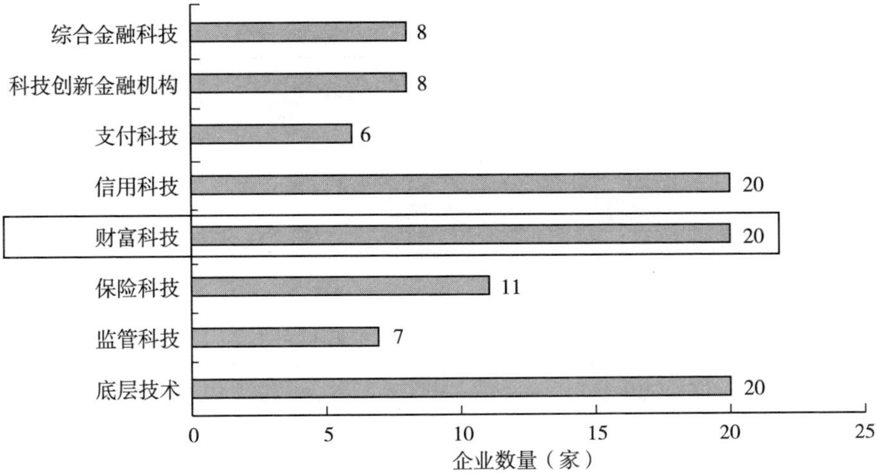

图 2－2　毕马威中国 2020 领先金融科技双 50 企业专业领域分布

资料来源：《毕马威中国 2020 领先金融科技双 50 企业》，毕马威中国，2020。

工智能等技术推进一体化智能运营，不仅显著提升了企业运营效率，还大大降低了运营成本。“以客户为中心”是财富管理行业的主流营销模式，运用大数据、精准画像等手段能够将定制化广告投放给目标客户，运用机器学习、自然语言理解、知识图谱等技术有助于打造智慧客户，提升服务效率。

Imerman 和 Fabozzi 从横向和垂直两个维度，将金融科技生态系统描绘为金融科技创新景观的路线图。按垂直部门分类，金融科技领域包括支付科技、数字银行、数字财富管理、资本市场等，而横向维度包含功能领域和金融服务新兴技术[24]，如图 2－3 所示。外部投资者可以从行业分配角度来查看金融科技垂直行业，金融科技初创企业和金融服务公司也可以将这些功能领域作为可进行内部投资的领域。

（1）金融科技垂直领域。金融服务中的不同领域受到新技术的影响，这些领域称为金融科技生态系统中的金融科技垂直领域。①支付科技是所有金融科技垂直领域中最成熟的，随着生物识别和区块链等新兴技术的出现和迅速发展，支付科技领域还会出现新的创新。②数字银行包含网上银行和手机银行业务，近年来，科技驱动的初创企业涌入银行业，通过应用程序和网站为用户提供服务。③借贷也是金融科技生态系统中十分受欢迎的领域。许多金融科技贷款机构使用专有技术、机器学习算法和大数据分

图 2-3　金融科技生态系统

资料来源：Imerman M B，Fabozzi F J. Cashing in on innovation：a taxonomy of FinTech [J]. Journal of Asset Management，2020，21 (3)：167-177.

析来识别潜在借款人，评估他们的风险，以此来设置贷款条款。④股权众筹是个人和组织通过给予投资者项目成功的股份来筹集资金，通过这些平台进行投资的上行回报各不相同，有的是实际的所有权股份和利润分成，有的是实物回报，即投资者因提供资金而获得产品或其他奖励。⑤保险科技是技术创新在保险行业的应用。自 2008 年全球金融危机爆发以来，保险业与金融服务业的其他部门一样，经历了许多技术和数据驱动的创新，这些创新中有许多都利用了互联网设备。例如，从可穿戴传感器或车载诊断端口获得数据，保险公司可以获得关于客户健康、驾驶习惯和其他行为的数据，并以此作参考为保单定价。⑥产权科技是将技术创新应用于房地产行业的各种活动，个人和公司可以做出收购和处置决定，并管理房地产投资组合。产权科技还能为买家提供虚拟访问房产的服务和各项房产数据等。

近年来，财富管理行业经历了大量的技术创新和颠覆性改革，其中的典型之一就是“机器人顾问”，它几乎不需要人工干预，就可以利用复杂的软件为客户提供投资建议和投资组合配置。数字财富管理垂直领域的零售解决方案越来越受欢迎，不仅受到“数字原生人口”的欢迎，也吸引了年长的客户逐渐接受这些产品。此外，面对新冠疫情，数字财富管理解决方案可以大大减少客户与财务顾问面对面的机会。

(2) 金融科技横向领域。在金融科技横向领域中，金融监管、风险管理、融资和估值被认为是功能领域。这些领域正经历数字转型和金融科技革命带来的巨大变化，其中最值得注意的是金融监管。现有技术公司和初创技术公司提供类似银行的产品和服务，金融科技革命为非银行进入市场提供了一种方式，而无需受到严格的监管。然而，国内外主要监管机构一直在努力寻求平衡稳定和创新的举措。金融监管中的技术创新通常被称为监管技术（regtech）或超监控技术（suptech）。在一个越来越受数据驱动的金融世界里，超监控技术能在很大程度上利用数据分析和自动化，使合规的日常任务更智能、更高效。

除功能领域外，金融科技横向领域还包括新兴技术。例如，分布式账本技术和区块链、物联网（IoT）、云计算、生物识别等。金融服务领域大部分数字转型都可以归因于自动化和人工智能的整合。机器和人工智能并未取代交易大厅和银行的劳动力，数字转型会带领该行业所需技能和人才进行更广泛的转变。大数据分析与金融服务中的人工智能应用齐头并进，从 2009 年到 2019 年，金融科技的大部分增长来自对非结构化或非标准化数据进行大数据分析的能力，在金融科技大部分垂直领域中提供贷款决策、客户收购和投资机会等更有价值的见解。

2.1.2　金融科技的概念界定

互联网的普及、大数据和人工智能的应用，尤其是区块链的研发，对金融领域的发展产生了巨大冲击[4]。信息技术和金融的融合不断打破现有金融的边界，改变了金融服务的运作方式[25]。金融科技（fintech）是金融（finance）和科技（technology）两个词的组合[26]，是以互联网为基础的金融领域先进技术的统称[5]。金融科技并不局限于特定行业或商业模式，它涵盖了传统上由金融服务业提供的服务和产品的整个领域[22]。

金融科技一词最早出现在 1972 年发表的科学文献中。在这篇文章中，制造商汉诺威信托公司（Hanover Trust）副总裁 Abraham Leon Bettinger

详细介绍了某信托机构解决日常问题的模式，并第一次将金融科技定义为将现代管理科学技术、计算机与银行专业知识结合的金融技术[27]。在这之后的几十年间，许多国际组织和国家都提出了不同的定义来描述金融科技。总体来看，这些定义都强调科技服务于金融并改造金融，通过改变金融本质要素和属性来创造新的金融方式。例如，金融稳定理事会（Financial Stability Board，FBS）将金融科技定义为：具有新兴科技属性，可以对传统服务业和传统金融市场产生深远影响的新兴金融产品、服务和模式。毕马威中国在 2016 年发布的《毕马威中国领先金融科技公司 50 榜单》及系列报告中阐述了毕马威对金融科技行业的理解，认为非传统企业在金融领域内以科技为手段可以提高金融服务效率，提升市场占有率，并能帮助降低风险[2]。

金融科技的不断发展和应用也引起了学术界的广泛关注，很多学者提出了自己对金融科技的理解和定义。Schueffel 回顾了跨越 40 多年时间的 200 多篇引用金融科技的学术文章，提出了一个在传播上清晰简洁而在应用范围上足够广泛的定义："金融科技是一个应用技术来改善金融活动的新的金融行业。"[28]除此之外，为了对金融科技有更加广泛的认识，本书整理了近几年在学术界较有影响力的金融科技定义（表 2 - 1）。

表 2 - 1　金融科技定义

作者	金融科技定义
Ryu（2018）	金融科技是以信息技术为关键因素的非金融公司的创新和颠覆性金融服务[23]
Shim 和 Shin（2016）	金融科技是包含第三方支付、货币市场基金、保险产品、P2P 借贷等服务的新兴金融服务领域[29]
Kim 等（2016）	金融服务是新兴的服务行业，使用以移动为中心的信息科技来提高金融系统的效率[30]
Kalmykova 和 Ryabova（2016）	金融科技是一种经济领域，各公司通过使用新技术提供不同的高效方便的金融服务[31]
Lee 和 Kim（2015）	金融科技是一种基于信息科技公司广泛用户类型提供的结合信息科技的新形态金融服务，如汇款、支付、资产管理等[32]
Kuo - Chuen 和 Teo（2015）	金融科技是通过新技术提供的创新金融产品或服务[33]

（续）

作者	金融科技定义
Arner 等（2016）	金融科技是信息技术与金融的有机结合，利用新型技术解决传统金融难以解决的问题[22]
唐松等（2019）	金融科技是利用大数据、云计算、人工智能、区块链等技术在金融领域的融合创新[34]
巴曙松和白海峰（2016）	金融科技是技术手段与金融体系的结合，通过技术手段驱动金融创新[21]

资料来源：根据相关研究整理。

2.1.3　金融科技研究热点

近年来，金融科技相关研究热度不断攀升，许多国内外学者从不同的角度研究金融科技，这些研究大致可分为以下四类。

（1）金融科技对银行业的影响。金融科技提供的新技术和创新模式对银行业的发展有很大的影响。Wonglimpiyarat 建立了系统创新模式作为追踪技术发展、扩散进程和模式的动态工具，分析了基于金融科技的系统创新本质，探讨了金融科技及其在银行业的动态转变[35]。Kalmykova 和 Ryabova 发现了在金融科技的广泛应用情境下，用户可以不通过银行来获取信用或货币兑换，而使用新的数字货币支付，这对银行业的发展构成严重威胁[31]。在金融科技与银行合作的相关研究中，Drasch 等人探讨了银行与金融科技合作的必要性，并基于文献、案例和专家访谈，构建和描绘了银行与金融科技合作的 13 个维度[36]。

（2）金融科技初创企业。Haddad 和 Hornuf 在对影响金融科技初创企业建立因素的研究中发现，当新技术触手可及，资本市场发达且拥有更多移动用户时，各国的金融科技初创企业会更多[37]。此外，还发现一个国家的金融体系越健全，金融科技初创企业数量就越少。Kuo－Chuen 和 Teo 从内部因素和外部因素双重角度，分析在激烈的竞争环境下哪些金融科技初创公司可能获得成功，确定了一些关键因素并总结为“LASIC”（低利润、轻资产、可扩展、创新和易于遵从）原则，供金融科技初创公司参考[33]。Hung 和 Luo 以合作竞争理论作为理论框架，通过访谈对中国台湾一家当地排名前五的银行进行研究，分析了银行在面对金融科技公司投资过程中的战略考虑，对金融相关行业的研究者和管理者有一定参考价值[38]。

（3）金融科技创新应用。 Kang 将现有支付服务与金融科技支付服务进行比较，从相互认证、授权、完整性、隐私和可用性的角度，明确了金融科技支付服务必须满足的要求，以及未来和当前金融科技支付服务面临的安全挑战[39]。Lee 和 Shin 从历史视角介绍金融科技，讨论了金融科技领域的生态系统、金融科技商业模式和投资类型，阐述了实物期权在金融科技投资决策中的应用，并探讨了金融科技初创企业和传统金融机构面临的技术和管理挑战[10]。与此相似，Imerman 和 Fabozzi 也利用金融科技生态系统框架突出强调各个领域的潜在价值，使投资者能够通过行业分析视角来审视新型技术和金融科技垂直领域，并将数字化转型概念应用于金融服务业[24]。另外，Ryu 构建了用户持续使用金融科技的风险收益模型，分析并探讨了影响用户持续使用金融科技的因素[23]。王丽辉采用博弈论的研究方法，对金融科技背景下投资方和中小企业之间关于借贷的合作结果进行理论上的推理分析，并从监管机构、金融科技企业、中小企业三个角度提出政策建议，以利用金融科技有效解决中小企业融资难问题[40]。

（4）金融科技的监管政策。 Ng 和 Kwok 通过对全球监管环境、与金融科技相关的潜在风险的文献综述，探讨了在采用金融科技的国际趋势下，香港作为全球金融中心如何从战略上阐述机会和风险，制定和实施补充性监管政策[41]。袁远以 P2P 网贷“自动投标”理财产品为中心，探讨互联网思维、技术和金融在互联网金融理财产品的结合，构建“双峰”监管模式，以保护互联网金融消费者为核心，明确我国互联网金融理财产品法律监管原则[42]。

2.2 财富管理

2.2.1 财富管理研究现状

财富管理以客户为中心，按不同的风险偏好，通过组合投资、集合理财和专业管理，来满足各阶层客户的多样化投资需求，以协助制定并达成个人及家庭财务目标[43]。国际金融理财标准委员会（Financial Planning Standards Board，FPSB）将财富管理定义为“基于客户及其家庭的财富水平和预期，在充分了解客户的诉求、需求等基础上，为客户出具资产组合、储蓄计划、保险投资对策、财产继承及经营策略等财物设计方案，并帮助客户实施的过程”。从广义上看，财富管理是围绕客户需求进行的专业化、个性化、立体化综合财富规划和管理。从狭义上看，财富管理是一种理财业务，为客户提供适合其资产水平、风险预期、时间期限的标准化产品和服务。

财富管理是对基础资产的风险收益进行组合配置的管理过程[44,45]。根据“二八定律”，即约 20%的人掌握着 80%的财富，传统金融机构的财富管理服务主要围绕约 20%的高资产客户，将大部分资源向高资产客户倾斜，如为高资产客户提供贵宾服务、聚焦私人银行业务发展等，而常常忽略了掌握另外 80%财富的长尾客户[46]。近年来，金融行业的竞争态势越发严峻，财富管理等金融服务门槛逐渐降低，普惠到更多的长尾客户。金融机构开始关注全量客户市场，将财富管理市场聚焦于全量客户，特别重视对长尾客户的发掘和维护。

学术界对财富管理的研究热度近年来逐步提高。在 Web of Science 数据库检索关键词“wealth management”，显示结果 473 条，按年份整理如图 2-4 所示。可以看出关于财富管理的研究数量整体呈上升趋势，尤其在 2011—2020 年，研究数量有大幅度增加，可见其在学术界的热度。

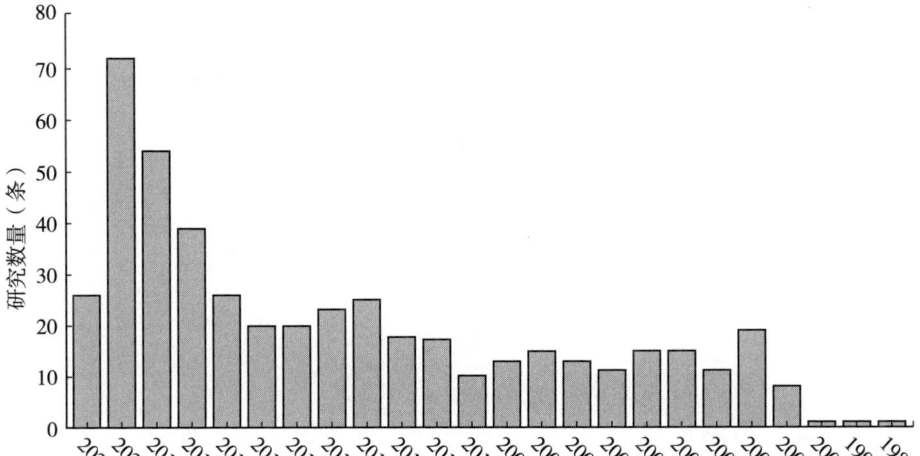

图 2-4　Web of Science 财富管理相关研究数量

资料来源：根据 Web of Science 搜索结果整理。

从研究方向上看，与财富管理有关的研究主要在计算机科学、商业经济学和工程领域，除此之外，数学、政府法律和社会科学等领域也有涉及，如图 2-5 所示。

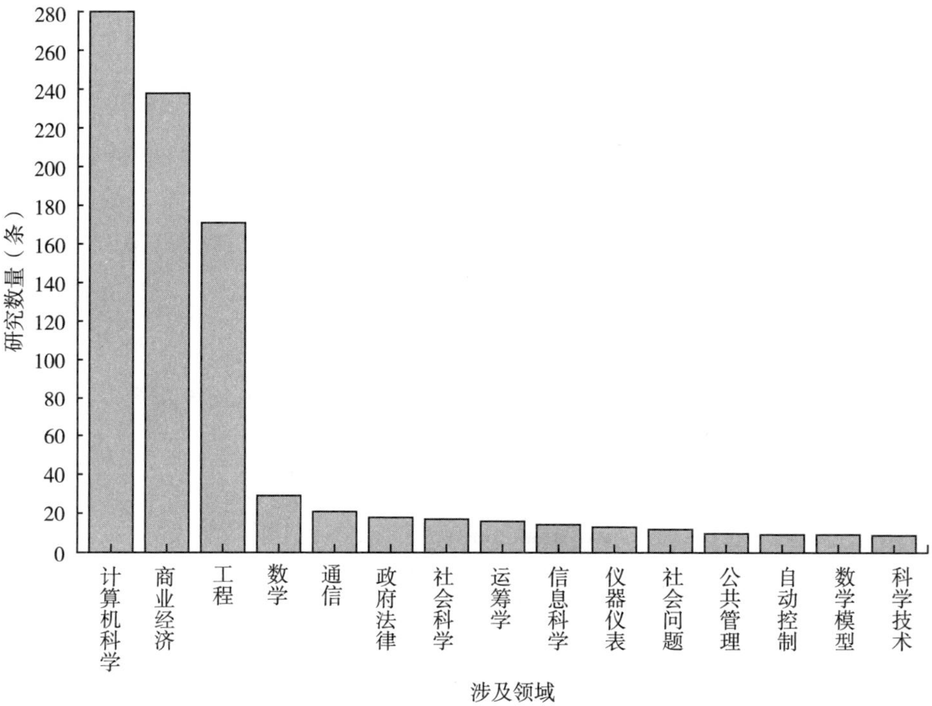

图 2-5　Web of Science 财富管理相关研究涉及领域

资料来源：根据 Web of Science 搜索结果整理。

财富管理相关研究的主题十分丰富，包括财富管理银行绩效评估、新技术的采纳、数字金融创新等，本书整理了较有代表性的财富管理研究，并按研究主题分类，简要介绍其研究贡献，如表 2-2 所示。例如，Wu 等人建立了财富管理银行绩效评估框架，对金融部门决策者评估财富管理银行经营绩效有一定的参考价值[47]。除此之外，Chang 和 Tsai 利用层次分析法构建了一种混合方法来评价财富管理银行的财务绩效，并从服务、绩效、职业化、风险控制、消费者信心五个方面对银行评价理财经理绩效进行评估[48]。在新技术的采纳方面，D'Acunto 等人研究了财富管理机器人顾问的引入对投资者的影响，发现采用者与非采用者在人口统计学方面同之前与人工顾问的互动相似，但采用财富管理机器人顾问的投资者往往更积极、管理的资产更多，更容易体验到多元化的好处[49]。

表 2-2　财富管理相关研究

作者	研究主题	贡献
Wu 等（2010）	财富管理银行绩效评估	该文建立了财富管理银行绩效评估框架，银行经理和其他金融部门决策者可以使用该模型来评估财富管理银行的经营绩效[47]
Beaverstock 等（2013）	私人财富管理	该文将私人财富管理行业概念化为一个生态系统，对在零售金融领域提供的其他领域的工作作出了重大贡献[50]
D′Acunto 等（2019）	财富管理机器人顾问	该文为家庭财富方面的文献，通过提供技术采用方面的新数据和新背景作出了贡献，填补了金融科技领域针对家庭股市投资决策的研究较少的空白[49]
Musto 等（2015）	个性化金融咨询	该文提出了一种新的资源配置策略推荐框架，并评估了其在特定领域的有效性[51]
Yeh（2015）	企业社会责任与服务创新	该文研究了财富管理服务提供商的企业社会责任和服务创新能力对其客户倡导、关系质量和关系价值在增强客户忠诚度方面的贡献[52]
Chang 和 Tsai（2016）	财富管理银行经理绩效	该文利用层次分析法构建了一种混合方法来评价财富管理银行的财务绩效，从服务、绩效、职业化、风险控制、消费者信心五个方面的多准确群体决策结果显示，消费者信心、风险控制和服务是中国台湾七家主要理财银行评价银行经理绩效的三大关键因素[48]
Zhao 等（2018）	P2P 网贷市场	该文研究了 P2P 网贷市场状态，建模并在真实数据集上进行了实验，对投标行为进行了深入分析，验证了模型的有效性[53]
Gruin 和 Knaack（2020）	数字金融创新	该文对理解中国政治经济的核心问题，以及更广泛的未来国家与市场关系作出了贡献。提供了一种洞察，即国家在与技术创新的互动中是如何提供金融和许多其他潜在经济服务的[54]
Dang 等（2017）	财富管理方法	该文验证了均值方差最优策略，与恒比例策略相比，在投资期限结束时获得了相同的期望财富，同时显著降低了财富的标准差和不足概率[55]

资料来源：根据相关文献整理。

2.2.2　财富管理行业中金融科技的应用

根据普华永道 2021 年发布的资产和财富管理变革报告，2017—2021 年全球资产管理规模超过 110 万亿美元，增长超过 40%。机构投资者持有全球 40%以上的市值，在部分市场占比甚至更高，如美国的比例高达72%。在发达经济体中，针对私募非金融领域的非银行贷款已超过银行贷款，达到41万亿美元。在我国，2021年全国居民人均可支配收入为32 189元，比2020年实际增长4.7%，且A股市场新增投资者人数每月均在100万人以上，居民投资需求加大。经济的发展影响着金融业的发展，其中融资功能全面反映了金融与经济的关系。2021年上半年社会融资规模增量累计13.23万亿元，比2020年同期增加3.16万亿元。其中，对实体经济发放的人民币贷款累计10.02万亿元，同比增多1.26万亿元。总的来说，金融市场运行稳中有进，国内企业仍具有平稳发展的环境。

从2013年开始，互联网金融的崛起降低了投资理财的门槛，人们的理财意识大大提高，逐渐从银行存款转向中低风险理财产品。随着中国经济发展和用户收入提高，存款总额同步提高，但增速明显放缓，居民资产配置结构已经逐步开始向风险资产转移。易观分析报告显示，截至2020年底，国内股票投资者达到1.7亿人，基金总规模突破18万亿元，权益类资产投资规模达到60万亿元，权益类资产在居民资产配置中的占比快速提高。从图2-6可以看出，我国互联网财富管理市场规模自2013年以来逐年稳定增长，在2014年和2017年有较高增幅。2020年，中国财富管理市场的各类资管产品规模已达103.3万亿元。

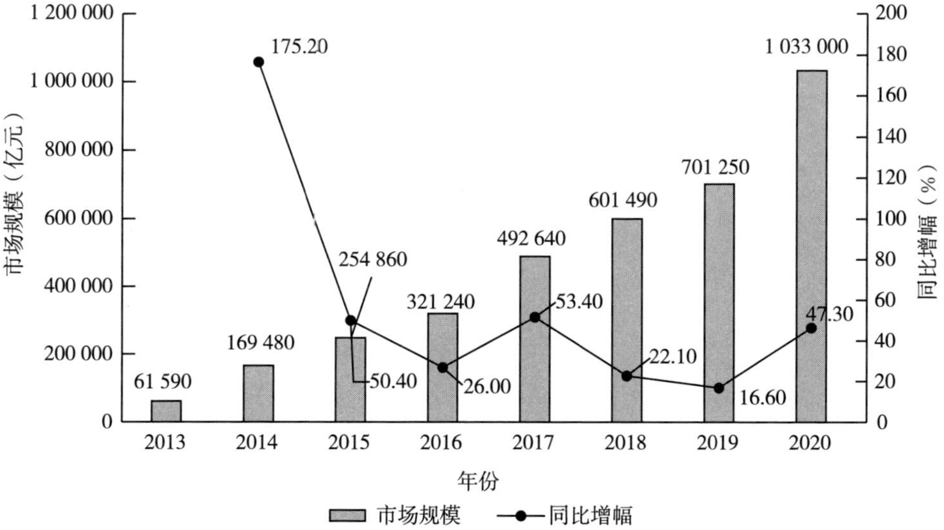

图2-6 中国互联网财富管理市场规模

资料来源：《未来财富管理 全球及中国行业趋势及展望》，毕马威国际，2022。

金融科技在财富管理行业应用广泛，其中最突出的是智能投资顾问，也被称为机器人咨询。智能投资顾问是通过数字平台上的自动算法提供和执行金融咨询。智能投资顾问行业最初只针对那些对传统金融顾问来说规模太小的客户，为他们提供咨询服务，现在的服务范围已越来越广。智能投资顾问是一个不断发展的行业，根据《2016 S&P Global Market Intelligent Report》，智能投资顾问在 2016 年管理的资产为 986.2 亿美元，年增长率超过 40%。

在进入智能投资顾问领域时，现有金融机构和财富管理企业可能会基于自身情况采取不同的策略。从市场营销的角度来看，引入一个颠覆性的新技术和新产品可能会蚕食现有的客户。公司可以将熟练的员工部署在新产品上，向客户提供额外的服务，例如，人工和机器人咨询的混合形式。银行、基金公司和经纪公司等现有金融机构正在通过智能投资顾问和人类建议结合的方式服务客户，利用混合模型将机器人顾问与人工顾问的建议结合在一起。这样的混合模式大大降低了维持人工财务顾问的成本。除降低成本之外，智能投资顾问还可以利用基于金融理论的可复制算法改进人类的建议。例如，智能投资顾问可以根据新闻或市场变化迅速向客户发出警报。同时，智能投资顾问由于内置的自动化算法，在实施策略时更加简单和高效，服务过程也更加透明化。人工顾问和客户之间的互动，往往类似于销售商品的交易活动，人工顾问的动机会倾向于自己的利益最大化，但这可能与投资者（客户）的最大利益不同。人工顾问的冲突、偏见和认知局限都可能会传递给客户，影响客户财富管理结果。而智能投资顾问会以客户的最大利益为依据，不会向客户推荐非常不适合他们的产品。

智能投资顾问可以自动执行财务建议所需的买入和卖出交易，财富管理用户只需点击屏幕上的选项，就可以使交易自动进入批量模式。这一功能十分便利，即使对财务和技术不太了解的用户，也可以完成财富管理任务。然而，财富管理用户并不需要执行智能投资顾问建议的所有交易，他们可以根据自己的判断选择性执行智能投资顾问建议的交易，自由地排除某些产品。投资者有自由裁量权，这可以降低他们对自动算法的反感，让机器人投资顾问更接近人工顾问的感觉。

智能投资顾问的应用离不开大数据的支持。网络商业的出现极大地提高了非结构化和结构化信息的数量、多样性和速度，通常用术语“大数据”来描述。根据国际数据公司（IDC）2011年6月的报告，自2005年以来，全球可用数据的数量正在以每年超过50%的速度增长。IDC的研究报告显示，预计到2025年，全球数据总量将达1 630亿TB[56]。这种增长主要是由非结构化数据驱动的，包括Web内容、新闻订阅、社交媒体发布和视频剪辑等。因此，大数据可以涵盖各种数据集，这些数据集很难使用现有数据管理工具和传统数据处理应用程序及时捕获、处理和管理[57]。

2015年8月国务院印发的《促进大数据发展行动纲要》指出，大数据“正快速发展为对数量巨大、来源分散、格式多样的数据进行采集、存储和关联分析，从中发现新知识、创造新价值、提升新能力的新一代信息技术和服务业态”。大数据被定义为高容量（大规模）、高速（移动/流）和多样性（如数字、文本、视频等）的信息资产，需要成本效益高、创新度高的信息处理形式，以增强洞察力和决策[58]。大数据分析拥有较强的发展潜力，近年来，企业既能够收集大量的、多样化的数据，又能够对这些数据进行强大的分析。这种能力使企业的复杂决策高度自动化，而这些决策在传统上主要依赖于人类的判断和直觉[59]。

大数据已从信息技术领域快速渗透到金融、医疗、环境、交通等领域。新湖财富和植信投资研究院发布的《金融科技在财富管理行业中的应用现状和趋势》报告中，总结了大数据在财富管理行业中的应用，如表2-3所示。普华永道调研显示，在所有金融科技中，大数据是金融行业投资和应用的首选。与传统贷款机构主要关注借款人的信用评分不同，金融科技贷款机构使用不同的数据和不同的流程来评估潜在借款人。大数据能够分析申请信贷人的每一点信息，以确定他是否符合信用可靠者的特征，并使用这些信息为申请人作出贷款决定。需要明确的是，金融科技贷款机构并不局限于分析那些与资产信用有相当明确关系的数据，也可以参考相关性不明确的数据。例如，金融科技贷款机构使用消费者的电子邮件地址、汽车品牌、社交网络好友、教育背景和大学专业等，来确定一个人的信誉度。简而言之，金融科技贷款机构正在把它们能收集到的每一个字节的数据输入它们的信用评分算法。

表 2－3　大数据在财富管理行业中的应用

应用阶段	应用描述
客户挖掘阶段	对客户的投资需要与风险偏好实现更全面、更细致的识别，而并非仅依赖客户对于标准化问卷的主观输入
资产配置阶段	应用大数据支持产品与底层资产的调研，并使其成为智能化投资组合的基础，基于客户的风险偏好和收益目标在海量金融产品中进行甄选和组合
投资组合再平衡阶段	应用大数据识别宏观、微观中的相关信号，触发资产组合再平衡
运营服务环节	以大数据为基础，可优化运营资源配置，通过大数据分析识别交叉销售商机

资料来源：《金融科技在财富管理行业中的应用现状和趋势》，新湖财富和植信投资研究院，2021。

互联网金融具有独特的信息优势，其主要特征是信用风险。大数据可以整合信息技术和云计算的优势，包括以市场为基础的企业和个人信用体系。该系统不仅为债务人和债权人提供信息，还连接了银行和证券监管机构的信用体系，对互联网金融进行监管。在这一信用交易过程中，信息是最重要的因素，因为信息不对称会引起道德风险，从而改变信用风险水平、金融资产的契约安排和金融产品的结构；它还会影响信用风险的分配和信用交易的投资收益[60]。因此，监管和管理信用风险是监管信息不对称的一部分。在大数据和云计算的帮助下，互联网金融公司可以比传统金融机构更高效、更可靠、更低成本地处理信息，并更深入地分析更多客户。由于对客户有更好的了解，金融平台更有可能销售客户想要的产品，从而避免暴露在过度的风险中。从监管机制的角度来看，中国证券监督管理委员会（简称中国证监会）等监管机构可以利用大数据分析和预测系统性金融风险，及早采取措施。个人可能无法直接获取大数据，但可依赖于百度等信息公司、专业咨询公司和相关政府机构获取。

在金融科技飞速发展、金融产业与互联网深度融合的背景下，财富管理行业从业务到组织均发生了重大变革。这不仅在业界产生了巨大影响，也引起了学者们的广泛关注。现从个人、企业和行业三个层面整理财富管理行业中金融科技应用的文献如下。

在个人层面的研究中，Xie 等人调查了个人接受金融服务的因素，特别是互联网财富管理平台，结果表明感知价值、感知风险和社会影响与个体的金融科技采用意愿存在显著相关，绩效预期、努力预期和感知风险影响个体的感知价值，而感知价值又影响个体对金融科技的采用意愿[61]。在用户持续使用意愿研究中，Shiau 等人研究了用户持续使用金融科技管理个人财富的意愿，发现用户的财务自我效能、技术自我效能和确认感对用户感知有用性有正向影响，财务自我效能和技术自我效能还通过确认感对感知有用性有间接的影响。用户感知有用性和确认感与满意度呈正相关，感知有用性和满意度都正向影响金融科技持续意愿[62]。此外，Rasiwala 和 Kohli 研究金融领域的智能投资顾问服务，探讨了金融服务提供商抵御金融科技挑战的策略，以了解金融科技的颠覆程度和影响[63]。

在企业层面研究中，侯晓主要关注商业银行零售业务，包括消费金融业务和财富管理业务。侯晓认为消费金融业务和财富管理业务将带动商业银行零售业务价值创造的新增长，提出了加快重点区域布局和推动全渠道融合发展的必要性。尤其在科技引领和数字驱动的背景下，商业银行要在零售业务发展模式上不断创新，拓宽客户服务范围，加快金融科技的应用，主动服务国家重大区域战略布局，提升客户经营服务能力[64]。Lin 等人将模糊逻辑和“决策试验与评价实验室”（DEMATEL）方法相结合，构建了一种混合方法，以识别 2019—2020 年中国台湾财富管理银行绩效影响最大的标准[65]。吴超从量化投资技术和商业模式创新两个维度探讨如何构建财富管理企业的核心竞争力，通过实证财富管理中的量化投资技术创新，以及对国内外财富管理的典型商业模式案例分析，确定投资技术创新和商业模式创新是财富管理企业构建核心竞争力的关键所在[1]。在财富管理数字化转型的研究中，隋璐认为，金融科技和平台经济的兴起带动了财富管理数字化转型。在线上线下结合、产学研用协同、大中小企业融合的创新创业格局下，以客户为中心构建服务体系，开拓渠道并转变组织架构，打造数字经济背景下的投资顾问平台，将有力推进我国财富管理数字化转型[66]。同样与企业转型有关的研究中，孟醒和申曙光分析了金融科技背景下证券公司财富管理业务的竞争优势、战略目标与转型路径，提出了新形势下证券公司财富管理业务模式的发展目标，并从客户、产品和机制三个方面，分析证券公司财富管理业务战略目标的实现路径[67]。

在行业层面研究中，王聪聪等人在《管理世界》上的研究聚焦于金融科技、财政政策、货币政策、行为金融、风险管理与公司金融等领域，以互联网金融的思维对相关研究进行梳理分析，认为互联网金融大大提升了金融效率，解决了信息不对称问题，并缓解了长尾群体融资需求缺口[68]。然而，金融科技的快速发展也导致了涉及信息安全、信用、金融监管等方面的诸多问题，这引起了学者们的关注。李小飞和陈芬在区块链技术背景下保险业家庭财富管理研究中发现，区块链技术的发展可以为保险业家庭财富管理带来管理模式和服务模式上的创新。在区块链技术背景下，应为区块链技术应用提供政策支持，加强保险业财富管理价值链各端的分工合作意识，促进分工协作发展[69]。Boreiko 和 Massarotti 关注到智能投资顾问，解释其投资组合配置持续变化的因素。智能投资顾问的基本算法可以识别不同的风险配置，即使在相同类型的投资者群体中，也存在明显的巨大差异[70]。

金融科技颠覆着财富管理机构的各个价值链关键环节，尤其在投资研究、风险控制、运营效率及客户服务等方面更为突出。财富管理企业的发展与客户息息相关，企业是财富管理服务的提供者，用户是财富管理服务的使用者。无论是企业内部对金融科技的采纳使用，还是外部客户对使用金融科技来管理财富的意愿和行为，都对财富管理企业运营和发展有着至关重要的影响。尽管对财富管理行业中金融科技使用的影响机制研究十分必要，但基于个人和企业双视角进行金融科技使用影响机制的探索和实证研究文献是不足的，单一视角下的研究结果为财富管理企业提供的参考可能是不够全面的。对于财富管理企业来讲，一方面要了解影响自身企业采纳金融科技的各类因素，另一方面更要明白用户使用或不使用金融科技来管理财富的原因。具体而言，哪些因素会影响个人采用金融科技来管理财富？这些因素是如何影响用户使用意愿和行为的？财富管理企业中有哪些因素会影响企业对金融科技的采纳和使用？这些都是财富管理行业金融科技的使用研究中急需解决的关键问题。针对这些研究缺口，本书从个人和企业双重视角，分别探究影响个人使用金融科技管理财富和企业使用金融科技开展财富管理业务的因素和机制。

2.3　信息系统期望确认理论

2.3.1　信息系统期望确认理论的构建

在过去的 20 多年间，人们对信息系统和信息技术持续使用的研究越来越多[62,71,72]。如果用户不能长期使用信息系统或信息技术，那么该信息系统或信息技术的预期效益就无法实现，它的实施也不能算成功，因此，对用户的持续使用的研究意义重大[71]。信息系统期望确认理论是最早概念化和检验信息系统持续使用的理论模型之一[71]。基于 Oliver 的期望确认理论（ECT）[73]，Bhattacherjee 考虑了用户接受和持续使用之间的区别，结合先前研究的理论和实证结果，建立了信息系统持续使用的理论模型，并通过对网上银行用户的实地调查，对该模型提出的研究假设进行了验证[71]。

期望确认理论广泛应用于消费者行为文献中，研究消费者满意度、购后行为和服务营销等[74-76]。图 2-7 描述了期望确认理论中的关键构念和关系。消费者达到回购意愿一般要经过五个阶段：第一，消费者在购买某一特定产品或服务之前有初始期望；第二，他们接受并使用产品或服务，经过一段时间的初次消费，形成了对该产品或服务绩效的看法；第三，他们根据最初的期望评估他们的感知绩效，并确定他们的期望得到确认的程度；第四，他们根据自己的确认水平，确认基于期望形成的满足感或情感；第五，满意的消费者形成了再购买意愿，而不满意的消费者停止了随后的购买意愿。

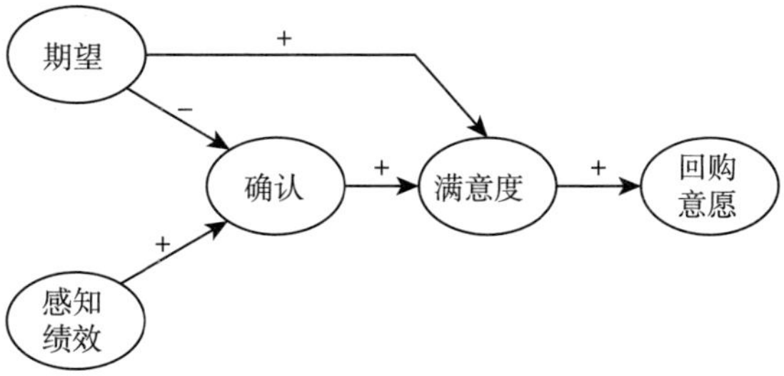

图 2-7　期望确认理论

资料来源：Oliver. A cognitive model of the antecedents and consequences of satisfaction decisions [J]. Journal of Marketing Research，1980，17（4）：460-469.

期望与确认感呈负相关，期望越低，确认感越高；感知绩效与确认感呈正相关，感知绩效越高，确认感越高。然而，期望确认理论忽略了消费者在消费体验之后的期望的变化，以及这些变化对随后认知过程的影响。消费者的期望往往源于他们第一次的购买经历，但购买后的期望可能不同于购买前的期望。接受前的期望通常是基于他人的意见或通过大众媒体传播的信息，而接受后的期望则受到消费者第一次购买经验的影响，因此更加真实准确[77]。例如，如果消费者发现产品或服务的用处超出了他们最初的预期，购买后的预期可能会提高；如果发现产品或服务的用处不大，购买后的预期可能会降低。自我认知理论很好地解释了这些变化，个体在获得关于焦点行为的新信息时，通过观察他人和自己的行为，会不断调整自己的认知，例如期望[78]。调整后的感知为随后的行为提供了基础，因此，一旦消费者的认知更新，消费后（即调整后）的期望将取代消费者认知记忆中的消费前（初始）期望，作为指导后续决策过程的基础。

Bhattacherjee（2001）认为信息系统用户的持续使用决策类似于消费者的回购决策，有以下三个原因：第一，两种决策都遵循一个初始决策，即接受或购买；第二，两种决策都受初始使用信息系统或产品经验的影响；第三，两种决策都可能导致初始决策的事后逆转。理性用户在做出持续使用信息系统的决策之前，很可能会经历类似期望确认理论的决策过程。因此，将期望确认理论扩展到信息系统情境下，Bhattacherjee 构建了接受后的信息系统期望确认理论模型[71]，如图 2－8 所示，为理论的拓展和完善作出了很大的贡献。

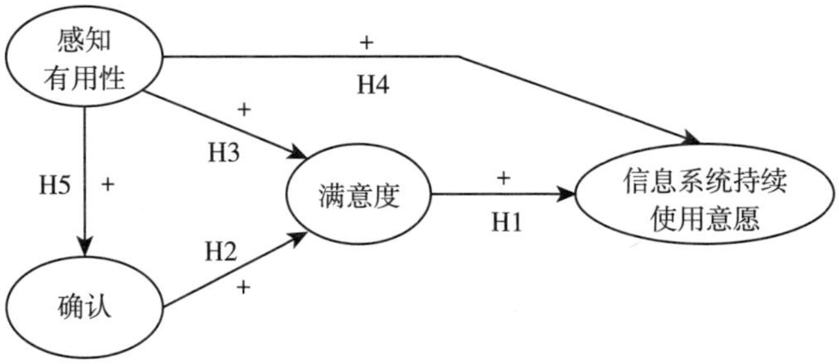

图 2－8　接受后的信息系统期望确认理论模型

资料来源：Bhattacherjee A. Understanding information systems continuance [J]. MIS Quarterly, 2001, 25 (3): 351－370.

Bhattacherjee 作了如下五个假设，并在网上银行情境下进行了验证，其中关键构念的操作型定义和来源如表 2－4 所示[71]。

H1：用户对初始信息系统使用的满意度与他们的信息系统持续使用意愿正相关。

H2：用户的确认程度与他们对信息系统使用的满意度呈正相关。

H3：用户对信息系统使用的感知有用性与对信息系统使用的满意度呈正相关。

H4：用户的信息系统持续使用意愿与对信息系统使用的感知有用性呈正相关。

H5：用户的确认程度与他们对信息系统使用的感知有用性呈正相关。

表 2-4　信息系统期望确认理论构念操作型定义

构念	操作型定义	测量
信息系统持续使用意愿	用户继续使用网上银行的意愿	根据 Mathieson 行为意图量表[79]延伸
满意度	用户对先前使用网上银行的感觉	根据 Spreng 等人总体满意度量表[80]改编
感知有用性	用户对使用网上银行的预期益处的感知	根据 Davis 等人感知有用性量表[81]改编
确认	用户对网上银行使用期望与实际使用效果一致性的感知	新开发量表

资料来源：根据相关文献整理。

研究结果支持期望确认理论的观点，使用信息系统的满意度是用户持续使用意愿的最强预测因子，其次是感知有用性。用户预接受的态度是基于认知信念的，例如，有用性或易用性等认知信念可能是通过参考他人、大众媒体或其他来源的二手信息形成的，可能会有偏差。然而，用户使用信息系统后的满意度是基于用户使用信息系统的第一手经验，因此，满意度更现实、更公正，且更不易受变化影响[82]。

对信息系统使用的满意度主要通过用户对信息系统使用的期望确认来预测，然后是通过用户对初始使用信息系统的感知有用性。确认感是一种认知信念，是用户对信息系统使用的预期在实际使用过程中实现的程度，来自先前对信息系统的使用经历。相对于感知有用性而言，确认的效应量更大，说明用户在信息系统持续使用意愿形成过程中，期望的确认比作为工具的实用性更重要。确认对感知有用性也有显著的正向影响，说明用户对信息系统工具性的感知也可能受到确认的影响。此外，确认会通过满意度影响信息系统的持续使用意愿。

2.3.2　信息系统期望确认理论的应用

信息系统期望确认理论在信息系统和信息技术研究中广泛应用，以解释用户的持续使用意愿[71,76,83,84]。例如，Limayem等人将习惯纳入信息系统期望确认理论，探讨习惯及其前置因素在信息系统持续使用意愿中的作用[72]。也有一些学者进行质疑，认为对信息系统和信息技术的持续使用研究忽略了情绪和习惯的作用，如Bhattacherjee和Barfar建议将信息技术持续使用概念化为三个决定因素的结果，即经验结果、前瞻性期望和习惯，并扩展了信息系统期望确认理论[85]。在对在线学习系统研究中，Cheng基于信息系统期望确认理论、流理论和信息系统成功模型，检验了质量因素（信息质量、系统质量、支持服务质量和教员质量）作为信念（感知有用性、确认和流体验）的前置因素，是否影响护士继续使用在线学习系统的意愿。其研究发现，信息质量、系统质量、支持服务质量和教员质量对感知有用性、确认和流体验有显著影响，这些共同解释了护士对在线学习系统使用的满意度和持续使用意愿[86]。随着信息技术更加个性化，研究中对互动性和享乐性等情感体验的强调日益显著[87]，情感成为信息系统持续使用研究中不可忽略的因素。Zheng以信息系统期望确认理论为基本框架，在该模型中加入双维度消费情绪，即积极情绪和消极情绪，解释了手机游戏应用环境下用户的满意度和持续使用意愿。该研究分析了手机游戏应用中可能涉及的一些特定情绪，并指出，手机游戏公司关注用户情绪，尤其是负面情绪，对维护客户关系有一定的帮助[88]。除以上文章外，本书将其他一些有代表性的信息系统期望确认理论应用文献总结在表2-5中。

表2-5　信息系统期望确认理论应用文献回顾

作者	研究领域	主要构念	研究发现
Chiu等(2005)	在线学习	感知可用性、可用性不确认、感知质量、质量不确认、感知价值、价值不确认、满意度、在线学习持续意愿	用户的持续使用意愿由满意度决定，而满意度又由感知可用性、感知质量、感知价值和可用性不确认共同决定[83]
Shiau和Luo(2013)	社交网络	确认、习惯、用户参与度、感知乐趣、满意度、使用意愿	用户参与度、满意度和感知乐趣共同预测了持续使用博客意愿[89]

（续）

作者	研究领域	主要构念	研究发现
Ayanso 等（2015）	电子健康	感知有用性、确认、感知风险、满意度、EMR 信息系统持续使用意愿	感知有用性和感知风险影响满意度，进而影响医生持续使用医疗信息系统意愿。感知风险对医生的持续使用意愿也有直接影响[90]
Yuan 等（2016）	手机银行	感知任务-技术匹配度、感知易用性、确认、感知有用性、感知风险、满意度、持续使用意愿	满意度、感知有用性、感知任务-技术匹配度和感知风险是持续使用意愿的主要预测因子，满意度是由确认、感知有用性和感知风险决定的。感知有用性受确认、感知易用性和感知任务-技术匹配度影响[91]
Oghuma 等（2016）	移动即时通信	服务质量、确认、有用性、乐趣性、用户界面、安全性、满意度、持续使用意愿	感知服务质量和感知可用性显著影响用户满意度和持续使用意愿。感知服务质量也会影响确认，而确认反过来又会影响感知可用性[84]
Nascimento 等（2018）	可穿戴技术	习惯、感知有用性、确认、感知可用性、满意度、感知乐趣、持续使用意愿	确认、感知有用性和满意度增强了智能手表的持续使用意愿，习惯是解释智能手表持续使用意愿最重要的因素[92]
Zhou 等（2018）	在线金融	声誉、网站质量、熟悉度、情景常态性、感知易用性、感知有用性、确认、满意度、持续使用意愿、信任	网站质量、熟悉度和情景常态性会影响感知易用性和感知有用性。感知有用性、感知易用性和声誉与确认正相关，进一步影响满意度[93]
Gupta 等（2020）	智能健身穿戴	感知有用性、确认、满意度、感知健康结果、社会比较倾向、持续使用意愿、推荐意愿	感知健康结果和用户满意度影响持续使用意愿进而影响推荐意愿。此外，社会比较倾向对感知健康结果和用户满意度有积极影响。用户满意度受感知有用性、确认、感知健康结果和社会比较倾向的影响[94]

资料来源：根据相关文献整理。

本书在个人层面研究中，以信息系统期望确认理论为基础，结合自我效能理论，弥补了信息系统期望确认理论忽略个人内在因素的不足。通过问卷调查法，探究和解释个人认知视角中影响用户持续使用金融科技管理个人财富意愿的因素和影响机制。该定量研究结果为后续的案例研究提供一定的理论基础，以勾勒出更加完整的个人持续使用金融科技管理财富的研究画面。

2.4　自我效能理论

2.4.1　自我效能理论的发展和演变

Bandura（1977）从社会学习的观点出发，提出了自我效能理论，以解释在特殊情景下动机产生的原因。社会认知理论认为，人类拥有自我信念系统，从而能够控制自己的认知过程、感觉、动机和行为[95]。自我信念系统的核心是自我效能，也就是一个人对自己达到某种成就的能力的评估[96,97]，评估的结果将直接影响到一个人的行为动机。Bandura 认为，人的行为和动机受到个体对自身能力的自我信念的影响[98]，对个人自我效能的准确评价具有相当大的功能价值[95]，它决定了人们在面对障碍时会做出多大的努力和坚持多久[96]。自我效能不是衡量人们过去所做的事情，而是对人们未来可能做的事情的判断[99]。它涉及个人对他将如何完成一项任务的感知，而不是衡量他现有的技能[100]。在信息系统的研究中，自我效能也被认为是直接或间接影响用户持续使用意愿的因素之一[30,101,102]。

自我效能的形成可能受到四种因素的影响，即掌握经验、替代经验、社会说服和生理状态[95]，分别简单解释如下。

(1) 掌握经验。个人掌握的经验会影响自我效能的形成，是自我效能建立最重要的来源。正面和负面的经验可以影响一个人执行给定任务的能力，过去正面的结果会提高自我效能，而过去负面的结果会降低自我效能。个人掌握的经验可以通过教学或培训获得，它有助于通过知识和技能的发展来培养自我效能[98,103]。例如，过去使用金融科技带来的令人满意的财富管理结果，可能会提升财富管理者的自我效能。

(2) 替代经验。替代经验是人们通过他人的表现或结果而产生的或高或低的自我效能。自我效能也可以通过替代经验得到发展和加强，看到相似的人成功有助于提高自我效能，而看到他人的失败可能导致自我效能的降低。替代经验通过向观察者传递有关有效管理环境需求的知识、技能和策略来影响自我效能。例如，个人看到身边的人使用金融科技有较好的财富管理结果，可能会增强自己的自我效能。

(3) 社会说服。 自我效能也可能是个人从他人那里得到的社会说服的结果。Bandura 认为，在某种程度上，说服力促进了感知效能的提升，促使人们努力获得成功，而自我肯定的信念促进了技能的发展和个人效能[97]。

(4) 生理状态。 自我效能也会受到个人生理状态的影响，这些状态是个体在思考某种行为时所经历的。当人们身体产生某种感觉时，会感知到这种情绪唤醒对他们的信念的影响[97]。不过，与掌握经验和替代经验相比，社会说服和生理状态对自我效能的影响较小[97]。

2.4.2 自我效能理论的应用

自我效能理论的应用有一个重要原则，即个体更倾向于执行自我效能高的活动，而不太倾向于执行自我效能低的任务[104]。自我效能是灵活的，可以在不同的环境下产生不同的影响[105]。例如，Stajkovic 和 Luthans 利用元分析方法检验了自我效能与工作绩效之间的关系，分析结果显示自我效能与工作绩效之间存在显著相关，明确了自我效能在工作中的重要作用[106]。Yang 等人在研究影响顾客从线下渠道延伸到线上渠道的因素中发现，自我效能直接影响网络渠道拓展行为，并对感知线下服务质量与感知线上服务质量之间的关系有重要的调节作用[107]。在关于使用博客获得知识的研究中，Tang 等人发现自我效能对使用博客学习的满意度和持续使用意愿都有正向影响[108]。类似的，在使用手机银行服务的研究中，Susanto 等人认为自我效能会正向影响用户持续使用意愿[109]。

虽然很多研究直接使用了自我效能的概念，但实际上自我效能是不易准确测量的，因为个体的能力在不同领域的表现有所不同。因此，Cassar 和 Friedman 建议使用特定领域的自我效能而不是一般的自我效能[110]。一些研究也证明了特定领域自我效能比一般自我效能具有更强的预测能力[110-112]，因而在许多领域研究中得到了发展[113-115]。例如，自我效能在信息技术中的应用被解释和定义为三类[116]：第一，计算机自我效能（computer self - efficacy，CSE），它涉及特定的计算机领域，测量一个人执行计算机相关任务的潜力、信念或能力[99]；第二，网络自我效能（internet self - efficacy，ISE），它是个人感知到自己执行或操作互联网应用的能力；第三，网络专业发展自我效能（web - based professional development self-efficacy，WPDSE)，主要探索教师使用网络进行专业发展的信心或能力。在其他领域中，学者们也区分了一些特定领域自我效能。例如，Cassar和Friedman识别了企业家自我效能，也就是个人对其执行与创业相关的各种任务和角色的能力和信心，发现企业家自我效能增加了成为一个新生企业家和创建运营企业的可能性，企业家自我效能还会增加个人财富在创业中的投资比例和创业者投入创业的时间[110]。为了解自我效能在特定领域的应用，本书整理了一部分采用特定领域自我效能的研究，梳理了研究所采用的特定领域自我效能定义和部分研究结果（表2-6）。

表2-6 特定领域自我效能有关研究和结果

作者	自我效能类型	定义	研究领域	相关关系
Compeau和Higgins（1995）	计算机自我效能[99]（CSE）	对一个人使用计算机的能力的判断	终端用户使用行为	CSE→结果期望 CSE→情感 CSE→焦虑 CSE→使用
Ma和Liu（2005）	互联网自我效能[117]（ISE）	对一个人完成互联网任务能力的估计	基于网络的电子病历	ISE→感知易用性 ISE→感知有用性 ISE→行为意图
Forbes和Kara（2010）	投资自我效能[118]	人们对自己实现长期财务目标能力的判断	个人投资	信心→投资自我效能 投资知识→投资自我效能
Holden和Rada（2011）	科技自我效能[119]（TSE）	用户对成功且有目的地使用技术的信心	教育技术	TSE→感知易用性、可用性
Serido等（2013）	金融自我效能[120]（FSE）	一个人对自己负责财务行为能力的感觉	财务能力	FSE→财务行为 FSE→财务状况
Hong等（2014）	智能手机自我效能[121]（SSE）	一个人认为自己具备的在智能手机上操作特定功能的能力	英语学习	SSE→英语学习焦虑 SSE→过度自信判断
Chen（2017）	计算机自我效能[113]（CSE）	个人对自己能够成功地使用计算机解决任务和管理情况的信念	学习绩效	CSE→学习绩效 CSE→学习参与

资料来源：根据相关文献整理。

在金融科技环境下，考虑到财富管理的特点，人们必须衡量自己的理财能力和技术使用能力。在作出财富管理决策之前，人们总是根据自己的能力预测过程和结果。一方面，当客户考虑自己能否选择合适的财富管理方案来实现自己的财富管理目标时，他们就是在衡量自己的金融自我效能。另一方面，当客户考虑自己能否在智能手机上完成购买理财产品或查看理财信息等任务的能力时，就是在衡量自己的科技自我效能水平。因此，本书在金融科技情境下的自我效能涉及两个特定领域的自我效能：金融自我效能和科技自我效能。

2.5 技术采纳与利用整合理论

2.5.1 技术采纳与利用整合理论的发展及演变

技术采纳与利用整合理论（UTAUT）是信息系统文献中广泛应用的理论之一，由 Venkatesh 等人在综合以往技术采纳和使用的研究的基础上整合发展起来[122]。技术采纳与利用整合理论应用于多个领域，如图书馆自助服务[123]、在线学习[124]、移动银行[125]等情境。关于技术采纳与利用整合理论的（UTAUT）原始文献在谷歌学术上被引约 28 000 次，关于技术采纳与利用整合理论 2（UTAUT 2）的原始文献在谷歌学术上的引用量约为 6 000 次，它们在 Web of Science 数据库的被引次数分别为 9 000 次和 2 000 次，可见其应用广泛，具有相当大的学术影响力。

技术采纳与利用整合理论最初的模型用来解释员工接受和技术使用，包含四个预测因子，分别是绩效预期、努力预期、社会影响和便利条件。技术采纳与利用整合理论认为，使用技术的意愿受到绩效预期、努力预期和社会影响的影响，而技术使用会受到行为意愿和便利条件的影响。此外，这些因子对使用意愿或使用行为的影响可能受到性别、年龄、经验和自主性的调节，如图 2 - 9 所示。

①绩效预期被定义为一个人相信使用该系统将帮助他获得工作绩效的程度。绩效预期常被认为是使用意愿的最强预测因子，它与使用意愿之间的关系会受到性别和年龄的调节。②努力预期是与系统使用相关的轻松程度，与技术接受模型中的感知易用性相似。努力预期对使用意愿的影响可能会受到性别、年龄和经验的调节。③社会影响是个体感知到重要的其他

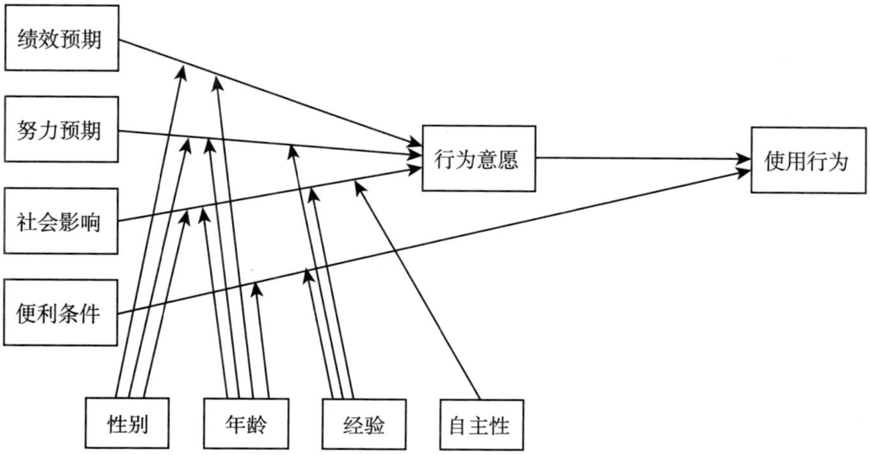

图 2－9　技术采纳与利用整合理论原始模型

资料来源：Venkatesh V，Morris M G，Davis G B，et al. User acceptance of information technology：Toward a unified view [J]. MIS Quarterly，2003，27（3）：425－478.

人认为他应该使用新系统的程度，是行为意愿的直接决定因素。社会影响在技术接受决策中的作用是十分复杂的，性别、年龄、自主性和经验可能会产生复杂的交互作用，同时影响社会影响对意愿的关系。④便利条件是个人认为组织和技术基础设施支持系统使用的程度。Venkatesh 等人认为，当绩效预期和努力预期同时存在时，促进条件在预测意愿方面变得不显著。与使用意愿相比，便利条件对使用行为的直接影响更大，这种影响会受到年龄和经验的调节[122]。

最初的技术采纳与整合理论更强调功利价值（如绩效预期），而忽略了内在动机或享乐动机。在许多消费者行为研究中，特别是在消费技术使用背景下的信息系统研究中，享乐动机常被认为是一个关键的预测因子。此外，与工作场所中使用技术不同，在消费者技术使用的情境中，价格也是一个重要因素，因为消费者必须承担与购买设备、服务相关的成本。还有学者发现，在信息系统的使用过程中，环境习惯是预测技术使用的关键因素。基于以上研究，Venkatesh 等人对技术采纳与利用整合理论作了一定的修订，将该理论扩展到消费者情境中，构建了 UTAUT2[126]。新模型添加了享乐动机、价格价值和习惯三个预测因子，并去掉了调节因子自主性，如图 2－10 所示。

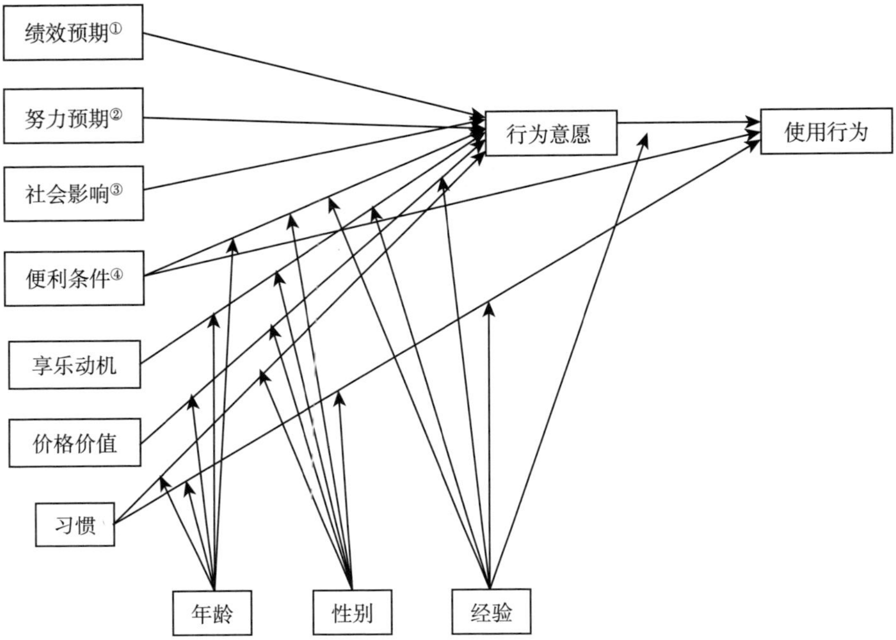

图 2-10　技术采纳与利用整合理论修订模型（UTAUT2）

注：①被年龄和性别调节。②被年龄、性别和经验调节。③被年龄、性别和经验调节。④对使用行为的影响被年龄和经验调节。

资料来源：Venkatesh V，Thong J Y L，Xu X. Consumer Acceptance and Use of Information Technology：Extending the Unified Theory of Acceptance and Use of Technology [J]. MIS Quarterly，2012，36（1）：157-178.

①享乐动机是从实用技术中获得的乐趣或愉悦，在决定技术的接受和使用中可能发挥重要作用[127]。在信息系统研究中，这种享乐动机会直接影响技术的接受和使用[128,129]。在消费者背景下，享乐动机也被发现是技术接受和使用的重要决定因素[127,130]。②消费者使用信息系统与员工使用信息系统的重要区别在于，消费者需要承担使用信息系统的金钱成本，而员工无需承担。成本和定价结构可能对消费者的技术使用有显著影响。在营销研究中，货币成本通常与产品或服务的质量一起被概念化，以确定产品或服务的感知价值[131]。在 UTAUT2 中，将价格价值定义为消费者在使用信息系统中感知的利益和使用它们的货币成本之间的认知权衡[132]。当人们认为使用一项技术的收益大于货币成本，且该价格价值对意愿有正向影响时，价格价值为正。③此外，还充分考虑了习惯对意愿和行为的影

响。先前研究中常引入习惯和经验这两个相关而又截然不同的概念。经验反映了使用技术的机会，通常个人首次使用技术后的一段时间内会获取经验；习惯是人们由于学习而倾向于自动执行行为的程度[72]。Ajzen 和 Fishbein 指出，以往经验的反馈会影响各种信念，进而影响未来的行为表现。在这种背景下，习惯是一种感知构念，反映了先前经验的结果[133]。实证研究揭示了习惯在技术使用中的作用过程，Kim 和 Malhotra 发现，习惯与先前使用相关，先前使用是未来技术使用的强有力的预测因子[134]。已经证明习惯对技术使用的直接影响超过了对意愿的影响，并且也调节了意愿对技术使用的影响[72]。

2.5.2　技术采纳与利用整合理论的应用

为了解当前对 UTAUT 和 UTAUT2 的使用情况，本节梳理了各类技术的采纳与使用的相关研究，按照研究领域将其分类，并汇总了各研究中采用的变量，可供研究者们参考，如表 2－7 所示。

表 2－7　UTAUT 相关研究汇总

研究领域	采用变量	相关研究
网上银行/移动银行	技术特征（technology characteristics）、任务特征（task characteristics）、任务技术适配（task technology fit）、绩效预期（performance expectancy）、努力预期（effort expectancy）、社会影响（social influence）、便利条件（facilitating conditions）、初始信任（initial trust）、企业声誉（firm reputation）、结构性保证（structural assurances）、个人信任倾向（personal propensity to trust）、感知风险（perceived risk）、享乐动机（hedonic motivation）、价格价值（price value）、习惯（habit）、信任（trust）、感知隐私（perceived privacy）、感知安全（perceived security）	[125,135-138]
移动支付	感知风险（perceived risk）、感知信任（perceived trust）、感知成本（perceived cost）、自我效能（self－efficacy）、绩效预期（performance expectancy）、努力预期（effort expectancy）、社会影响（social influence）、感知有用性（perceived usefulness）、感知易用性（perceived ease of use）、态度（attitude）、感知安全性（perceived security）、创新性（innovativeness）、感知交易便利（perceived transaction convenience）、感知交易速度（perceived transaction speed）、焦虑（anxiety）、信任（trust）、申诉补偿（grievance redressal）、背景（context）、普遍性（ubiquity）	[139-143]

（续）

研究领域	采用变量	相关研究
网络学习	绩效预期（performance expectancy）、努力预期（effort expectancy）、社会影响（social influence）、便利条件（facilitating conditions）、计算机自我效能（computer self - efficacy）、成就价值（attainment value）、实用价值（utility value）、内心价值（intrinsic value）、社会孤立（social isolation）、焦虑（anxiety）、延迟响应（delay in responses）、任意学习风险（risk of arbitrary learning）、感知玩乐性（perceived playfulness）、学习自我管理（self - management of learning）、感知有用性（perceived usefulness）、感知易用性（perceived ease of use）、价格价值（price value）、习惯（habit）、信任（trust）、数字素养（digital literacy）、感知趣味性（perceived enjoyment）、移动自我效能（mobile self - efficacy）	[135,144-149]
移动健康	绩效预期（performance expectancy）、努力预期（effort expectancy）、社会影响（social influence）、便利条件（facilitating conditions）、科技焦虑（technology anxiety）、变革阻力（resistance to change）、自我概念（self - concept）、价格价值（price value）、等待时间（waiting time）、享乐动机（hedonic motivation）、响应效能（response efficacy）、感知易用性（perceived ease of use）、主观规范（subjective norm）、响应成本（response cost）、自我效能（self - efficacy）、感知漏洞（perceived vulnerability）、感知严重性（perceived severity）、医生观点（doctor's opinion）、计算机焦虑（computer anxiety）、感知安全性（perceive security）	[150-153]
区块链供应链	绩效预期（performance expectancy）、社会影响（social influence）、便利条件（facilitating conditions）、区块链透明度（blockchain transparency）、供应链利益相关者信任（trust of supply chain stakeholders）、努力预期（effort expectancy）、科技准备度（technology readiness）、信任（trust）、科技亲和力（technology affinity）	[154,155]
网络购物	绩效预期（performance expectancy）、努力预期（effort expectancy）、社会影响（social influence）、便利条件（facilitating conditions）、使用（usage）、价值（value）、风险（risk）、传统（tradition）、形象（image）、态度（attitude）、信任和隐私（trust and privacy）、效用期望（utility expectancy）、社交因素（social factors）、方便和成本（convenience and cost）、满意度（satisfaction）、享乐动机（hedonic motivation）、价格节约取向（price - saving orientation）、习惯（habit）	[156-160]
在线政务	绩效预期（performance expectancy）、努力预期（effort expectancy）、社会影响（social influence）、便利条件（facilitating conditions）、焦虑（anxiety）、态度（attitude）	[161,162]

（续）

研究领域	采用变量	相关研究
手机应用	绩效预期（performance expectancy）、努力预期（effort expectancy）、社会影响（social influence）、便利条件（facilitating conditions）、价格价值（price value）、习惯（habit）、享乐动机（hedonic motivation）、满意度（satisfaction）	[163-165]
其他（开放数据、在线信息服务、图书馆自助服务）	绩效预期（performance expectancy）、努力预期（effort expectancy）、社会影响（social influence）、便利条件（facilitating conditions）、使用自愿性（voluntariness of use）、信任（trust）、流体验（flow experience）、期望确认（confirmation of expectation）、满意度（satisfaction）	[123,166,167]

资料来源：根据相关文献整理。

2.5.3　技术采纳与利用整合理论的研究方向

尽管该模型的应用十分广泛，在准确性上却参差不齐。有学者将UTAUT与其他理论相结合，对该理论进行了扩展；也有些研究者在不同情境下应用该模型，却没有根据情境进行调整。Venkatesh等人遗憾地表示，大多数对UTAUT的使用和扩展都没有对其进行全面审查，这可能导致错误的结果[168]。Blut等人在2021年发表的研究是截至目前最新、最广泛的针对UTAUT的元分析研究，该研究使用了1 935个独立样本中737 112个用户报告的25 619个效应量来解决UTAUT的使用问题，开发了一个清晰的且是当前最先进的UTAUT修订模型。这一模型拓展了原始理论，并从不同的其他理论视角探究新的内生机制和新的调节机制，以检验UTAUT在不同情境和不同背景下的通用性[169]。该模型新增了技术兼容性、用户教育程度、个人创新能力和技术成本四个预测因子，并结合不同情境，提出了四个大的范畴下的不同调节因子。这四个大的范畴包括个人特征（年龄、性别、消费者或员工）、民族文化（个人主义或集体主义）、技术类型（移动技术、在线技术或交易技术）和控制项（研究年份或样本），如图2－11所示。

研究结果表明，四个新的预测变量，即技术兼容性、用户教育程度、个人创新能力和技术成本，解释了在意愿和使用方面的显著差异，涵盖了UTAUT和UTAUT2中没有考虑的方面。元分析还表明，当包括新的预

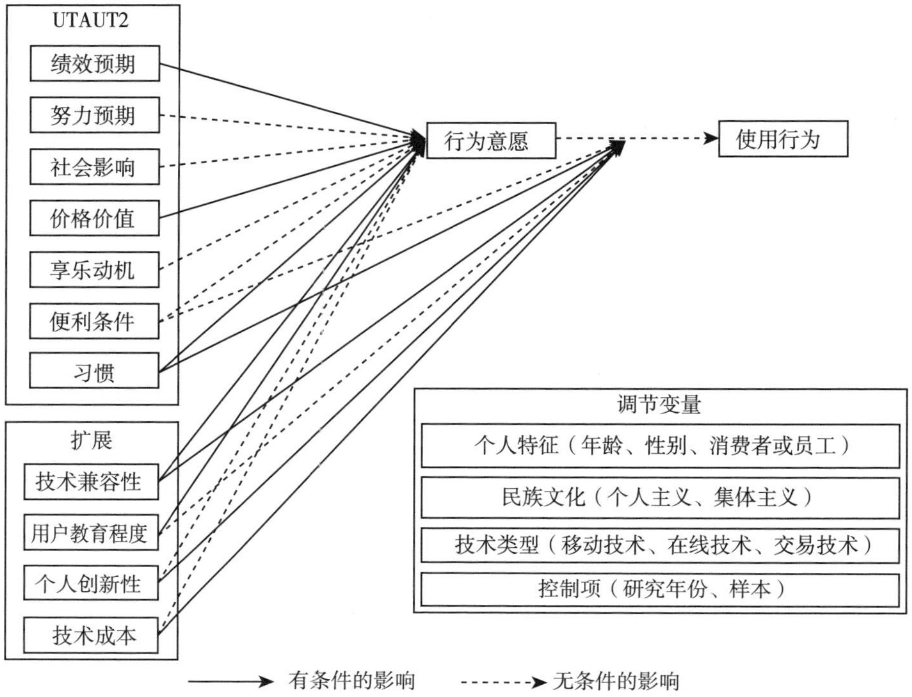

图 2-11 UTAUT 扩展模型

资料来源：Blut M，Chong A YL，Tsiga Z，Venkatesh V. Meta-analysis of the Unified Theory of Acceptance and Use of Technology：Challenging its Validity and Charting a Research Agenda in the Read Ocean [J]. Journal of the Association for Information Systems，2021.

测因子时，几个最初的 UTAUT 预测因子显示出较弱的效应，强调了新预测因子的相对重要性。Blut 等人还提出了未来研究使用 UTAUT 的机会和方向[169]。

第一，学者们应该检验理论上有意义的预测因素。例如，用户可能会因为突然的冲动而产生购买使用技术的想法和行为，或者因为上瘾而使用技术。学者们还需要对技术使用的情境预测因素进行研究，例如，用户使用技术时是否独自一人，朋友或家人是否观察、帮助或参与技术使用。其他情境因素可能是用户的资金预算限制或时间压力，评估这些限制和其他预测因素之间的相互作用将会很有趣。

第二，研究应更多地关注群体和组织层面的变量。在各种 UTAUT 研究中，大多数扩展都是基于个体层面的理论，而学者更应该考虑评估个体水平的预测是否会影响其他水平的技术使用结果，如团队绩效（群体层面）和企业绩效（组织层面）。同样的，群体水平的预测因子（如团队组成）和企业水平的预测因子（如管理者的领导风格）可能会在个人水平上影响技术使用成果。研究既要考察跨层面的调节作用，也要考察多层次的调节作用。组织研究强调多层次理论，这些理论可以为信息系统研究学者提供一个更深入和更丰富的技术使用概念，并有助于将以前在信息系统文献中不相关的概念联系起来，如个人层面的技术使用预测因子和组织层面的结果，即竞争优势和企业绩效等。

第三，鼓励学者更好地理解 UTAUT 机制。元分析为 UTAUT 添加了四个新的预测因子，即技术兼容性、用户教育程度、个人创新性和技术成本，这些新的内生机制对未来的研究具有重要意义。这四个预测因子基于不同的理论，学者们应该使用这些理论来加深对技术采纳的理解。例如，需要对四种机制的前因进行更多的研究，要了解关键特征是如何演变的，以及哪些其他的用户特征可能会对技术使用产生影响。同样的，关于习惯形成的过程以及企业是否能在这一过程中发挥作用，还需要更多的研究。

第四，鼓励学者扩展对技术使用成果的研究。大多数研究调查了意愿和使用，但研究 UTAUT 预测因子对其他结果变量的影响也有一定的价值，例如，技术有可能促进用户的健康。因此，研究文献的非传统结果变量可能是有趣的。此外，未来的研究应该检查技术使用的同化、扩散和常规化，尽管这些因素在组织层面的采用研究中已经比较成熟，但在使用 UTAUT 的研究中并没有涉及太多。

第五，对新型中介和调节因子的研究为未来研究开辟了一条有前途的道路。例如，公司的品牌资产、顾客体验或顾客参与等。在跨国差异概念中，根据 Berry 等人的观点，差异包括经济因素、立法制度、国家人口构成和政治因素[170]。未来研究还应检验修订后的 UTAUT 模型中的预测因子与国家的异质性之间的相互作用，如种族、语言和宗教等对行为意愿的影响。

第六，需要更多的研究来拓宽预测因子和调节因子的概念。相关文献提出了 UTAUT 关键预测因子的各种概念，学者们应该检验这些预测因子的其他测量方法。同时，建议整合更多跨文化心理学的研究和理论。虽然现有的关于文化和技术使用的研究强调了民族文化对于理解用户行为的重要性，但仍需拓展文化新概念。一般来说，文化不仅可以在国家层面进行测量，也可以在个人用户层面进行测量[171]。Triandis 和 Gelfand 区分了个人层面的不同的文化取向，包括水平的个人主义和垂直的集体主义[172]。如今，用户受到多种文化的影响，更倾向于属于多元文化主义。此外，鼓励学者们通过收集涵盖大量技术的数据来进行更多的跨背景研究，并对它们进行分类，在目标导向系统和任务技术的基础上，对技术类型进行更细致的分类[173,174]。

第七，注意预测因素的重要性随时间的变化，对此进行更多研究。采用纵向研究，在用户体验与技术交互的过程中，研究一个预测因子如何随时间变化是十分有意义的。

第八，鼓励学者在研究中使用不同的研究设计。例如，使用定性研究可能会对元分析中发现的调节效应提供进一步的见解，从而帮助我们发现这些模式产生的原因。

本书从个人和企业双视角探究财富管理背景下影响金融科技使用的因素和机制。在个体层面研究中，采用先定量后定性的混合方法，以期对影响个人使用金融科技管理财富的复杂因素进行分析研究。在定量研究结果基础上，第 4 章通过多案例研究，探索财富管理情境下，影响用户采纳后使用金融科技的意愿和行为的重要因素。考虑财富管理和金融科技的独特性，新增预测因子，并梳理各个预测因子对态度、使用意愿和行为的影响机制，较好地回应了 Blut 等人提出的未来研究使用 UTAUT 的机会和方向[169]。

2.6 TOE 框架理论

TOE 框架理论最早出现在 Tornatzky 和 Fleischer 的 *The Processes of Technological Innovation*[175]一书中。该书描述了创新的整个过程，从工程师和企业家的创新发展到企业背景下用户采用这些创新技术，TOE 框架理论正解释了企业环境如何影响创新技术的采用和实施这一过程。TOE 框架理论是一个经典的组织层面理论，解释了企业环境的三个不同维度对采用决策的影响，即技术、组织和环境维度。

在 Web of Science 上以“technology - organization - environment”为关键词检索文献，检索结果显示共 571 篇，整体上呈现出逐年上升的趋势，如图 2 - 12 所示。

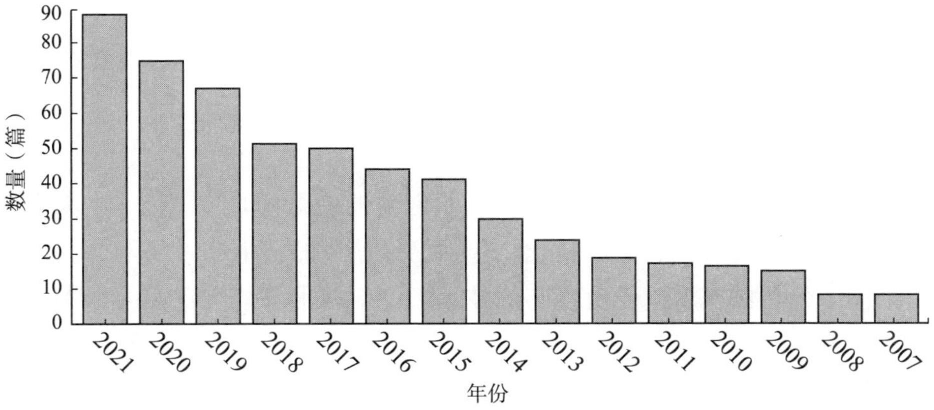

图 2－12　Web of Science TOE 相关研究数量

资料来源：根据 Web of Science 搜索结果整理。

从研究方向来看，TOE 框架理论多用于计算机科学、商业经济、工程、信息科学等，如图 2－13 所示。

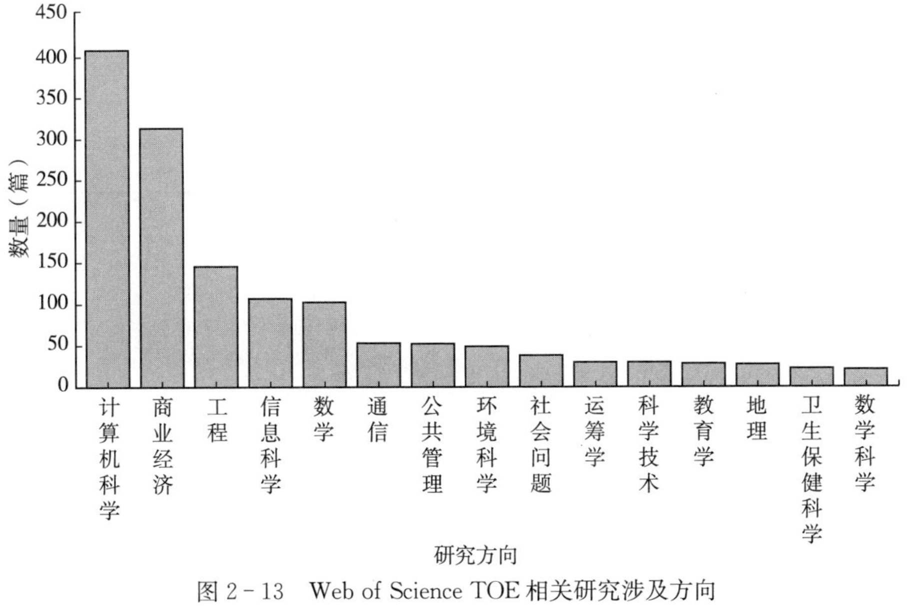

图 2－13　Web of Science TOE 相关研究涉及方向

资料来源：根据 Web of Science 搜索结果整理。

技术、组织和环境变量的纳入使得 TOE 框架理论在研究技术采纳、技术使用和技术创新的价值创造方面优于其他采用模型[176-179]。TOE 模型不受行业和公司规模的限制[180]，该模型提供了用户采用技术、技术实施、技术对价值链活动的影响、企业间采用后的扩散、影响企业采用创新技术的决策因素，以及利用技术发展更好的组织能力的整体愿景[181-184]。接下来，本书将分别回顾TOE框架理论中涉及的三个维度：技术、组织和环境。

2.6.1 技术（T）

技术维度由影响个人、组织和行业创新的变量组成[185,186]。技术维度一般涉及所有与公司相关的技术，包括已经使用的技术和市场上可获得但目前尚未使用的技术。企业现有的技术对创新技术采纳有重要的影响，因为它代表了企业能够进行的技术变革的范围[187]。而那些存在但尚未在企业中使用的技术也会影响创新技术的采纳，它们既界定了可能的限度，也向企业展示了技术适应的方法。技术维度的影响还包括组织对创新技术的感知优势、兼容性、复杂性、可试验性和可观察性等方面。表2-8呈现了使用TOE模型的研究中所涉及技术的相关构念。可以看出，相对优势、复杂度、兼容度、成本等因素在研究中被广泛考虑，涉及电子商务、大数据、企业资源计划、云计算、医院信息系统等领域。此外，安全与隐私、信息系统基础设施、专业知识等因素也在一些研究中被证明是影响技术采纳与利用的重要因素。

表2-8 使用TOE模型的研究中所涉及技术的相关构念

构念	研究背景	相关研究
感知利益（perceived benefits），期望利益（expected benefits），感知有用性（perceived usefulness），效率（efficiency），感知价值（perceived values）	云计算（cloud computing），电子商务（e-business），公开政府数据（open government data），区块链（blockchain），大数据（big data），电子数据交换（electronic data interchange，EDI），大数据分析（big data analytics），企业2.0应用程序（enterprise 2.0），企业资源计划（enterprise resource planning，ERP）	[188-198]
相对优势（relative advantage）	射频识别（radio frequency identification，RFID），电子商务（e-business），手机预订系统（mobile reservation systems），企业应用（enterprise application），软件即服务（software-as-a-service，SaaS），客户关系管理（customer relationship management，CRM），云计算（cloud computing），医院信息系统（hospital information system），虚拟世界（virtual world），3D打印（3D printing），知识管理系统（knowledge management systems，KMS），移动商务（mobile commerce），绿色创新（green innovation），人工智能（artificial intelligence，AI）	[156,181,199-219]

（续）

构念	研究背景	相关研究
复杂度（complexity）	射频识别（radio frequency identification，RFID），云计算（cloud computing），手机预订系统（mobile reservation systems），企业应用（enterprise application），电子签名（e-signature），客户关系管理（customer relationship management，CRM），医院信息系统（hospital information system），软件即服务（software-as-a-service，SaaS），企业资源计划（enterprise resource planning，ERP），知识管理系统（knowledge management systems，KMS），移动商务（mobile commerce），大数据分析（big data analytics），区块链（blockchain），人工智能（artificial intelligence，AI）	[156,181,191,197,200-202,204-209,211,212,214-217,220-223]
网络可靠性（network reliability），可伸缩性（scalability），可试用性（trialability），可观察性（observability），特定区块链工具可用性（availability of specific blockchain tools）	电子商务（e-business），云计算（cloud computing），企业应用（enterprise application），区块链（blockchain）	[191,201,204,217,220]
兼容度（compatibility）	射频识别（radio frequency identification，RFID），云计算（cloud computing），大数据分析（big data analytics），电子商务（e-business），手机预订系统（mobile reservation systems），企业应用（enterprise application），软件即服务（software-as-a-service，SaaS），客户关系管理（customer relationship management，CRM），医院信息系统（hospital information system），虚拟世界（virtual world），企业资源计划（enterprise resource planning，ERP），知识管理系统（knowledge management systems，KMS），移动商务（mobile commerce），绿色创新（green innovation），区块链（blockchain），大数据（big data），人工智能（artificial intelligence，AI）	[156,181,191,192,194,197-212,214-218,222,223]
感知易用性（perceived ease of use），感知行为控制（perceived behavioral control），感知障碍（perceived barriers），简单度（simplicity）	电子商务（e-business），公开政府数据（open government data），软件即服务（software-as-a-service，SaaS），大数据（big data）	[190,192,195,203]

（续）

构念	研究背景	相关研究
数据安全（data security），安全保护（security protection），安全性（security），安全和隐私（security and privacy）	云计算（cloud computing），电子签名（e-signature），射频识别（radio frequency identification，RFID），虚拟世界（virtual world），医院信息系统（hospital information system），企业资源计划（enterprise resource planning，ERP），区块链（blockchain），大数据（big data），人工智能（artificial intelligence，AI）	[156，191，192，195，205，209，210，214，217，219-224]
成本（cost），成本效益（cost effectiveness）	云计算（cloud computing），电子商务（e-business），电子供应链管理系统（electronic supply chain management system，e-SCM），射频识别（radio frequency identification，RFID），客户关系管理（customer relationship management，CRM），人工智能（artificial intelligence，AI）	[156，199，205，206，219，220，224，225]
信息系统基础设施（IS infrastructure），数据质量和整合性（data quality and integration），科技资源（technology resources），IT资产（IT assets）	电子商务（e-business），电子维护（e-maintenance），软件即服务（software-as-a-service，SaaS），医院信息系统（hospital information system），3D打印（3D printing），企业资源计划（enterprise resource planning，ERP），区块链（blockchain），大数据（big data），电子供应链管理系统（electronic supply chain management system，e-SCM），大数据分析（big data analytics）	[183，191，192，198，203，208，209，213，214，223，225-227]
信息系统专业知识（IS expertise），信息技术专业人员（IT professionals），技术集成（technology integration），电商技术使用（use of EB technologies），业务问题（business concerns）	电子商务（e-business），网络知识交换（web knowledge exchange），云计算（cloud computing），3D打印（3D printing），移动商务（mobile commerce）	[183，188，207，213，216，228-230]
感知服务质量（perceived service quality），执行质量（implementation quality）	电子商务（e-business），企业资源计划（enterprise resource planning，ERP）	[195，231]
科技能力（technology competence），经验能力（experienceability）	电子商务（e-business），电子采购系统（e-procurement systems），移动商务（mobile commerce），企业资源计划（enterprise resource planning，ERP），软件即服务（SaaS）	[198，203，230，232-235]

（续）

构念	研究背景	相关研究
科技准备度（technology readiness），感觉准备度（sensory readiness），关系准备度（relationship readiness），同步准备度（synchronism readiness）	云计算（cloud computing），电子商务（e-business），绿色信息技术（green IT）	[184,236,237]

资料来源：根据相关文献整理。

2.6.2　组织（O）

与组织相关的因素，包含组织结构、规模、经营范围、组织内部沟通流程、资源和管理信念等[182]。组织维度中的重要变量包括财务自由、企业结构、创新能力、知识能力、技术资源、高层管理支持、组织准备度等[176,178,181,183,185,238-241]。组织维度中不同因素会影响创新技术采纳决策，例如，组织中的高层管理人员可以营造欢迎和支持变革创新的组织环境来促进创新技术的采纳，从而进一步推进公司的核心使命和愿景[242]。高层管理人员的行为和沟通过程在组织总体战略中有重要作用。此外，组织因素还包含财务资源、企业整合度、感知利益等。本书整理现有使用 TOE 模型的研究中涉及组织的相关构念，如表 2-9 所示。

表 2-9　使用 TOE 模型的研究中涉及组织的相关构念

构念	研究背景	相关研究
感知财务成本（perceived financial cost），感知投资成本（perceived costs of investment）	电子数据交换（electronic data interchange，EDI），大数据分析（big data analytics），区块链（blockchain）	[191,193,223]
财务资源（financial resources），足够资源（adequate resource），资源承诺（resource commitment）	电子商务（e-business），射频识别（Radio frequency identification，RFID），医院信息系统（hospital information system），云计算（cloud computing），电子签名（e-signature），绿色信息技术（green IT）	[156,184,205,209,214,220,227,237]

（续）

构念	研究背景	相关研究
财务投资能力（financial investment competence），感知技术能力（perceived technical competence），吸纳能力（absorptive capacity），创新能力（innovation capability），人力资源能力（capability of human resources）	大数据（big data），电子数据交换（electronic data interchange，EDI），射频识别（radio frequency identification，RFID），云计算（cloud computing），手机预订系统（mobile reservation systems），电子商务（e－business），软件即服务（software－as－a－service，SaaS），移动商务（mobile commerce），人工智能（artificial intelligence，AI），电子供应链管理系统（electronic supply chain management system，e－SCM），绿色创新（green innovation），区块链（blockchain）	[181,188,189,191-193,200,211,216,218,224,225]
公司范围（firm scope），全球范围（global scope），经营范围（scope of business operations）	电子商务（e－business），电子采购系统（e－procurement systems），虚拟世界（virtual world），企业2.0应用程序（enterprise 2.0），企业资源计划（enterprise resource planning，ERP）	[184,195,196,198,210,230,232,234]
组织准备度（organizational readiness），人力资源准备度（HR readiness）	大数据分析（big data analytics），企业资源计划（enterprise resource planning，ERP），企业应用（enterprise application），公开政府数据（open government data），虚拟世界（virtual world），区块链（blockchain），3D打印（3D printing），云计算（cloud computing），人工智能（artificial intelligence，AI）	[190,194,201,202,210,213,217,219,220,231,243]
公司规模（firm size）	电子商务（e－business），云计算（cloud computing），射频识别（radio frequency identification，RFID），绿色信息技术（green IT），电子供应链管理系统（electronic supply chain management system，e－SCM），手机预订系统（mobile reservation systems），企业应用（enterprise application），电子维护（e－maintenance），电子采购系统（e－procurement systems），电子签名（e－signature），医院信息系统（hospital information system），虚拟世界（virtual world），企业2.0应用程序（enterprise 2.0），区块链（blockchain），云计算（cloud computing），企业资源计划（enterprise resource planning，ERP），区块链（blockchain）	[181,184,191,195,196,198-201,204,205,207-211,214,217,220,224-227,230,232-234,236,237,243]

（续）

构念	研究背景	相关研究
信息通信技术经验（ICT experience），科技知识（technological knowledge），培训（training），最佳实践（best practices），基于承诺的人力资源实践（commitment-based HR practices），便利条件（facilitating conditions），首席执行官知识（CEO's knowledge），首席执行创新度（CEO's innovativeness），适配（fitness），冠军支持（champion support），利益（benefits），技术和财务可行性（technical and financial feasibility），组织兼容性（organizational compatibility）	企业应用（enterprise application），射频识别（radio frequency identification，RFID），客户关系管理（customer relationship management，CRM），云计算（cloud computing），企业资源计划（enterprise resource planning，ERP），区块链（blockchain），网络知识交换（web knowledge exchange），电子商务（e-business），移动商务（mobile commerce），绿色信息技术（green IT），电子维护（e-maintenance）	[156,183,191,195,197,199,201,205,206,224,226-229,235,237]
数据问题（data concern），组织数据环境（organizational data environment），信息强度（information intensity）	云计算（cloud computing），大数据分析（big data analytics），电子商务（e-business）	[199,212,223]
社会影响（social influence），主观规范（subjective norms），用户参与（user involvement），信任（trust），内部需求（internal need）	电子商务（e-business），企业 2.0 应用程序（enterprise 2.0），企业资源计划（enterprise resource planning，ERP），电子签名（e-signature）	[195,196,198,220,221]
管理障碍（managerial obstacles），感知挑战（perceived challenges），环境问题（environment concern），厂商锁定（vendor lock），维护优先级（maintenance priority）	3D 打印（3D printing），移动商务（mobile commerce），电子维护（e-maintenance），绿色创新（green innovation），云计算（cloud computing）	[212,213,216,218,226]

（续）

构念	研究背景	相关研究
最高管理层支持（top management support）	云计算（cloud computing），射频识别（radio frequency identification，RFID），电子供应链管理系统（electronic supply chain management system，e－SCM），手机预订系统（mobile reservation systems），企业应用（enterprise application），电子商务（e－business），软件即服务（SaaS），客户关系管理（CRM），医院信息系统（hospital information system），虚拟世界（virtual world），区块链（blockchain），3D 打印（3D printing），知识管理系统（knowledge management systems，KMS），云计算（cloud computing），大数据分析（big data analytics），区块链（blockchain），云计算（cloud computing），大数据（big data），人工智能（AI）	[156,181,189,191,192,200-215,217,219,220,223-225,236,243]
集中化（centralization），形式化（formalization），企业类型（firm type），组织使命（organization mission），管理层次（management level），分层组织结构（hierarchical organizational structure），组织文化（organizational culture），人口结构（demographic composition），企业整合度（enterprise integration），个体差异因素（individual difference factors）	医院信息系统（hospital information system），电子商务（e－business），知识管理系统（knowledge management systems，KMS），区块链（blockchain），企业资源计划（enterprise resource planning，ERP）	[191,195,198,208,220,230,235]

资料来源：根据相关文献整理。

2.6.3 环境（E）

环境背景侧重于企业开展业务活动的领域，优先考虑影响行业的外部因素。环境因素包括与行业特征相关的变量，如行业结构、竞争、技术服务提供商以及监管环境等。环境中的竞争压力、社会文化问题、政府鼓励和技术支持等都是重要的影响因素。本书整理现有使用 TOE 模型的研究中涉及环境的相关构念，如表 2－10 所示。现有文献涉及的环境因素一般来自行业、政府、竞争对手、消费者、合作伙伴和供应商等，例如，在合作伙伴中，有合作伙伴的压力、支持和准备度等不同影响。

表2-10 使用TOE模型的研究中涉及环境的相关构念

构念	研究背景	相关研究
感知行业压力（perceived industry pressure），行业（industry），行业类型（industry type）	电子数据交换（electronic data interchange，EDI），云计算（cloud computing），企业应用（enterprise application），大数据分析（big data analytics）	[156,193,201,223]
感知政府压力（perceived government pressure），监管支持（regulatory support），监管环境（regulatory environment），政府政策（government policy），政府推广（government promotion），立法障碍（legislation barriers），政府支持（government support），政府规则（government regulations）	电子数据交换（electronic data interchange，EDI），云计算（cloud computing），绿色信息技术（green IT），电子商务（e-business），电子签名（e-signature），医院信息系统（hospital information system），3D打印（3D printing），绿色创新（green innovation），区块链（blockchain），大数据（big data），客户关系管理（customer relationship management，CRM）	[156,184,191-193,202,206-208,212,213,217,218,220,224,227,230,236,237]
消费者准备度（consumer readiness），客户压力（customer's pressure），客户能力（customer power）	电子商务（e-business），客户关系管理（customer relationship management，CRM），网络知识交换（web knowledge exchange）	[195,202,206,229,232]
贸易伙伴准备度（trading partner readiness），贸易伙伴压力（trading partner pressure），贸易伙伴影响（trading partner influence），合作伙伴接受度（partner adoption），合作伙伴支持（partner support）	电子商务（e-business），电子采购系统（e-procurement systems），企业资源计划（enterprise resource planning，ERP），射频识别（radio frequency identification，RFID），软件即服务（software-as-a-service，SaaS），移动商务（mobile commerce），云计算（cloud computing），电子供应链管理系统（electronic supply chain management system，e-SCM），3D打印（3D printing），大数据（big data），人工智能（artificial intelligence，AI）	[181,183,192,195,198,199,202,203,213,216,217,220,222,225,232-234]
技术销售支持（support from technology vendors），供应商能力（supplier power），与外部供应商文化价值（cultural value with external vendors）	电子商务（e-business），电子签名（e-signature），医院信息系统（hospital information system），人工智能（artificial intelligence，AI），网络知识交换（web knowledge exchange），知识管理系统（knowledge management systems，KMS）	[189,199,208,209,214,215,219,220,229]

（续）

构念	研究背景	相关研究
竞争压力（competitive pressure）	电子商务（e-business），云计算（cloud computing），射频识别（radio frequency identification，RFID），大数据分析（big data analytics），电子供应链管理系统（electronic supply chain management system，e-SCM），手机预订系统（mobile reservation systems），企业应用（enterprise application），电子维护（e-maintenance），软件即服务（software-as-a-service，SaaS），客户关系管理（customer relationship management，CRM），企业资源计划（enterprise resource planning，ERP），企业 2.0 应用程序（enterprise 2.0），3D 打印（3D printing），移动商务（mobile commerce），区块链（blockchain），人工智能（artificial intelligence，AI）	[181,183,191,194-206,213,216,217,219,220,225,226,232,233,235,236]
竞争强度（competition intensity），信息强度（information intensity）	电子商务（e-business），绿色信息技术（green IT），云计算（cloud computing），医院信息系统（hospital information system），射频识别（radio frequency identification，RFID），手机预订系统（mobile reservation systems）	[181,194,200,207,219,210,224,230,237]
外部压力（external pressure），外部支持（external support）	电子商务（e-business），云计算（cloud computing），公开政府数据（open government data），大数据分析（big data analytics），企业资源计划（enterprise resource planning，ERP），企业应用（enterprise application）	[188-190,198,201,223,227,231]
竞争者采用（extent of adoption among competitors），竞争对手采用者感知成功（perceived success of competitor adopters），竞争者接受度（competitor adoption），同行压力（peer pressure），临界点（critical mass），商务竞争（business competition）	电子采购系统（e-procurement systems），大数据（big data），云计算（cloud computing），手机预订系统（mobile reservation systems），医院信息系统（hospital information system）	[192,200,208,212,234]
市场趋势预期（expectations of market trends），市场范围（market scope），市场混乱（market turbulence）	电子商务（e-business），射频识别（radio frequency identification，RFID），3D 打印（3D printing），绿色创新（green innovation），企业应用（enterprise application），区块链（blockchain）	[191,201,204,205,213,218]

（续）

构念	研究背景	相关研究
与内部员工文化价值（cultural value with internal employees），感知信任（perceived trust）	知识管理系统（knowledge management systems，KMS），电子商务（e－business），区块链（blockchain）	[191,195,215]
模仿压力（mimetic pressure），强制压力（coercive pressure），规范压力（normative pressure），利益相关者压力（stakeholder pressure）	医院信息系统（hospital information system），虚拟世界（virtual world），软件即服务（software－as－a－service，SaaS），区块链（blockchain）	[191,209-211,214]
移动环境（mobile environment），金融资源可用性（financial resources availability）	移动商务（mobile commerce），电子商务（e－business）	[189,216]

资料来源：根据相关文献整理。

2.7　混合方法

混合方法，即结合定量和定性研究的方法，已在信息系统研究领域中受到广泛的欢迎[244-246]。混合方法研究结合定性和定量方法的优势，克服了定性或定量单一方法的局限性，从定性和定量混合方法研究的结果中提取综合观点，有助于发展新的理论视角[247-249]。一般来讲，社会科学中的研究可以分为三类：①定性研究，即以结构性范式为主，但不完全基于该范式，专注于分析叙事数据的研究[250]；②定量研究，即实证主义范式主导的研究，侧重于分析数字数据[251]；③混合方法研究，即以其他范式为主的研究，如实用主义、批判现实主义和转型解放主义，集中于将分析叙事和数字数据结合起来[242]。

学者们对混合方法研究的概念有多种定义，为精确地定义混合方法研究，Johnson 等人回顾了文献中对该术语的多个定义，将混合方法研究定义为："研究人员或研究团队结合定性和定量研究方法的元素，使用定性和定量的观点、数据收集、分析、推理技术，以达到理解和确证的广度和深度的广泛目的的一种研究类型。"这一定义表明，混合方法研究可以在单一研究或研究计划中混合两种或两种以上不同的方法，并且混合可能发生在一组密切相关的研究中[252]。

混合方法研究有三个明显的优势：①混合方法研究使研究人员能够同时解决验证性和解释性研究问题，因此，能够在同一时间评价和生成理论；②混合方法研究使研究人员能够提供比单一方法更强有力的推论；③混合方法研究为研究人员提供了产生更多分歧或互补观点的机会[249]。当定量方法和定性方法结合使用时，两种方法相辅相成，有助于形成更稳健的分析[253,254]。当然，混合方法研究既不能取代定量方法，也不能取代定性方法，它是从两种方法中吸取优点并尽量减少缺点[249,255-257]。

研究人员可以根据实际的研究需求来作特定的混合方法研究设计[250]，混合方法的多样性远远大于任何单一类型所能实际捕捉到的多样性[248,258-260]。混合方法研究的目的广泛，在时间方面有一定的差异，而且由于存在多种范式，且具有多样性，所以混合方法的实际使用比简单地将其放入类型学框架中要复杂得多[258]。因此，Venkatesh 等人认为混合方法研究的设计包含几个不同的维度，研究人员可以灵活地整合这些维度，以实现他们的研究目的[158]。Venkatesh 等人提出了指导方针，以适应不同类型的混合方法研究。通过考虑混合方法研究的不同属性，如目的、研究问题、假设等，展示了研究人员如何灵活地识别混合方法研究中的现有差异，并相应地进行符合需要的研究设计[258,261,262]。

混合方法研究有多种分类方式。基于方法的优先级，可以将混合方法研究分为等效状态设计和主导状态设计。在等效状态设计中，研究人员通常平等地使用定性和定量方法进行研究，以平等地理解感兴趣的现象[263]。在主导状态设计中，研究人员通常在单一的主导范式下进行研究，并从备选设计中提取整个研究项目的一小部分[263]。主导设计可以分为两类：定性主导混合方法研究和定量主导混合方法研究。定性主导混合方法研究是指一种依赖于对研究过程的定性、构建主义-后结构主义的批判观点，同时认识到增加定量数据和方法可能有利于大多数研究项目的混合方法研究类型[252]。相比之下，定量主导混合方法研究是一种依赖于定量的后实证主义的研究过程的观点，同时承认增加定性数据和方法可能有利于大多数研究项目的混合方法研究类型[252]。

基于研究中的时间导向，可以将混合方法分为顺序型和并行型两种类型[257]。在顺序混合方法设计中，研究人员通常首先研究一个方向（如定性），然后再研究另一个方向（如定量）。顺序取决于研究的目的和研究的问题。Creswell 等人提出了三种顺序型混合方法设计：①顺序解释型，即先进行研究的定量阶段，然后再进行定性阶段；②顺序探索型，即先进行研究的定性阶段，然后再进行定量阶段；③顺序转化型，即研究人员可能会优先考虑定量或定性阶段，通常会使用理论视角作为设计的总体视角，其中包含定量和定性部分，以指导研究[257]。

并行型混合方法设计的特点是在同一阶段进行研究的定性和定量[264]。并行型混合方法设计使用了定性和定量的数据，并对独立的研究线索进行了分析，以回答研究问题[265]。Creswell 等人确定了三种并行混合方法设计：①并行三角剖析设计，即使用定性和定量数据精确定义感兴趣变量之间的关系；②并行嵌套设计，即同时收集定性和定量数据，但给予其中一种数据的权重高于另一种；③并行变革性设计，即在设计变革或倡导的背景下，为各种视角提供支持[257]。研究者的研究问题和进行混合方法研究的目的会影响其采用的决策。例如，如果一个研究是为了在现象发生时理解它，应该采用并行混合方法设计[249]。相反，如果一个人在新的背景下进行一项研究来识别和检验理论构建，那么他应该采用先定性、再定量的研究设计[249]。

本书为全面理解财富管理背景下金融科技使用的影响因素和影响机制，从个人和企业两个层面进行分析。在个人层面，采用先定量、再定性的解释型顺序混合方法。在解释型顺序混合方法设计中，研究者一般在先进行的初始的定量阶段获得统计结果，在第二阶段收集定性数据（如开放式访谈），以帮助解释定量结果[266]。本书先基于信息系统期望确认理论和自我效能理论，构建金融科技持续使用意愿模型，通过定量研究理解用户持续使用金融科技管理个人财富的意愿。再通过深入访谈，确定影响用户采纳后使用意愿和行为的具体因素，解释并补充定量研究统计结果（图 2－14）。

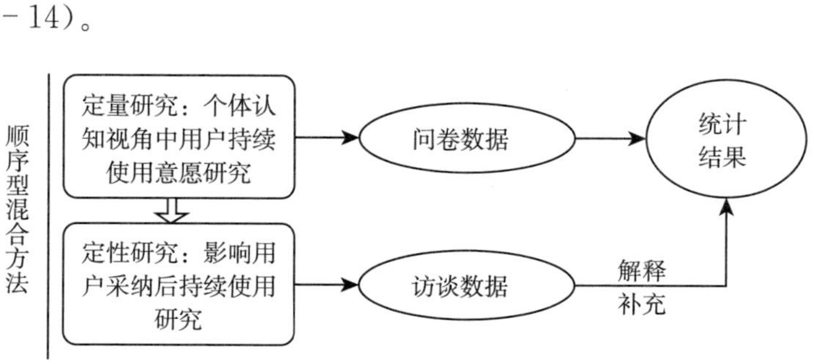

图 2－14　个人层面解释型混合方法研究设计

2.8 本章小结

本章首先回顾了研究背景的相关文献，即金融科技和财富管理。在了解研究背景、明确研究问题的前提下，回顾了信息系统期望确认理论、自我效能理论、技术采纳与利用整合理论和TOE框架理论。文献回顾发现，金融科技应用领域十分广泛，特别是在财富管理方面有巨大潜力，但其长期价值体现在持续服务用户上。持续使用意愿是信息系统成功的关键因素，不仅是建立客户承诺和忠诚度的必要条件，而且是确保金融科技投资回报的有力保障。尽管金融科技已被金融机构用于广泛的财富管理服务，但在现有的研究中，对于驱动客户持续意愿的因素并不十分明确。特别是金融科技在财富管理中的应用不仅取决于这些创新的技术特征，还取决于金融服务和财富管理的背景因素，这些因素在影响客户对这些服务的看法方面发挥着重要作用。此外，金融科技在财富管理企业中的采纳意愿和采纳行为相关研究依然匮乏，缺少对影响财富管理企业采纳意愿和行为的直接或间接因素的系统探究。在接下来的章节中，将从个人视角和企业视角分别探讨金融科技的使用，以获得全面的理解。

第3章 个体认知视角中用户持续使用金融科技的意愿研究

3.1 理论框架与研究假设

3.1.1 理论框架的构建

信息系统期望确认理论是目前用于理解用户持续使用意愿的经典理论之一。该理论假设用户持续使用信息系统的意愿取决于三个接受后变量：用户满意度、用户对期望的确认、使用后的感知有用性[71]。尽管这一理论具有相当大的解释力，但它可能过于一般化，无法考查所调查现象的具体因素。大多数基于信息系统期望确认理论的研究都在原始模型基础上做了一些调整，加入了额外的变量，以提高研究的整体解释力；或将信息系统期望确认理论与其他理论相结合，以加强研究模型的理论基础。例如，Yuan 等人通过增加感知任务技术契合度、感知易用性和感知风险变量，分析了用户在移动银行中的持续意愿，并验证了这些变量之间的正向和负向相关关系[91]。Zhou 等人（2018）结合技术接受模型（TAM）和期望确认理论来识别影响电子金融持续使用意愿的前因。

以往研究大多考虑了影响感知有用性的因素[93]。确认构念的前因在影响用户满意度和持续使用意愿的因素中起着至关重要的作用，却很少受到关注。此外，一些学者认为信息系统期望确认理论忽视了用户内在动机在信息系统使用中的作用，这可能也是影响用户持续使用意愿的关键因素[86,92,129]。因此，本章将信息系统期望确认理论与自我效能理论相结合，考虑用户内在动机对其持续使用金融科技进行财富管理意愿的影响。

在使用金融科技进行财富管理的背景下，用户将评估自己使用新技术的能力以及自己在财务管理方面的能力[267]，这与自我效能理论相一致。

自我效能理论认为个体的行为和动机受到其对自身能力的自我信念的影响[98]。自我效能被认为是金融服务环境中直接或间接影响用户持续意愿的因素之一[30,101,102]。因此，本章将自我效能理论与信息系统期望确认理论相结合，弥补了信息系统期望确认理论忽略用户内在动机的缺口，梳理影响用户持续使用金融科技进行财富管理意愿的过程。本章整合了两种理论，区分了金融科技财富管理相关领域的特定自我效能，应用 PLSpredict 选择了最佳的金融科技持续使用意愿模型，并证实了确认感在自我效能和感知有用性之间的中介作用。了解影响用户金融科技持续使用意愿的直接和间接因素，可以为企业提供有价值的启示，以确保金融科技服务的长期可持续发展。

为了更好地理解个人投资者的金融科技持续使用意愿，本章整合了自我效能理论和信息系统期望确认理论，以理解自我效能对持续使用意愿的影响。自我效能可能是影响用户持续使用意愿的重要因素。本章中金融科技涉及自我效能的两个方面，即金融自我效能和科技自我效能。一方面，金融自我效能高的个体认为自己有能力控制和管理自己的财务状况[267]。Joo 和 Grable 研究表明，拥有积极的财务行为和较低的财务压力水平对财务满意度的整体影响最强，财务满意度对用户的持续使用意愿起着至关重要的作用[268]。具体来说，拥有较高金融自我效能的人更有可能从事特定的财务行为（如从事积极的财务行为），在逆境中更有情绪弹性（如感受到较少的财务压力）。另一方面，金融科技终端是一种计算机设备，用户必须使用智能手机或平板电脑。智能手机不受空间的限制，它的普及推动了金融科技的使用，故科技自我效能主要涉及用户对智能手机的感知。许多研究证实了科技自我效能对创新产品使用的正向影响[269-271]。Fagan 等人指出，科技自我效能降低了个体对使用创新技术的焦虑[272]。科技自我效能高的人比科技自我效能低的人更容易适应技术创新[99]。因此，自我效能可能会影响用户对金融科技的认知、情感和使用意愿。

如图 3－1 所示，在信息系统期望确认理论中加入了两种与金融科技环境相关的自我效能，即金融自我效能和科技自我效能，作为确认感和感知有用性的前因，进而直接或间接地影响用户的金融科技持续使用意愿。本章提出这些构念的相关假设，如表 3－1 所示。

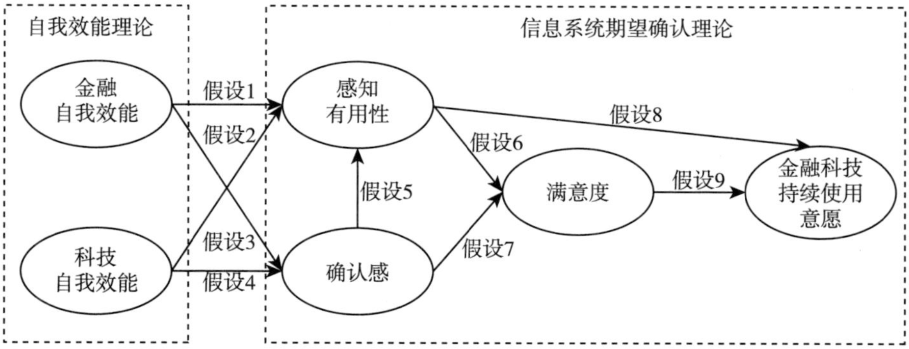

图 3－1　用户持续使用金融科技进行财富管理的研究模型

注：假设 10 为在完整模型下，确认感中介了金融自我效能对金融科技感知有用性的影响。假设 11 为在完整模型下，确认感中介了科技自我效能对金融科技感知有用性的影响。

表 3－1　研究假设

序号	假设
假设 1	金融自我效能正向影响用户对金融科技的感知有用性
假设 2	金融自我效能正向影响用户对金融科技使用的确认感
假设 3	科技自我效能正向影响用户对金融科技的感知有用性
假设 4	科技自我效能正向影响用户对金融科技使用的确认感
假设 5	确认感正向影响用户对金融科技使用的感知有用性
假设 6	感知有用性正向影响用户对金融科技使用的满意度
假设 7	确认感会对金融科技使用满意度产生积极影响
假设 8	感知有用性正向影响金融科技的持续使用意愿
假设 9	满意度正向影响金融科技的持续使用意愿
假设 10	在完整模型下，确认感中介了金融自我效能对金融科技感知有用性的影响
假设 11	在完整模型下，确认感中介了科技自我效能对金融科技感知有用性的影响

3.1.2　研究假设的提出

（1）金融自我效能和科技自我效能。金融自我效能较高的个体一般认为自己有能力控制和管理自己的财务状况[267]。具体来说，拥有较高金融自我效能的人更有可能从事特定的财务任务或进行积极的金融行为，在逆境中的情绪更加有弹性，如在特定情况下感觉到更小的财务压力。Gecas（1989）发现，自我效能高的人更有可能快速行动，对结果也更乐观[273]。

这种态度可能会带来较好的成就和有利的个人财富管理结果[274]。在金融科技和财富管理的背景下，金融自我效能高的个人能更多地感知到机会而不是威胁，包括潜在的有价值的选择。他们在面对财务困难时会更有弹性，也能更好地处理负面事件带来的压力。因此，金融科技对金融自我效能高的人来讲更有用。他们对自己的理财能力有信心，因为他们可以感知到更大的正面价值。故提出假设1：金融自我效能正向影响用户对金融科技的感知有用性。

自我效能会影响个人对绩效结果的预期[185]。具体来说，自我效能与目标密切相关。自我效能高的个体会为自己设定更高的目标，更重要的是，与自我效能低的个体相比，他们更致力于实现这些目标[275-277]。在面对困难时，金融自我效能高的个人倾向于坚持不懈，为实现目标投入更大的努力，以实现更高水平的绩效[98]。当用户感知到的绩效达到或超过他们的期望时，他们的期望就得到了确认。用户的金融自我效能越高，其感知绩效越有可能超过最初的预期，产生确认感，金融自我效能与确认感之间存在正相关关系。故提出假设2：金融自我效能正向影响用户对金融科技使用的确认感。

许多研究证实了科技自我效能对创新产品使用的正向影响[269-271]。Teo研究表明，计算机自我效能对感知有用性的影响大于对感知易用性的影响[278]。此外，研究发现，使用手机银行的自我效能是感知有用性的关键预测因子[279]。Chen等人（2011）也证实了智能手机自我效能对感知有用性具有正向作用。由于不受空间限制，智能手机的普及推动了金融科技的发展[100]。科技自我效能主要涉及用户对智能手机的感知。用户可以通过手机银行等财富管理应用程序完成财富管理。因此，科技自我效能程度高的用户在金融科技使用中感知到的有用性更强。根据以上内容，提出假设3：科技自我效能正向影响用户对金融科技的感知有用性。

研究人员发现，高水平的自我效能可以刺激个人投入更大的努力，以达到预期的结果，即实现期望的确认。同样的，Chen等人对网络购物的研究表明，网络自我效能可以决定确认的效果[280]。Fagan等人指出，科技自我效能降低了个体对使用技术创新的焦虑[272]。科技自我效能高的人比科技自我效能低的人更容易适应创新技术[99]。在使用智能手机进行财富管理方面，科技自我效能高的用户认为自己可以下载并操作财富管理应用程序[121]。这些信念可能有助于产生积极的行为，从而达到预期的表现。因此，对于那些认为自己有更强的能力执行某一特定的智能手机任务的用户，在实际应用中感知性能将超过预期。故提出科技自我效能与确认感之间的假设 4：科技自我效能正向影响用户对金融科技使用的确认感。

（2）确认感、感知有用性和满意度。 感知有用性是信息系统期望确认理论中的一个重要预测因子，确认感会导致感知有用性的增加[83,92,129]。由于信息系统使用期望的不确定性，用户的初始感知有用性可能不稳定，信息系统使用的感知有用性可以通过对使用经验的确认来进行调整[281]。因此，用户对期望的确认会对感知价值产生正向影响，感知价值又会提高顾客的满意度和持续使用意愿[71,282]。Yuan 等人在将信息系统期望确认理论扩展应用于智能手机银行服务时，证实了确认感对手机银行环境下感知有用性的显著影响[91]。此外，Susanto 等人的研究结果显示，用户对智能手机银行服务采用后的确认感对这些服务的感知有用性有显著影响[109]。同样的，金融科技使用的确认感对其感知有用性也有积极的影响。故提出假设 5：确认感正向影响用户对金融科技使用的感知有用性。

用户感知有用性和对采用信息系统的期望的确认是用户满意度的两个决定因素[71]。Bhattacherjee 的研究旨在探究认知信念如何影响个人持续使用网上银行的意愿，并提出用户采用后感知有用性是影响其满意度的关键因素之一[71]。此外，感知有用性对满意度的直接影响已在许多借鉴信息系统期望确认模型的研究中得到证实[91,109]。Yuan 等人在手机银行的背景下证实感知有用性是满意度的决定因素[91]。此外，Susanto 等人也深入讨论了感知有用性对用户使用智能手机银行服务满意度的显著影响[109]。故提出假设 6：感知有用性正向影响用户对金融科技使用的满意度。

确认感是指实际使用体验在多大程度上达到了一个人的最初期望[84]。以往的研究发现，确认感与满意度呈正相关[71,72,283]。当最初的期望达到甚至被超过时，这一确认感将导致较高的用户满意度[129,283]。在金融科技的背景下，确认感是用户对金融科技使用预期与其实际表现之间的一致性的感知。因此，如果用户对财富管理的原始期望得到确认，他们就会对金融科技的使用感到满意。用户将在继续使用金融科技的同时更新他们的最初预期。如果金融科技的表现超出了他们的最初预期，那么他们采用后的预期就得到了确认，满意度会受到确认感水平的影响[91]。故提出假设 7：确认感会对金融科技使用满意度产生积极影响。

(3) 金融科技持续使用意愿。在许多情境下，感知有用性代表了用户对使用信息系统的预期收益的感知[81]，包括物联网服务、信息系统和移动商务[91,284]。Bhattacherjee 的研究不仅建立了用户感知有用性对其满意度的积极影响，而且后续的研究也加强了这种关系[71,72,92,285]。因此，用户从金融科技中获得的益处越多，他们就越有可能继续在投资中使用金融科技。故提出感知有用性与持续使用意愿的假设 8：感知有用性正向影响金融科技的持续使用意愿。

作为影响使用意愿的重要预测因子，情感在许多领域得到了广泛的研究。在信息系统的背景下，预期的满意度会增强用户继续使用系统的意愿[72]。基于信息系统期望确认理论，用户对信息系统使用的满意度正向影响他们对相同信息系统的持续使用意愿[71,286]。许多研究已经证实了这种关系[90,92,287]，例如，关于移动支付的研究表明，满意度与持续使用意愿呈正相关[90]。此外，Zhou 等人的研究也证实了满意度对用户电子金融持续使用意愿的正向作用[93]。故提出假设 9：满意度正向影响金融科技的持续使用意愿。

(4) 确认感的中介效应。金融自我效能可能通过用户对金融科技使用的确认感，来影响用户感知有用性。金融自我效能与积极的财务行为存在显著的关系[274,288,289]。Joo 和 Grable 指出，通过确认预期结果，积极的财务行为对财务满意度的整体影响最强[268]。此外，金融自我效能增加了一个人对自己执行某些财务行为能力的信心水平[106]。如果用户认为自己在执行财务任务方面有更强的能力，他们就会更有信心。金融自我效能高的个体经判断会认为自己有能力控制和管理自己的财务状况[267]，他们的感知绩效将在实际应用中超过预期。用户对自己的绩效感知越好，他们的期望就越能得到证实。同时，在一项关于智能手机应用程序持续使用意愿的研究中，证实了确认感对感知有用性的积极作用。例如，关于乘客持续使用按需乘车服务或叫车应用程序的研究证明，确认感会对感知有用性有积极影响[290]。综上所述，金融自我效能会影响确认感，进而影响金融科技的感知有用性。故提出假设 10：在完整模型下，确认感中介了金融自我效能对金融科技感知有用性的影响。

使用智能手机的科技自我效能关注的是个人相信自己可以用智能手机完成相关任务的能力，例如，下载应用程序、使用应用程序和使用其他智能手机提供的不同功能等[121,291,292]。根据自我调节的社会认知理论，自我效能强的人更有可能参与特定的任务并产生积极的行为。一般情况下，用户会选择他们感兴趣的任务[293]，这种积极信念可以减少焦虑，有助于产生积极的行为，从而达到预期的绩效。也就是说，用户的期望得到了确认。确认感与用户对有用性的感知呈正相关。以住宿应用为例，对服务期望的确认感对感知有用性具有显著的积极影响[75]。综上所述，科技自我效能对确认感具有正向影响，进而影响金融科技的感知有用性。故提出中介效应假设 11：在完整模型下，确认感中介了科技自我效能对金融科技感知有用性的影响。

3.2 研究设计与数据收集

3.2.1 问卷设计

本章的调查问卷设计主要围绕影响用户使用金融科技管理个人财富意愿的因素和作用机制展开，要求该问卷能为研究内容提供第一手真实有效的数据，并运用结构方程模型对这些数据进行实证统计分析。在保证社会调查客观真实的原则下，结合对使用金融科技来管理个人财富用户这一群体的特定行为特征，进行整体和深入的讨论，并经过前测试和预测试后进行调整，最终确定正式的调查问卷。这份正式调查问卷标题为《用户利用金融科技产品投资理财的使用感受调查问卷》。在正式问卷题项前，有一段问卷调查说明，介绍研究者身份、本次调查目的、问卷填写所需时间等。声明本问卷采用不记名的形式，仅用于科研，不作其他用途，并对被调查者的真诚合作表示谢意。此外，对问卷核心内容作出详细的解释，包括金融科技定义，以及本次调查针对的金融科技产品。问卷第一部分主要是关于被调查者的相关事实信息，包括被调查者的性别、年龄、教育水平、职业，以及使用金融科技理财产品的类型、时长、频率等。问卷第二部分根据本章前一部分内容确定好的概念模型和研究假设，经反复修改斟酌，确定问卷中需要测量的问题变量，包括金融自我效能、科技自我效能、确认感、感知有用性、满意度和金融科技持续使用意愿。

问卷调查方法具有许多优点：一方面，可以突破时空限制，能够在广阔范围内对众多调查对象同时进行调查；另一方面，调查结果容易量化，且便于统计处理与分析等。为实现问卷调查的这些优点带来的益处，问卷的题项应设计得简洁明了，且清晰准确，使被调查者能够清楚理解问卷中所有问题并提供真实坦诚的回答。同时，也应控制问卷长度，以免被调查者因问卷冗长而产生疲倦和厌烦情绪。因此，为保证调查问卷的发放和实施能够得到最优的结果，并全面提升量表的质量水平，本章借鉴前人已创建的研究量表，根据本书特殊的情境进行调整和修改，以完成问卷设计工作。

3.2.2 变量测量

本章结合自我效能理论和信息系统期望确认理论来解释和预测信息系统持续使用意愿。所有变量的操作型定义和量表题项均改编自过去的研究。根据 Jarvis 等人提出的标准[294]，所有的构念都为反映型构念。所有的题项都采用了李克特七点量表，范围从“非常不同意——（1）”到“非常同意——（7）”。变量的定义和测量题项如表 3－2 所示。

表 3－2　变量定义与测量题项

变量	定义	测量题项	来源
金融自我效能	用户对自己有能力实现自己最终的财务目标的信念	FSE1 我完全有能力做个人投资的决策 FSE2 我对自己做个人投资决策的能力有信心 FSE3 我觉得我能胜任做个人投资决策的任务 FSE4 利用现有的投资信息在我的能力范围内 FSE5 过去的经验提升了我的信心，这使我能成功地做出投资决策	[118,295]
科技自我效能	用户对自己在智能手机上操作特定功能的能力的信念	TSE1 我可以自己弄懂如何操作智能手机的界面 TSE2 我可以自己弄懂如何下载手机应用程序 TSE3 我可以自己弄清楚如何使用手机应用程序 TSE4 我自己就知道如何使用智能手机的不同功能	[121]
确认感	用户对金融科技使用预期与实际表现之间的一致性的感知	CON1 我使用金融科技的体验比我预期的要好 CON2 金融科技提供的服务水平比我预期的要好 CON3 我使用金融科技投资的体验比我预期的要好 CON4 总体而言，我对使用金融科技的大部分预期都得到了肯定	[71]

（续）

变量	定义	测量题项	来源
感知有用性	用户对使用金融科技的预期收益的感知	PU1 使用金融科技提高了我管理个人财务的业绩 PU2 使用金融科技提高了我管理个人财务的效率 PU3 使用金融科技提高了我管理个人财务的有效性 PU4 总体而言，金融科技在管理个人财务方面很有用	[71]
满意度	用户对之前使用金融科技的感受	我觉得我使用金融科技的总体体验是： SAT1 非常满意 SAT2 非常快乐 SAT3 非常满足 SAT4 非常糟糕	[71]
金融科技持续使用意愿	用户继续使用金融科技产品的意愿	CTN1 我打算继续使用金融科技投资而不是停止使用 CTN2 我的意图是继续使用金融科技投资而不是使用其他可替代的手段（传统银行） CTN3 我计划继续使用金融科技投资 CTN4 我会继续使用金融科技投资 CTN5 如果我可以，我想停止使用金融科技的投资	[71]

资料来源：根据相关文献整理。

注：FSE 为金融自我效能，TSE 为科技自我效能，CON 为确认感，PU 为感知有用性，SAT 为满意度，CTN 为金融科技持续使用意愿。

3.2.3　前测试与预测试

前测试是调查研究中非常重要的环节，是确保减少与调查研究相关的各种错误的必要步骤，有助于提高获取数据的质量。问卷的内容效度由前测试确定，以评估逻辑一致性、易理解性、项目顺序和任务相关性等。前测试的 10 名受访者都有使用金融科技进行财富管理的经验，受访者被邀请就问卷的内容和结构提出一些意见。根据反馈，调查问卷的长度是可以接受的，受访者对个别题项的措辞提出了一些建议，帮助发现了表述模棱两可的问题。我们参考建议修改了这些问题，以确保内容的有效性。

实证数据通过在线调查获得，与传统的基于纸张的调查问卷相比，在线问卷这种方法具备几个优势，如响应时间快速、成本低、效率高和没有地域上的限制等[71,281,296]。在进行正式调查之前，先在国内规模最大的在线调查平台问卷星网站上进行预测试，以确保调查工具的信度和效度。邀请有财富管理经验的受访者阅读查看问卷填写说明和涉及隐私保障的内容，然后对整个问卷进行回复。最终收集了 200 名受访者的答卷用于预测试，其中男性 73 人（36.5%），女性 127 人（63.5%）。预测试中各题项的因子载荷量均超过 0.5，组合信度在 0.881～0.928，*Cronbach's* α 值在 0.832～0.897。并通过平均方差提取（*AVE*）来评估构念的收敛效度，预测试中该值的范围为 0.598～0.764，都超过了基准值 0.5[297]。预测试结果保证了方法的可靠性和有效性。

3.3 用户持续使用金融科技影响因素分析

3.3.1 描述性统计分析

正式调查问卷于 2019 年在线上发布，在 3 个月内收到了 625 份问卷。剔除数据不完整和无效的问卷后，共保留 500 份有效问卷进行数据分析。在 500 位参与者中，共有 294 位男性（58.8%）和 206 位女性（41.2%）。大多数受访者年龄在 20～39 岁（82.0%），在受教育程度情况中本科占比最高（74.0%），多数受访者有 1 年以上的金融科技理财经验（81.8%）。表 3-3显示了受访者的样本特征。

表 3-3 问卷调查样本特征分析（*N*=500）

特征	分类	频数（位）	百分比（%）
性别	男性	294	58.8
	女性	206	41.2
年龄	小于 20 岁	11	2.2
	20～29 岁	178	35.6
	30～39 岁	232	46.4
	40～49 岁	55	11.0
	50 岁及以上	24	4.8
受教育程度	高中及以下	14	2.8
	大学专科	64	12.8
	大学本科	370	74.0
	研究生	52	10.4

（续）

特征	分类	频数（位）	百分比（%）
使用金融科技管理个人财富的时间	6 个月以下	20	4.0
	6 个月～1 年	71	14.2
	1～2 年	100	20.0
	2～3 年	127	25.4
	3～5 年	171	34.2
	5 年及以上	11	2.2
使用金融科技频率	每天 1 次	87	17.4
	每周 2～3 次	173	34.6
	每周 1 次	103	20.6
	每月 1 次	84	16.8
	每 3 个月 1 次	31	6.2
	每 6 个月 1 次或更少	22	4.4

3.3.2　无响应偏差分析

无响应偏差指的是没有回答问卷的人可能会对研究结果产生偏差的情况。本章的无响应偏差分析遵循了 Armstrong 和 Overton 提出的程序，他们认为，与早期受访者相比，晚期受访者更像无应答者，并通过比较早期受访者和晚期受访者的性别和年龄来解决无响应偏差问题[298]。较早完成调查的 286 名受访者被视为早期受访者，而在后期完成调查的 214 名受访者被视为晚期受访者。早期和晚期受访者的卡方检验显示，他们在性别和年龄上没有显著差异（$P>0.05$）。因此，排除了无响应偏差的可能性。

3.3.3　共同方法偏差分析

当所有的数据都是从同一来源收集时，可能会产生共同方法偏差，这可能会威胁到研究的有效性。由于调查问卷是在线收集的，样本并不局限于某个地区或某个群体，所以共同方法偏差产生威胁的可能不大。然而，我们仍然使用单因素检验（Harman's one - factor test）来识别潜在的共同方法偏差[299]。如果单一因素占方差的 50%以上，那么共同方法偏差的威胁就会很高[300]。我们进行了主成分因子分析，综合五个因素占总方差的55.46%，第一个（最大的）因素占了28.95%（方差解释范围为4.29%～28.95%），单一因素占的方差没有超过50%。因此，共同方法偏差威胁不大。此外，还使用标记变量法检验共同方法偏差[301]。数据分析结果显示，标记变量对感知有用性、确认感、满意度和金融科技持续使用意愿没有显著影响。综上所述，在本章研究中，共同方法偏差威胁不大。

3.3.4 测量模型分析

为验证测量模型的有效性，对测量模型进行了信度、收敛效度和区别效度评估。使用Jöreskog's（1971）的组合信度和*Cronbach's α*系数来评估内部一致性信度[302]。分析结果显示，组合信度在0.822～0.874，*Cronbach's α*值在0.712～0.807，均达到合格指标（表3-4）。

表3-4　信度统计

变量	组合信度	*Cronbach's α*
金融自我效能	0.845	0.773
科技自我效能	0.854	0.776
确认感	0.874	0.807
感知有用性	0.822	0.712
满意度	0.853	0.768
金融科技持续使用意愿	0.865	0.804

使用*AVE*评估每个构念的收敛效度。表3-5的结果显示，所有项目的因子载荷均超过0.5，且显著[297]。每个构念的*AVE*值均超过0.5，说明该构念至少解释了其项目方差的50%[303]。

表3-5　测量模型统计特征

变量	题项	均值	标准差	因子载荷量	*t*值	*AVE*
金融自我效能	FSE1	5.866	1.041	0.666	15.870	0.523
	FSE2	5.506	0.989	0.823	43.285	
	FSE3	5.478	1.072	0.751	25.492	
	FSE4	5.582	1.031	0.655	20.106	
	FSE5	5.572	1.040	0.710	19.951	

（续）

变量	题项	均值	标准差	因子载荷量	t 值	AVE
科技自我效能	TSE1	6.394	0.850	0.794	22.874	0.595
	TSE2	6.484	0.838	0.844	27.502	
	TSE3	6.348	0.758	0.707	15.201	
	TSE4	6.078	0.921	0.734	13.784	
确认感	CON1	5.238	0.987	0.809	43.199	0.634
	CON2	5.280	1.030	0.788	41.443	
	CON3	5.298	1.036	0.831	50.555	
	CON4	5.480	1.007	0.754	31.711	
感知有用性	PU1	5.582	1.031	0.752	30.076	0.536
	PU2	5.766	0.952	0.742	27.054	
	PU3	5.756	0.906	0.735	28.177	
	PU4	6.022	0.845	0.700	23.058	
满意度	SAT1	5.346	1.007	0.811	50.004	0.594
	SAT2	5.258	1.033	0.802	40.535	
	SAT3	5.194	1.072	0.814	43.889	
	SAT4	5.910	0.948	0.643	15.003	
金融科技持续使用意愿	CTN1	5.712	0.930	0.722	21.328	0.564
	CTN2	5.462	0.926	0.655	17.471	
	CTN3	5.914	0.900	0.827	48.305	
	CTN4	5.994	0.877	0.806	42.332	
	CTN5	6.006	0.893	0.732	24.661	

注：FSE 为金融自我效能，TSE 为科技自我效能，CON 为确认感，PU 为感知有用性，SAT 为满意度，CTN 为金融科技持续使用意愿。

为了评价区别效度，使用 Fornell - Larcker 和 Heterotrsait - monotrait（HTMT）的相关比率这两种方法进行检验。从表 3 - 6 中可以看出，一个构念与其他构念之间的相关系数都小于该构念 AVE 的平方根[304-306]。结果验证了模型的区别效度。

表 3 - 6　区别效度：Fornell - Larcker

变量	1	2	3	4	5	6
1 感知有用性	0.732					

（续）

变量	1	2	3	4	5	6
2 确认感	0.544	0.796				
3 金融科技持续使用意愿	0.516	0.474	0.751			
4 金融自我效能	0.408	0.378	0.352	0.723		
5 满意度	0.503	0.669	0.491	0.437	0.771	
6 科技自我效能	0.260	0.197	0.223	0.145	0.113	0.772

Henseler 等人提出了相关性的 HTMT 比率[307]。该比率的阈值应根据研究背景确定[308]。Henseler 等人建议将 0.90 作为结构模型的阈值[309]。在本章研究中，各构念间比率值范围为 0.152～0.849，说明模型的所有构念之间都具有区别效度，如表 3-7 所示。

表 3-7　区别效度：HTMT

变量	1	2	3	4	5	6
1 感知有用性						
2 确认感	0.713					
3 金融科技持续使用意愿	0.675	0.589				
4 金融自我效能	0.536	0.464	0.446			
5 满意度	0.677	0.849	0.629	0.552		
6 科技自我效能	0.339	0.242	0.269	0.194	0.152	

大多数学者目前只通过 R^2 来评估模型的解释力，却很少有学者考虑到模型的样本外预测力，也就是对不包含在估计过程中的新样本的预测。评估模型的预测能力对理论的验证和构建有很大作用[310]，例如，推动新理论、比较理论、改进现有理论、评估相关性和评价现象等。Shmueli 等人认为应该考虑模型的样本外预测能力[311]。为了解用户的金融科技持续使用意愿，结合自我效能理论和信息系统期望确认理论，初步提出了四个模型。在解释力方面，四个模型之间没有显著差异，模型 1、模型 2、模型 3 和模型 4 分别解释了金融科技持续使用意愿方差的 33.9%、33.9%、33.8%和 33.8%。因此，本章构建了一组由四个在特定路径上彼此不同的潜在模型组成的竞争模型，进一步应用 PLSpredict 来确定哪种研究模

型具备更好的预测能力[311]。具体如表 3 - 8 所示。

表 3 - 8　模型比较中的四个竞争模型

编号	模型	金融科技持续使用意愿 R^2
1	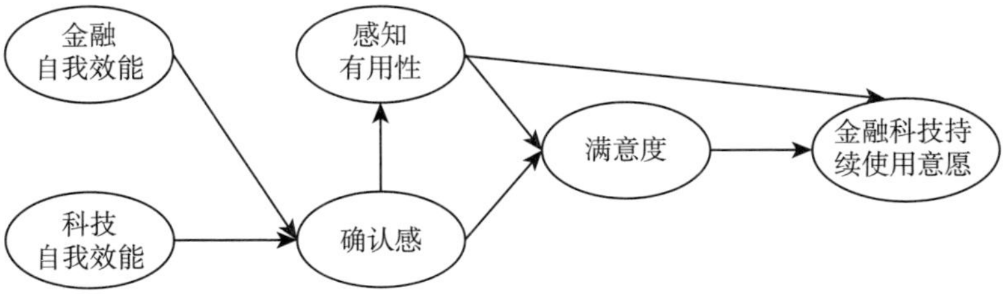	0.339
2	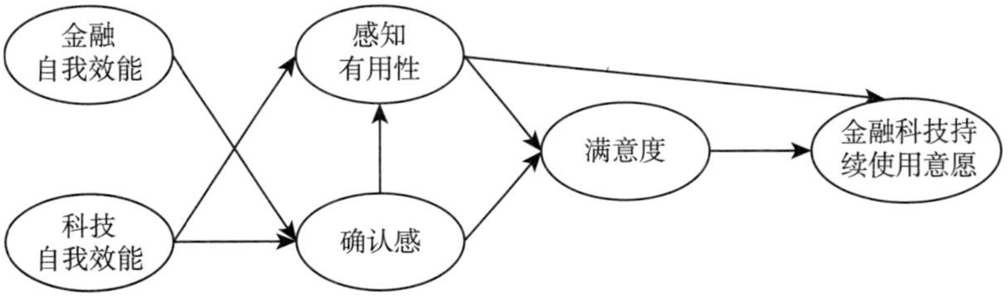	0.339
3	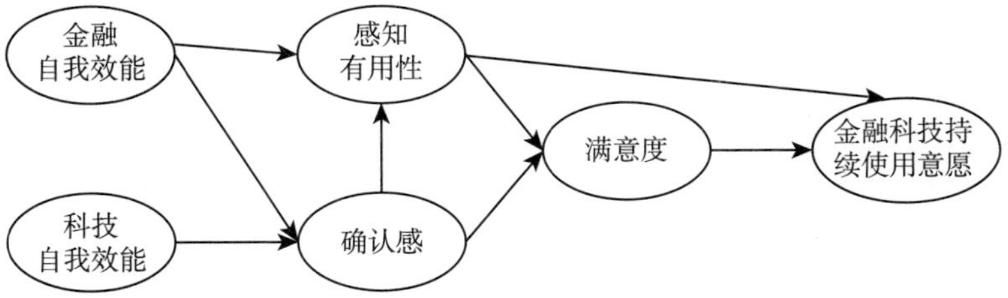	0.338
4	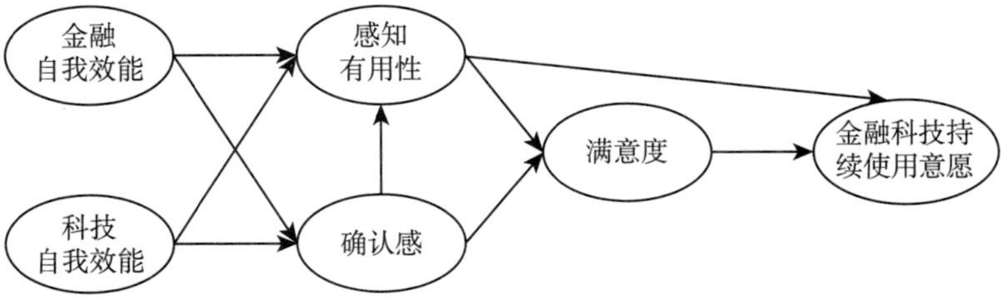	0.338

将 PLSpredict 应用设置为重复 10 次，以计算预测误差指标。集中分析了模型的关键核心构念——金融科技持续使用意愿，并报告了所有其他内生构念指标的预测统计数据。如表 3 - 9 所示，所有内生构念的指标都优于基准指标，因为所有指标的 Q^2 值都高于 0。将每一行中最大值标记

下划线，可以发现，模型 4 各指标的 Q^2 值大部分大于其他几个模型。

表 3-9　四个竞争模型的 PLSpredict 测量（Q^2）

变量	模型 4	模型 3	模型 2	模型 1
CON1	0.104	0.105	0.104	*0.106*
CON2	0.080	0.080	0.078	*0.081*
CON3	0.086	0.085	0.086	*0.088*
CON4	0.108	0.108	0.107	*0.109*
CTN1	*0.085*	0.076	0.071	0.061
CTN2	*0.051*	0.050	0.041	0.039
CTN3	*0.078*	0.071	0.066	0.059
CTN4	*0.093*	0.085	0.076	0.067
CTN5	*0.066*	0.061	0.056	0.050
SAT1	0.116	*0.119*	0.106	0.109
SAT2	0.086	*0.090*	0.079	0.083
SAT3	0.099	*0.102*	0.091	0.094
SAT4	*0.080*	0.077	0.076	0.073
PU1	*0.127*	0.120	0.101	0.093
PU2	*0.091*	0.082	0.082	0.073
PU3	*0.115*	*0.115*	0.087	0.086
PU4	*0.079*	0.068	0.074	0.064

注：CON 为确认感，CTN 为金融科技持续使用意愿，SAT 为满意度，PU 为感知有用性。

在预测误差方面，模型 4 比其他三种模型对持续使用意愿的预测效果更好。具体来说，如表 3-10 所示，将每组误差值最小的标记下划线，可以发现模型 4 的大部分指标在均方根误差（*RMSE*）、平均绝对误差（*MAE*）和平均绝对百分比误差（*MAPE*）方面的预测误差较低。因此，在四个模型的水平比较中，模型 4 的预测能力最强。

表 3-10　四个竞争模型的 PLSpredict 测量（*RMSE*、*MAE*、*MAPE*）

变量	*RMSE*				*MAE*				*MAPE*			
	4	3	2	1	4	3	2	1	4	3	2	1
CON1	0.936	0.935	0.936	*0.934*	*0.744*	0.745	0.745	*0.744*	15.503	*15.489*	15.501	15.481
CON2	0.991	*0.990*	0.991	*0.990*	*0.804*	*0.804*	0.806	*0.804*	16.672	*16.659*	16.691	16.660

（续）

变量	*RMSE*				*MAE*				*MAPE*			
	4	3	2	1	4	3	2	1	4	3	2	1
CON3	0.992	0.993	0.993	*0.991*	0.796	0.796	0.796	*0.795*	17.239	17.234	17.249	*17.212*
CON4	0.953	0.953	0.954	*0.952*	0.770	0.770	0.770	*0.769*	16.129	16.122	16.133	*16.113*
CTN1	*0.891*	0.896	0.899	0.903	*0.692*	0.696	0.706	0.712	*14.481*	14.588	14.753	14.893
CTN2	*0.904*	*0.904*	0.909	0.909	*0.752*	0.754	0.761	0.763	*15.207*	15.249	15.374	15.421
CTN3	*0.867*	0.869	0.872	0.875	0.674	0.675	*0.672*	0.674	*12.520*	12.566	12.525	12.544
CTN4	*0.837*	0.841	0.845	0.849	0.637	0.636	0.635	*0.632*	11.784	11.793	11.770	*11.743*
CTN5	*0.865*	0.867	0.870	0.872	0.657	0.657	0.655	*0.652*	12.177	12.177	12.153	*12.108*
SAT1	*0.949*	*0.947*	0.954	0.953	0.781	*0.779*	0.787	0.786	15.882	*15.839*	16.014	15.985
SAT2	0.990	*0.988*	0.994	0.992	0.804	*0.800*	0.807	0.804	16.840	*16.766*	16.914	16.858
SAT3	1.019	*1.018*	1.024	1.022	0.820	*0.819*	0.823	0.822	17.682	*17.654*	17.765	17.730
SAT4	*0.912*	*0.912*	0.913	0.914	*0.685*	0.686	*0.685*	0.686	13.335	13.336	*13.318*	13.330
PU1	*0.965*	0.969	0.980	0.984	*0.782*	0.785	0.808	0.819	*15.650*	15.770	16.198	16.458
PU2	*0.910*	0.914	0.915	0.919	*0.743*	0.749	0.750	0.757	*13.925*	14.057	14.108	14.277
PU3	0.854	*0.853*	0.867	0.868	*0.676*	*0.676*	0.695	0.702	*12.645*	12.672	13.041	13.197
PU4	*0.812*	0.818	0.815	0.819	0.646	0.649	0.641	*0.636*	11.463	11.517	11.399	*11.331*

注：CON 为确认感，CTN 为金融科技持续使用意愿，SAT 为满意度，PU 为感知有用性。

观察预测指标发现，四个模型在确认感和满意度的预测能力上没有很大差异。相反，主要的区别在于四个模型在持续使用意愿之前预测感知有用性的好坏。因此，研究结果表明，模型 4 的预测能力很大程度上在于能够预测金融科技对消费者的用处。

此外，提取模型 4，将 PLS predict 模型分析的误差与 LM（线性回归模型）基准进行比较，将每组误差值较小的和 Q^2 值较大的标记下划线，如表 3－11 所示。结果表明，PLS predict 分析能够产生较低的预测误差，因为 PLS predict 模型指标的大多数 Q^2 值优于线性模型（$Q^2>0$）产生的 Q^2 值。PLS predict 下 *RMSE*、*MAE* 和 *MAPE* 的大部分值都小于 LM 下的误差值。因此，模型 4 对于解释用户通过金融科技进行财富管理的持续意愿是有效的。

表 3-11　PLS predict 测量（PLS predict 与 LM 的比较）

变量	*RMSE*		*MAE*		*MAPE*		Q^2 _ predict	
	PLS	LM	PLS	LM	PLS	LM	PLS	LM
CON1	*0.936*	0.941	*0.744*	0.747	*15.503*	15.569	*0.104*	0.094
CON2	*0.991*	0.998	*0.804*	0.806	*16.672*	16.709	*0.080*	0.067
CON3	*0.992*	1.004	*0.796*	0.797	*17.239*	17.256	*0.086*	0.066
CON4	0.953	*0.948*	*0.770*	0.755	16.129	*15.751*	0.108	*0.118*
CTN1	*0.891*	0.894	0.692	*0.677*	14.481	*14.081*	*0.085*	0.080
CTN2	*0.904*	0.914	0.752	*0.745*	15.207	*15.097*	*0.051*	0.030
CTN3	*0.867*	0.872	*0.674*	0.683	*12.520*	12.658	*0.078*	0.066
CTN4	*0.837*	0.841	*0.637*	0.653	*11.784*	11.994	*0.093*	0.084
CTN5	*0.865*	0.870	*0.657*	0.673	*12.177*	12.396	*0.066*	0.056
SAT1	0.949	*0.940*	0.781	*0.755*	15.882	*15.263*	0.116	*0.134*
SAT2	0.990	*0.989*	0.804	*0.788*	16.840	*16.531*	0.086	*0.089*
SAT3	*1.019*	1.022	*0.820*	0.822	17.682	*17.661*	*0.099*	0.094
SAT4	*0.912*	*0.912*	*0.685*	0.701	*13.335*	13.518	*0.080*	*0.080*
PU1	*0.965*	0.974	*0.782*	0.790	*15.650*	15.751	*0.127*	0.109
PU2	*0.910*	0.920	*0.743*	0.748	*13.925*	14.039	*0.091*	0.071
PU3	*0.854*	0.861	*0.676*	0.682	*12.645*	12.742	*0.115*	0.101
PU4	*0.812*	0.821	*0.646*	0.653	*11.463*	11.566	*0.079*	0.058

注：CON 为确认感，CTN 为金融科技持续使用意愿，SAT 为满意度，PU 为感知有用性。

3.3.5　结构模型分析

在评估结构模型之前，首先要检查共线性，以确保它不会对回归结果造成偏差。一般来讲，方差膨胀因子（*VIF*）值应接近或低于 3。本章研究的内部 *VIF* 值均小于 3，排除了严重的共线性问题。在结构模型分析中，确定每个假设路径的关联和解释的方差是很重要的。为了检验假设，使用自助法分析结构模型，指定了 5 000 个子样本。结构模型分析结果如图 3-2 所示。

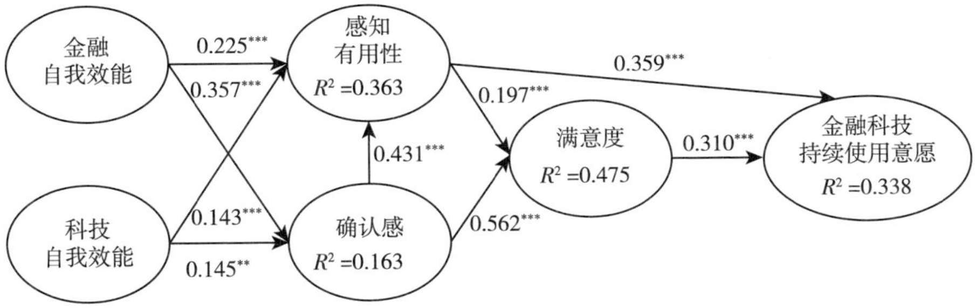

图 3－2　结构模型分析结果

注：**表示 p<0.01，***表示 p<0.001。

该模型解释了金融科技持续使用意愿的 33.8%方差、满意度的 47.5%方差、感知有用性的 36.3%方差和确认感的 16.3%方差。金融自我效能对感知有用性（β=0.225，t=5.356，P<0.001）和确认感（β=0.357，t=8.034，P<0.001）具有显著的正向影响。科技自我效能对感知有用性（β=0.143，t=3.488，P<0.001）和确认感（β=0.145，t=3.313，P<0.01）具有显著的正向影响。确认感对感知有用性有显著的正向影响（β=0.431，t=9.166，P<0.001）。感知有用性对满意度有显著的正向影响（β=0.197，t=4.569，P<0.001），确认感对满意度有显著的正向影响（β=0.562，t=13.881，P<0.001）。感知有用性对金融科技持续使用意愿具有显著的正向影响（β=0.359，t=7.244，P<0.001），满意度对金融科技持续使用意愿具有显著的正向影响（β=0.310，t=6.771，P<0.001）。因此，所有的假设都得到了支持。

此外，本章提出了假设 10 和假设 11，即确认感分别在金融自我效能和科技自我效能对感知有用性的影响中起中介作用。为了检验中介效应，采用了 Zhao 等人提出的中介检验方法[312]。一方面，金融自我效能对感知有用性的间接影响（$a \times b$）显著（β=0.154，t=5.944），金融自我效能对感知有用性的直接影响（c）显著（β=0.225，t=5.356），直接效应和间接效应的作用方向相同（$a \times b \times c$ 为正），因此，判断确认感为补充性的部分中介。另一方面，科技自我效能对感知有用性的间接效应（$a \times b$）显著（β=0.062，t=3.198），科技自我效能对感知有用性的直接效应（c）显著（β=0.143，t=3.488），直接效应和间接效应的作用方向相同（$a \times b \times c$ 为正）。因此，支持假设 10 和假设 11，自我效能对感知有用性的影响受确认感的部分中介（表 3-12）。

表 3-12　中介效应分析

效应	β	t 值
直接效应		
金融自我效能→确认感	0.357	8.034***
确认感→感知有用性	0.431	9.166***
金融自我效能→感知有用性	0.225	5.356***
科技自我效能→确认感	0.145	3.313**
科技自我效能→感知有用性	0.143	3.488***
间接效应		
金融自我效能→确认感→感知有用性	0.154	5.944***
科技自我效能→确认感→感知有用性	0.062	3.198**

注：**表示 $p<0.01$，***表示 $p<0.001$。

3.4　研究结果讨论

本章旨在通过整合自我效能理论和信息系统期望确认理论，帮助金融科技企业和金融机构了解金融自我效能和科技自我效能如何影响用户的金融科技持续使用意愿。与之前的研究一致[71,91,109]，本章的研究结果表明，用户感知有用性和满意度显著正向影响金融科技持续使用意愿。当用户的财务绩效有所改善时，他们可能会继续使用金融科技进行财富管理。如果金融科技提高了用户理财效率和个人理财的有效性，用户继续使用金融科技进行财富管理就是合理的。

决定金融科技持续使用意愿的另一个关键因素是满意度[71,313]。作为对金融科技使用的一种情感反应和情感状态，满意度是现实的、公正的、不易改变的[71]。尽管使用金融科技进行财富管理总会伴随着一些不确定性，但用户在持续决策过程中可能会通过考虑自己满意度的可靠性来适应这些不确定性的影响。因此，如果金融科技用户对财富管理过程和结果感到满意，这种满意度可能会鼓励他们继续使用金融科技。

根据 Nascimento 等人的研究，感知有用性和满意度对金融科技持续使用意愿的影响是一致的[92]。在本章的研究中，感知有用性的路径系数和满意度的路径系数在金融科技持续使用意愿的影响上没有显著差异，这意味着用户衡量他们的感知绩效和效率，在考虑是否继续使用金融科技进行财富管理时，他们对金融科技的满意度或情绪反应水平没有明显差异。因此，无论是从认知角度还是从情感角度，金融科技的感知有用性和用户满意度都是用户持续使用意愿的重要影响因素。

在满意度方面，本章研究表明，用户对金融科技绩效的感知和对预期的确认感会影响其满意度水平。首先，满意度是一种情绪状态，它代表了对整体评价的情感反应。如果用户在使用金融科技的过程中体验到更高的效率，他们可能会对节省的时间和精力感到舒适。其次，满意度是感知质量的一种积极行为结果[314]。如果金融科技的财富管理改善了用户的经济状况，那么金融科技提供的高水平服务和用户获得的利润将与他们的预期一致甚至超过他们的预期，用户可能会对收益感到满意。此外，本章的研究结果显示，确认感对满意度影响的路径系数大于感知有用性对满意度影响的路径系数，这与以往某些研究结果有所不同。Lee在对在线学习持续意愿的研究中证实，感知有用性对满意度的影响远大于确认感[315]。Nascimento等人认为智能手表感知有用性对满意度和确认感的影响没有显著差异[92]。本章认为，金融科技用户与财务管理无关的一般信息系统用户之间的某些差异应得到更多的关注。在形成关于金融科技持续使用意愿的情绪反应和意愿方面，金融科技用户将其对预期的确认视为比金融科技的工具更加重要[71]。

金融自我效能、科技自我效能和确认感对感知有用性有正向影响。自我效能反映了一种自我评价的形式，关于一个人是否有能力执行某些行为以达到某些目标[316]。一般来说，金融自我效能高的人认为自己有能力管理自己的财富，更愿意相信自己选择的金融工具能够帮助自己管理财富。通过金融科技进行财富管理，金融自我效能高的用户可以感知到与他们的自信相匹配的更高的金融绩效。同样的，相信自己有能力操作智能手机和财富管理软件，可以对这些工具的可用性产生积极影响。根据用户对其技术处理能力的看法，可以更好地预测智能手机在财富管理方面的应用。用户的科技自我效能越高，越有可能产生积极行为，通过智能手机完成财富管理任务，也越有可能感知到金融科技使用的高效率。之前的研究也表明，用户的科技自我效能越强，他们会认为科技越有用[100]。

此外，与 Bhattacherjee（2001）一致，确认感对感知有用性具有显著的正向影响，这表明用户对金融科技的感知可能也会受到确认程度的中介[61]。金融科技确认感是一种认知信念，代表了实际使用在多大程度上达到了用户对金融科技的预期。用户对金融科技提供的服务有一定的期望，如个性化的理财解决方案、高收益且低风险的理财产品、准确详细的理财产品说明、灵活的存取款机制、便捷的客户服务等。金融科技公司应该建立更有效的沟通，以了解用户的期望。当这些预期在使用金融科技的过程中得到确认时，他们就会相信金融科技确实有助于提高他们的财务效益。

研究还发现，用户的金融自我效能和科技自我效能显著影响用户的确认感。用户衡量金融科技使用的过程和结果，并将这些结果与他们的预期进行比较。自我效能水平越高，对金融科技使用的认可程度越高。这些发现与之前的研究结果一致[121,288]。金融自我效能程度高的人更有可能做出合理的投资决策，从而降低财务风险，获得预期的财务结果，也就是说他们的预期更有可能得到证实。这一发现与 Farrell 等人的研究结果相似，Farrell 等人认为，个人理财行为背景下的理财自我效能会影响个人理财结果[274]。

同样的，科技自我效能高的人认为他们有能力通过金融科技来进行财富管理。他们认为自己可以查看信息、购买金融产品、参与活动、查看财富管理记录、提取现金等，这些都符合他们使用金融科技的期望。金融自我效能对确认感的影响远远大于科技自我效能对确认感的影响。金融科技财富管理确认感的关键因素是实际表现，即财务结果，金融自我效能越高的用户感知到的财务结果越好。如果认为金融科技提供的服务质量高，操作流程顺畅，用户就会有一定程度的确认感。如果他们的财务业绩达到预期，确认感水平将进一步提高。

确认感在金融自我效能和感知有用性之间以及在科技自我效能和感知有用性之间发挥中介作用。金融自我效能程度高的用户更有可能产生积极的理财行为，更有可能购买合适的理财产品，从而获得积极的理财结果。当金融成果达到或超过用户预期时，用户会有一种确认感，这将强化金融科技在改善财富管理绩效方面的作用，增强用户对金融科技有用性的认知。关于用户的科技自我效能，越有信心使用智能手机进行财富管理的用户，越有可能获得一种对操作过程的确认感，这将使他们提高对金融科技效率和有效性的看法，即金融科技更有用。金融自我效能和科技自我效能被认为是影响金融科技持续使用意愿的关键因素。具体而言，一方面，用户的金融自我效能和科技自我效能直接影响其对金融科技的感知有用性。另一方面，确认感在金融自我效能和科技自我效能对感知有用性的影响中起部分中介作用。此外，显著的直接效应表明可能存在一些被忽略的第二中介，可以在未来的研究中继续探索[312]。尽管第二中介可能在本章的研究中被忽略了，但确认感在自我效能与感知有用性之间存在部分中介作用。因此，金融科技公司和金融机构应该了解其用户的金融自我效能和科技自我效能水平，寻找方法以提高用户的确认感，从而提高用户对金融科技有用性的感知和金融科技持续使用意愿。在认识到自我效能的重要性方面，我们建议，无论是在金融科技还是在其他创新技术中，无论是在信息系统还是在信息技术接受和持续使用的研究中，都不应忽视用户的内在动机。具体的内部因素应根据具体的研究背景加以考虑。

3.5　本章小结

本章以个人财富管理为研究对象，结合自我效能理论和信息系统期望确认理论，分析金融科技财富管理用户的持续使用意愿。为了强调预测能力和解释能力的重要性，使用 PLSpredict 技术从四个竞争模型中选择具有最大预测能力的模型。该研究模型解释了 47.5%的满意度和 33.8%的金融科技持续使用意愿。将自我效能理论与信息系统期望确认相结合，将持续使用意愿延伸到金融科技领域，丰富了现有的金融科技研究，提高了对用户金融科技持续使用意愿的理解。并根据金融科技的特点，区分了金融科技领域特有的两种自我效能：金融自我效能和科技自我效能。本章强调在不同情境下应考虑特殊情境的自我效能，而不是整体的自我效能，以提高研究的准确性，为未来研究提供参考。此外，强调了使用 PLSpredict 技术评估模型预测能力的重要性[311]。与仅评估一个模型的解释能力相比，本章对模型的样本外预测能力进行了评估，以确定一个合理的模型。不仅能够解释正在调查的金融科技现象，还能够预测在可预见的未来另一个样本的情况。

金融科技公司和金融机构应该根据用户的财富管理自我效能对其进行细分，为每个细分用户设计独立的服务，提供多样化和个性化的理财方案。同时，提供财富管理知识和行业的最新信息，提高用户对财富管理的信心。考虑到财富管理失败导致的一些社会问题，建议政府建立用户金融行为的智能数据库。根据理财记录，用户可以更好地了解自己的理财能力，建立合理的理财自我效能。此外，建议金融科技公司和金融机构引导用户建立适当的金融科技预期，因为高预期可能导致不确认，而低预期、低感知有用性可能会降低用户继续的动机。尽管探究用户期望的最佳水平是一项具有挑战性的任务，但也是理解金融科技在财富管理行业应用和发展的关键要素。

本书从个人和企业双视角探究财富管理背景下金融科技的使用。在个人视角中，采用定量研究和定性研究相结合的混合方法，以得到全面有效的结论。本章将自我效能理论和信息系统期望确认理论结合，从个人认知视角分析了财富管理用户持续使用金融科技的意愿。下一章将采用案例分析法，探索影响采纳后用户持续使用金融科技意愿和行为的重要因素。

第4章 用户采纳后持续使用金融科技行为的案例研究

4.1 案例研究方法

4.1.1 研究设计

金融科技是一个较新的领域，涉及金融领域和科技领域的结合，而个人财富管理情境下的金融科技的使用就更加复杂。许多相关研究仍处于起步阶段，对这一情境的理解和认识并不全面。作为适用于探讨和研究以往未关注的现象或问题的方法[317,318]，多案例研究是本章采用的研究方法，以便深入了解财富管理情境下金融科技采纳后的用户持续使用意愿和行为。本章目的在于探析影响用户采纳金融科技管理个人财富后持续使用意愿的重要因素以及这些因素如何影响用户对金融科技的使用。因此，遵循案例研究的基本设计规律，规范地收集案例分析材料，并充分地进行分析、讨论和总结，以期构建适用于本章情境的理论框架[318]。

案例研究可以将个体、组织或具体的事件等作为研究的分析单元，也就是研究中分析的案例对象。分析单元的选取一般取决于研究的问题，以及研究问题关注和聚焦的对象[318]。只有明确案例研究的分析单元，确定研究对象，才能有效而准确地收集数据。本章关注的是财富管理情境下个人对金融科技的使用，也就是个体层面的研究，因此，本章选择具有使用金融科技管理个人财富经历的个体作为此次案例研究的分析单元。

根据本章研究主题，拟定访谈提纲，如表 4-1 所示。在访谈过程中，尽量营造轻松舒适的环境，除导入话题外，会请受访者自由分享以往经历和真实感受等，以获取丰富和真实的信息。准备的访谈提纲仅作为参考，并不对访谈内容进行限制。此外，根据受访者的个体差异，访谈过程中需要一定的技巧。访谈者要把握访谈过程中的话题，如受访者偏离主题过远，访谈者应适当地调整，以保证访谈结果的有效性。

表 4-1　个人使用金融科技进行财富管理的访谈提纲

<table>
<tr><th>结构编号</th><th>主要内容</th></tr>
<tr><td>1 交代访谈目的和注意事项</td><td>您好，非常感谢您接受我们的访谈。今天想就利用金融科技进行个人财富管理跟您做一个深入的访谈，包含储蓄、基金、外汇、投资黄金、股票等。麻烦您尽量回忆自己的经历，并如实地、尽可能详细地回答我们的问题。访谈过程中，如果您对我们的问题感到有任何的疑惑、不理解等，请您提出，我们将向您详细解释或改变提问方式。如果您不反对的话，我们将对这次访谈进行录音和转译，以便保存资料，转译成文字的文字稿也会发送给您再次确认。另外，出于研究需要，还麻烦您提供一些理财产品介绍、平台页面等图片，作为辅助资料。感谢您的配合。</td></tr>
<tr><td>2 访谈问题</td><td>- 请您描述一下最近一次网上购买理财产品的整个过程吧（包含时间、平台、金额、产品一般描述、购买原因、结果等）。
- 您还记得第一次网上买理财产品当时的场景吗？请好好回顾并完整描述整个过程吧。
- 请描述您在网上购买理财产品最满意的一次经历吧。
- 请描述您在网上购买理财产品最不满意的一次经历吧。
- 除了刚刚提到的平台，您还在其他平台上购买过理财产品吗？（买过，描述经历；没买过，为什么只在一个平台购买，为什么不在其他平台购买）
- 为什么在这（几）个平台购买理财产品？您看中该平台的哪些质量？
- 在网上购买理财方面，结合过去的经历，您认为自己怎么样？
- 您认为用金融科技购买理财产品与传统的线下银行存款等方式相比有什么差别？
- 您注意过自己的产品页面与其他人的页面，是否相同呢？
- 你怎么看投资顾问？了解智能投资顾问吗？
- 你认为金融科技平台了解你吗？
- 您有利用支某宝或某信这样的平台购买理财产品的经历吗？
- 关于管理个人财富，未来您有什么计划？
- 关于金融科技理财的风险和收益，您有什么看法？</td></tr>
<tr><td>3 结尾</td><td>非常感谢您的分享，这将会对我们的研究有很大的帮助，访谈录音转译后会发给您确认。麻烦您按这张表格留下个人信息，以便我们做一些基本统计。为保护您的隐私，我们不会在任何公开场合公布您的个人信息，请您放心。也请您留下您的邮箱，必要时可能会有二次访谈，也方便我们以后将基于本次访谈发表的论文发送给您。感谢您的支持。
<table>
<tr><td>如何称呼您？（可用别名）</td><td></td></tr>
<tr><td>您的性别？</td><td></td></tr>
<tr><td>您的年龄？</td><td></td></tr>
<tr><td>您的学历？</td><td></td></tr>
<tr><td>您的职业？</td><td></td></tr>
<tr><td>您的年可支配财富有多少？</td><td></td></tr>
<tr><td>您使用金融科技理财至今有多少年了？</td><td></td></tr>
</table></td></tr>
</table>

4.1.2 案例样本

案例研究中，样本的选择是十分重要的，要充分考虑抽样方式对研究问题可能产生的影响[318,319]。不同于一般定量研究遵循的随机抽样方式，案例研究一般采用理论抽样，即选择能够回答研究问题的案例。基于此次研究目的，我们选择了有使用金融科技管理个人财富经历的用户。在案例数量上，也遵循了 Yin 提出的尽可能扩充案例数量的建议，即采用多案例，以期在多案例分析中提炼出更合理和更有说服力的观点[318]。

4.2 案例研究资料收集

本次数据收集主要采用深入访谈法，并请受访者提供不涉及隐私的使用过程的图片等资料，尽可能全面且客观地采集案例信息，不遗漏与研究问题相关的感受和行为等重要信息，以保证案例研究的质量[318]。资料收集的具体过程大致如下。

（1）确定受访者名单。根据理论抽样法，选取有使用金融科技管理个人财富经历的用户，在一一简单沟通了解后，确定了最终的受访者名单和访谈时间。

（2）拟定访谈提纲。明确本次访谈目的，按照访谈一般步骤，拟定初步的访谈提纲。访谈提纲包括三个部分，第一部分交代访谈的背景和目的，第二部分列出可能提到的重要问题，第三部分进行访谈的总结并请受访者填写个人信息。但访谈内容不受到访谈提纲的限制，在受访者提到提纲以外的其他内容时，若与研究问题相关，访谈者尽量跟随受访者思路进行深入挖掘。

（3）深入访谈。访谈采用面对面的口头交谈方式进行，访谈者尽量营造轻松舒适的环境，使受访者不受过多拘束，从而自如地描述自己的经历，准确地表达自己的真实感受。此外，由于案例研究进展期间受到新冠疫情的影响，一部分受访者无法接受面对面访谈，对这部分受访者采用了在线视频访谈的方式收集资料。在征求受访者同意后，访谈者对访谈都进行了录音，以便准确地记录访谈内容。访谈时间一般为 30 分钟左右。访谈完毕后，受访者还会向访谈者提供一些图片资料，使我们可以获取更直观的信息。

(4) 资料整理和确认。对访谈录音做文字转译处理，形成文字稿，并将文字稿发送给受访者一一确认，请受访者检查文字稿内容是否存在误差等，以保证文字稿内容的准确性。对于有歧义的部分，根据受访者的重新解释，对文字稿做部分调整，从而保证最终资料的真实性和准确性。此外，根据情境化原则，额外收集了一部分档案数据，包含对受访者提到的财富管理公司和金融科技平台的介绍、官方新闻稿件、国家政策性文件、第三方调查机构研究报告和媒体报道等[320]。通过采用多层次、多角度、多数据源的资料收集方法，对收集资料进行三角验证，以保证研究结果的准确性[255]。

采用边收集资料边编码的方式，在将录音转译为文字稿并交予受访者确认后，尽快将访谈资料进行编码。本次案例研究中受访者名单上共有25位待受访者，访谈进行至第18位时，访谈内容编码中没有新的信息出现了。访谈者继续访谈了4位受访者，这4位受访者基本没有提供其他新的信息，已经确定的维度和主题在这些访谈中重复出现，也就是基本达到理论饱和点[321,322]。因此，本次案例研究最终访谈了22位受访者。

受访者的基本信息统计在表4-2中。本次资料收集共访谈了8位男性和14位女性。在年龄分布上，30～39周岁年龄段的受访者最多，有13位，其次是40～49周岁的5位受访者。在学历分布上，专科及以下学历2位，本科学历8位，研究生学历12位。受访者都有过工作经历，当前职业包含教师、公司职员、退休人员、自由工作者等。受访者财富管理经历都超过了1年，最长达13年，平均财富管理经历约7.9年。个别受访者对年可支配财富感觉较敏感，未留下信息。在留下信息的受访者中，年可支配财富大部分在20万～30万元左右，最多的在50万元左右。

表4-2 受访者基本信息

受访者编号和称呼	性别	年龄（周岁）	学历	职业	金融科技财富管理经历	年可支配财富（万元）
1 Caro	女	29	研究生	教师	4年	—
2 畅畅	女	31	研究生	教师	5年	30
3 旭阳	女	31	本科	保险规划师	8年	20
4 小易	女	34	本科	自由工作者	8年	20

（续）

受访者编号和称呼	性别	年龄（周岁）	学历	职业	金融科技财富管理经历	年可支配财富（万元）
5 老赵	男	47	专科	自由工作者	10 年	15
6 百秋	女	56	专科	退休人员	3 年	8
7 康总	男	28	研究生	教师	9 年	50
8 飞哥	男	42	本科	公司职员	13 年	—
9 宝石	女	59	本科	退休人员	10 年	25
10 zariae	女	37	研究生	行政人员	10 年	25
11 诗画	女	45	研究生	行政人员	5 年	30
12 娜公	男	34	研究生	银行员工	12 年	50
13 周周	女	36	研究生	律师	6 年	—
14 张总	女	49	研究生	研究员	12 年	28
15 小琚	女	30	研究生	国企员工	1 年	25
16 阿月	女	33	本科	公司职员	4 年	22
17 老王	男	35	研究生	行政人员	8 年	—
18 传博	男	35	本科	证券公司员工	10 年	38
19 贝贝	女	37	研究生	教师	7 年	20
20 洁洁	女	32	研究生	咨询顾问	8 年	—
21 老余	男	42	本科	企业高管	11 年	—
22 邱工	男	39	本科	工程师	9 年	40

4.3　采纳后用户持续使用金融科技资料分析

根据 Yin 提供的方法[318]，先进行了案例研究信效度的检验，如表 4－3 所示。在建构效度检验中，采用多元的证据来源。除一对一的深入访谈外，还请受访者提供不涉及隐私的图片，包括使用的财富管理平台、购买过的财富管理产品、与客服沟通的记录等。通过多元的数据，形成证据链，并在案例研究报告初稿完成后，请受访者对报告内容进行检查和核实。案例研究的内在效度和外在效度检验以理论为指导，进行模式的匹配，尝试对形成的关系给出解释，并分析与之相对立的竞争性解释。最后，在资料收集阶段采用案例研究草案，解决记录问题，建立案例研究资料库，来确保案例研究的信度。

表 4-3　案例研究信效度检验

检验	策略	检验阶段
建构效度	- 采用多元的证据来源（访谈资料、财富管理产品截图、平台截图等） - 形成证据链 - 请证据的主要提供者对案例研究报告草案进行检查和核实	资料收集 资料收集 撰写报告
内在效度	- 进行模式匹配 - 尝试给出解释 - 分析与之相对立的竞争性解释 - 使用逻辑模型	证据分析 证据分析 证据分析 证据分析
外在效度	- 用理论指导多案例研究	研究设计
信度	- 采用案例研究草案，解决记录问题 - 建立案例研究资料库	资料收集 资料收集

在数据处理中，采用编码软件 NVivo 12.7.0 对访谈资料进行编码。首先，将整理后的所有访谈文稿导入软件；其次，对访谈文稿进行逐级编码。根据 Gioia 等人提出的数据分析方法，将原始数据进行编码、抽象和概念化，形成理论性诠释[323]。在一级编码中，对原始资料进行分析提炼，使主题和概念从资料内部浮现出来，共得到了 47 个自由节点。在二级编码中，对先前提炼出的 47 个自由节点进行二次审视，找出节点间的关系，建立概念类属之间的联系，归类整合后，得到了 20 个概念类属。在三级编码中，将二级编码得到的 20 个概念类属分别归类至不同范畴，最终得到了三级编码的 7 个核心类属。

相较于其他研究方法，定性研究具有丰富性高和发现潜力大的优势，但定性研究也被批判缺乏严谨性。Gioia 等人（2013）总结了新概念发展的方法，该方法兼顾了定性研究的优势，在研究的过程和结果呈现上保证了一定的严谨性。本章参考 Gioia 等人（2013）的数据分析方法，按以下三个步骤对原始访谈文稿进行数据分析。

步骤 1：一阶概念抽取。许多定性研究学者认为，深入访谈和分析是比较人为和主观的，访谈和分析往往同时进行[324-326]。类似于 Strauss 和 Corbin 提出的开放式编码的概念，在一阶分析中，会出现大量的术语、编码和分类，我们一般保留这些内容，而不尝试提取类别，这有助于研究结果的可追溯性，使研究者可以回到原始文本并在上下文中加强理解[322]。因此，该阶段的类别数量较多。作者反复阅读原始访谈文本，来充分理解受访者想要表达的意思，将所有涉及影响用户持续使用金融科技来管理个人财富意愿的各种因素都考虑在内。例如，受访者15提到“这个是我同事推荐的，他是炒股的，每天跟他在同一个办公室里，听他每天说行情怎么样，他在说涨的时候就很开心。然后我就问他买的是什么股票，他就推荐给我一个App”，受访者主要表达了“同事推荐财富管理App”；受访者6提到“像我这样的退休年龄的人，就是用手机电子产品不像年轻人那样得心应手，但是我觉得用支某宝是非常非常方便，就是用得很顺手的，尤其是买基金理财方面的，就是做起来，你自己都能弄得清楚”，主要想表达“财富管理软件操作简单”。接着，尝试在NVivo中进行文本标记处理，该过程出现了大量编码。通过比较这些编码的异同，并将含义相同的编码合并，编制了初始编码表。然后邀请研究团队其他成员对初始编码表进行仔细检查，对存在分歧的地方，通过多次讨论最终达成一致。至此，研究得出一阶概念，代表了受访者对该情境下各种事件的看法[327]。

步骤2：二阶主题提炼。在此阶段，开始在许多类别之间寻找异同，努力寻找对步骤1中形成的一阶概念的理论解释。类似于Strauss和Corbin提出的主轴编码概念，这一过程会使相关类别数量减少[322]。我们要用标签或短语描述这些类别，这就要求我们能够在多个层面上思考，即在信息术语和代码层面，以及在主题和维度层面，从理论上解释现象。要在形成的概念、概念中出现的主题和现有的理论文献之间来回转换，以更好地理解概念和主题。通过对一阶概念的反复比较，寻找一阶概念之间的差异和相似之处，基于理论对一阶概念进行分组和汇总，出现二阶主题，以解释一阶数据的模式。例如，一阶概念出现的金融科技平台上财富管理信息的“准确性”“及时性”“丰富性”，可以提炼为对金融科技平台“信息质量”的考量。此外，基于现有概念和关系，会关注随后的采访中受访者的回答，从而引出其他问题的提法。

步骤3：维度整合。在二阶分析中，数据分析已进入理论领域。思考这些新出现的主题是否暗示了一些概念，这些概念可能有助于我们描述和解释所观察到的现象。我们特别关注那些在现有文献中似乎没有理论参考的新生概念，或者因为与新领域相关而跳出来的现有概念。例如，访谈中受访者提到了感知到的利用金融科技进行财富管理的风险，包含“技术风险”“财务风险”和“信息风险”，这与一般信息系统感知风险有所不同，体现了金融科技特殊情境下的用户感知风险的独特性。将现有主题整合的过程，是研究从“归纳”到“溯因”的转变，是将数据和理论串联起来[323]。一旦掌握了一组可行的主题和概念，达到了主题和概念发展过程的顶点，也就是 Glaser 和 Strauss 所说的理论饱和点[328]，就可以将涌现的二阶主题进一步提炼为整合维度。

有了一阶概念、二阶主题和整合维度后，为确保其可信度，在三个步骤之间进行迭代，以确认支撑起连接的逻辑。最终，形成构建数据结构的基础，如表 4-4 所示。数据结构从视觉上看起来清晰明了，展示了从原始数据到理论概念的分析过程，是定性研究论证严密性的重要保障[329,330]。在整个数据分析过程中，每个阶段至少有两位研究团队成员分别单独完成或共同讨论完成，以保证分析结果的准确性。当概念提取或主题提炼存在较大争议时，我们会重新审视数据，相互讨论，结合理论思考，最终达成共识。

表 4-4 数据结构

一阶概念	二阶主题	整合维度
手机上可以直接操作 软件提供便利功能 节省精力	便利性	感知有用性
利率高 收益稳定	感知收益	
保证资金的流动性 存取时间自由	灵活性	
准备工作 申购流程 操作难度	系统复杂性	预期努力
信息直观度 功能易用性	系统设计合理性	

（续）

一阶概念	二阶主题	整合维度
专业人士推荐 同事推荐 有经验的朋友介绍	他人推荐	社会影响
共同探讨 经验分享	信息互动	
跟着身边的人做 选择大众认可的软件	从众行为	
经济形势 国家政策	宏观环境	便利条件
了解金融知识 关注行业动态	知识储备	
熟悉金融机构 熟悉平台 熟悉产品	熟悉度	
资金保护 信息保护 国家管控	安全性	信任
银行机构 平台背景 企业资质	可靠性	
准确性 即时性 丰富性	信息质量	
便利性可能带来的风险 人为失误造成损失	技术风险	感知风险
企业发展问题 本金收益不稳定	财务风险	
基于利益推荐 信息真实性	信息风险	
定制化资产配置组合 智能化风险提醒	资产配置	感知智能性
根据喜好推送消息 智能通知提醒	消息推送	
基于大数据进行分析 辅助信息甄别	辅助人工	

4.4 案例研究分析结果

经过对数据的缜密分析，在影响财富管理用户使用金融科技的情境中，得到了 47 个一阶概念和 20 个二阶主题，并汇总为 7 个整合维度，分别是感知有用性、预期努力、社会影响、便利条件、信任、感知风险和感知智能性，每个一阶概念中包含 1～4 个实例。

尽管数据结构非常重要，但它在本质上仍然是以静态图像来表现动态现象，而我们的研究目标是构建动态的归纳模型。因此，基于数据结构，从理论角度捕捉受访者提供的信息，描述或解释从现象涌现出来的概念之间的动态关系，并清楚地表明所有相关数据与理论的联系。既要考虑所有主要的涌现概念、主题和维度，还要考虑它们的动态相互关系[323]。接下来将一一分析介绍从概念到主题再到维度的整合过程，并分析整合维度与态度和持续使用意愿之间的关系。

4.4.1 感知有用性

金融科技情境下，感知有用性是指财富管理用户在使用金融科技后对财富管理过程改善程度的感知。相较于传统的财富管理方式，金融科技融入更多先进技术，无论是在财富管理过程中，还是在财富管理结果上，都体现出多方面的优势。该构念通过 3 个二阶主题聚合而成，包括便利性、感知收益和灵活性。本小节将按顺序进一步解释这 3 个二阶主题。

（1）便利性。金融科技带来了一定程度的便利性。随着移动互联网的普及，用户可以足不出户，在手机上完成查看信息、咨询、申购和赎回等各项操作。

“还是挺方便的，可能最早就是签了一个东西，然后说我去买个理财，就像自己在淘宝上买东西一样，觉得合适就买了。”（受访者 16）

“它操作比较方便，很多东西都能在手机上直接操作了，因为本身要跑去银行或者基金这种公司的话就很不方便，这种公司的员工跟我们一样，我上班他也上班，这样的话就是不太方便。”（受访者 1）

“再一个就是有时候，像我现在住在三亚这个地方，我们这一整个区域好像就没有建行（中国建设银行）。那如果没有手机的这些个在线的操

作，很可能有些事情就做不成，或者就非常不方便。”（受访者 9）

“我觉得现在一个手机很方便，我也不用去银行，很多事情用一个 U 盾就可以解决了。所以我还是感觉线上比较方便，金融科技在方便上有比较突出的一个优势。”（受访者 4）

与传统财富管理方式相比，金融科技打破了空间限制，用户无需走入线下金融机构，可以在手机或电脑上进行财富管理。受访者 17 和受访者 9 都回忆到了早期进行财富管理的时候，操作股票要去证券公司交易大厅，或打电话提前挂单。与此相比，现在不用跑去线下就可以操作，节省了精力。

“我们知道，20 世纪 90 年代他们炒股票的时候，都是要到那个交易大厅里面去坐着打电话下单，那时候是这样的。现在用手指头点一点就行了，那这个不仅是便利性的，而且是及时性的。”（受访者 17）

“后来电脑上就有应用程序了，自然而然地就用上了，毕竟还是方便。那个时候都要打电话提前挂单，我想什么时候卖，以多少价格卖，或者以多少价格买，那其实就比较被动。”（受访者 9）

金融科技平台和银行机构为用户提供了诸多线上服务，用户在手机上操作就可以满足财富管理的各项需要。例如，许多平台提供了基金直接转换的功能，避免了用户反复操作赎回和购买而浪费一些时间的问题，也保证了用户收益的连贯性。

“支某宝的那个货币基金或者很多基金，它的选择范围是很大的，所以我就觉得它很自由，很方便转换。而且货币基金还可以直接转换，就觉得做得还挺方便的。”（受访者 10）

平台提供的许多实用功能，使用户可以快速获取相关信息。例如，受访者 17 提到了软件提供的排行榜功能。

“我买的时候就很方便，它会给你提供这个基金的历年的情况，还有今年的投资收益率排行。假如说你要买今年收益率最好的这个基金，你点排行第一个就直接买进去了。”（受访者 17）

第三方平台为方便不同证券公司的财富管理用户，提供了平台与证券公司的连接。

“我们是因为它（同某顺）使用比较方便，所以就下载了一直在用，它可以直接连接各个证券公司，比较方便。”（受访者 8）

在全民理财的大财富管理时代，一部分财富管理用户缺乏专门的理财知识，也没有很多的精力投入在财富管理过程中。因此，简便、易行、不用操心的财富管理方式受到了普遍欢迎。例如，受访者15两次谈到某平台，认为它适合懒人，不需要花什么心思和精力。

“买基金的话主要就是通过支某宝来买，因为支某宝就是比较方便操作的，然后也不用多花什么心思和精力，买就可以了……我觉得支某宝就是适合懒人，就是它不需要你操心自己去做什么，比如说前面它可以给你推荐，然后让你做问卷，我觉得它这个还是考虑得比较周全的。”（受访者15）

受访者9在评价科技手段应用于财富管理时，谈到了自己的感受。

“可能就是说把更新的一些科技、手段等应用进来……从结果来讲，我认为（科技管理）还是不错的一个方式，老百姓啊，不是那么专业，也不需要操那么多的心。”（受访者9）

在金融科技助力下，财富管理用户可以用过手机直接进行财富管理操作。各种软件提供的各项便利功能，也使用户感受到使用金融科技进行财富管理的便利性。平台提供的实用信息和有用的功能，使财富管理用户的决策变得更简单。此外，线上操作基本可以满足所有需求，用户不用跑去线下机构，节省了许多时间和精力。

（2）感知收益。用户期望通过财富管理增加个人财富。与传统财富管理方式相比，用户在使用金融科技进行个人财富管理过程中，收益高的金融科技产品对用户有一定的吸引力。

“因为我理财的话，基本上这个钱是确定专用于理财的，只有应急的时候才会取出来用。到期了之后觉得收益比活期存款稍微多一点点，所以继续选择了买理财产品。”（受访者1）

“最近据说有个某银行的理财产品，我还没去查，但是据说这个产品的年化收益率可以达到8%～10%，这还是不错的。”（受访者11）

“后来支某宝不就推出来那个余某宝了，余某宝刚出来的时候收益可高了，我记得是在里面（余某宝）存1万块钱，一天赚1块钱，甚至最开始的时候好像是1块多。”（受访者16）

除了较高的收益以外，用户还非常在意收益的稳定性。与高收益产品不同，稳定收益的产品使用户更愿意长期持有。用户期望采用的财富管理方式可以在一定时间内带来稳定的收益，使个人财富稳固上升。

“就是说这款产品收益很稳，没有太高。虽然不是说确保肯定能盈利，但是基本上是不会亏太多。然后就是收益率一年是10%～15%。”（受访者6）

“以前刚开始的时候，我们都是用小额资金进行理财的，也没有期待要做大的，那时候就觉得稳定的收益是更重要的。”（受访者12）

“后来因为时间长了，也觉得我们的收益还挺稳定的，没有出现过亏损的情况，就考虑多投资一部分进行尝试。”（受访者3）

用户进行个人财富管理，非常重视收益结果。在用户感知有用性的维度中，收益高低和收益的相对稳定性是用户衡量感知收益的两项重要指标，构成了感知收益的主题。

（3）灵活性。用户在财富管理过程中，可能需要随时应对一些非计划内的财务支出，因此，财富管理产品的灵活性是用户衡量金融科技有用性的重要指标之一。不同于传统财富管理方式（如定期存款），金融科技提供了更加灵活的财富管理产品，满足了用户资金流动性的要求。例如，受访者对比了两家银行提供的理财产品。

“我后来发现银行提供的那个理财，里面就是有比较多的那个“T+0”，当天到账有5万元的额度，当时我觉得还挺好的，现在已经很普遍了，现在很多App都会有这种。我比较了一下某行，感觉某行这边还挺灵活的，虽然说它的收益也不是很高。”（受访者10）

在谈到常用的第三方财富管理平台时，有两位受访者分别谈到了对某平台和其推出的某产品的感受。

“余某宝其实就是货币基金，用余某宝的最大的好处，说白了就是它的资金的流动性强。就是不像其他基金可能要“T+1”什么的，余某宝刚开始就是“T+1”，后来变成“T+0”了，甚至能当作活期存款使用了。”（受访者12）

“支某宝从它一开始创办的时候起，我们就在使用了，但是因为它本来就有很大的流动性，所以也就是把它当作一个临时的存放（闲置资金）的地方。”（受访者4）

用户对金融科技灵活性的感受，还体现在自由的存取时间上。用户可以在一定时间中随时存取，而不必承担因周期不足造成的收益损失。金融科技打破了空间上的限制，用户可以足不出户地管理财富，除此之外，时间上的自由也使用户感受到了灵活性带来的便利。例如，受访者1提到她会选择银行“T+0”产品，主要原因是她可以在工作日随时申请取出。

“还有一部分工资是想日常使用的，我会选择一些‘T+0’的产品。只要是工作日我就能申请取出，这样就比较灵活。”（受访者1）

受访者16在比较某银行的线上理财产品和传统定期存款时提到，虽然两者的利率差不多，但线上理财产品可以随时提取，让她感觉非常灵活。

“某银行有一个理财，它的利息可能与定期（存款）的差不多，但是它是每一天都可以存取的，这样比较方便灵活。”（受访者16）

受访者4在描述某线上理财产品时，着重强调了其收益是按天来计算的，灵活度较高。

“因为像周某盈这种（理财产品）的话，本来就是灵活度比较高的，是按天计算收益的。”（受访者4）

用户在进行财富管理的过程中，愿意选择具有一定灵活性的产品，可以保证一部分资金的流动性，随时随地自由存取。特别是应对一些临时状况，可以保证已获收益免受损失。

随着移动互联网的发展和智能手机的普及，金融科技带来了一定的便利性和灵活性，财富管理用户在使用金融科技后对财富管理过程的改善有较深的感知。用户可以不受时间和空间的限制，足不出户、随时随地管理个人财富。收益高和收益稳定的线上理财产品受到用户的广泛欢迎，是影响用户使用金融科技管理个人财富的重要因素。用户使用金融科技管理个人财富后从便利性、灵活性和感知收益等方面感受到金融科技对财富管理过程的改善，如图4-1所示。

（4）感知有用性对态度和持续使用意愿的影响。用户的感知有用性会正向影响态度和持续使用意愿。用户使用金融科技管理财富，感知到金融科技带来的便利程度、收益水平和灵活性越高，也就是感知到金融科技在财富管理过程中越有用，越能增强其对使用金融科技的积极态度和持续使用的意愿。正如受访者10、受访者16、受访者8表示的那样，正在使用的财富管理软件方便灵活，感觉很好，因此一直在用。

“包括货币基金在内的很多基金的选择范围是很大的，还很方便转换，

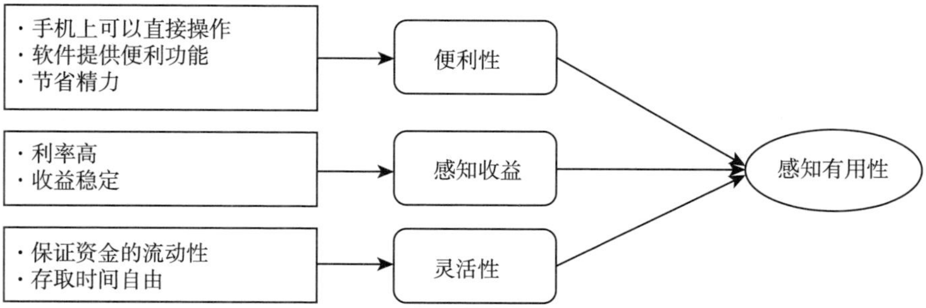

图 4-1　感知有用性的构成

就觉得做得还挺方便的。所以一直到现在我也没有抛弃这个天某基金，就一直在用。”（受访者 10）

“某银行有一个理财，它的利息可能与定期（存款）的差不多，但是它是每一天都可以存取的，就比较方便灵活。然后我就买了那个理财……后来支某宝不就推出来那个余某宝了，余某宝刚出来的时候收益可高了，我记得是在里面存 1 万块钱，一天赚 1 块钱，甚至最开始的时候好像是 1 块多。那个时候刚毕业，本来就没有多少钱，就觉得一个月能赚几十块钱还挺好的，所以一直在用。”（受访者 16）

“我们是因为它（同某顺）使用比较方便，所以就下载了一直在用。它可以直接连接各个证券公司，比较方便。”（受访者 8）

受访者 4 谈到，去尝试购买某款财富管理产品，是因为其收益率较高。受访者 3 和受访者 16 分别说到了自己一直在购买的财富管理产品，原因之一是收益稳定，感觉可以接受。收益稳定增加了他们持续使用的意愿。

“那个时候一年期收益率差不多是 10%，并且风险相对来说其实也不算高，我就去尝试了。”（受访者 4）

“后来因为时间长了，也觉得我们的收益还挺稳定的，没有出现过亏损的情况，就考虑多投资一部分进行尝试。”（受访者 3）

“这个产品其实相当于是一直在用。后来我在某银行又购买了一个以 7 天为期限的其他的产品，利息要高一些，大概年化利率能达到 5%。7 天这个周期我觉得可以接受，因为用钱会有个提前规划。后来就会把一部分的钱存在这个产品里，如果不出意外的话，以后还会继续使用。”（受访者 16）

相反，受访者 8 谈到自己没有购买某款产品，是因为感觉它的收益较低。受访者 13 也谈到自己在某平台上购买财富管理产品的经历，买了一段时间后，发现收益率太低，就全部提现了，没有持续使用。

“个人感觉那款产品的利率不够高，可能还比不上我的基金收益，这是我没有选择购买它的原因。”（受访者 8）

“在某信上买那种活期的产品，好像有一段时间买了几万块钱吧，但是因为我经常用某信，就会经常点进去看一下今天有几块钱的收益，看到放了好几个月还只是几十块钱的收益，然后就全部取现了。”（受访者 13）

通过受访者的表述，可以认为：用户感知金融科技有用性越高，其态度越积极，持续使用意愿越高；相反的，用户感知有用性越低，态度越消极，持续使用意愿就越低。

4.4.2 预期努力

金融科技情境下，预期努力类似于现有信息系统研究中感知的易用性，是财富管理用户在使用金融科技后对使用系统所做努力的轻松程度的事后感知。金融科技带来了很大程度的便利，用户可以通过手机自行操作。在使用金融机构或第三方机构提供的财富管理系统过程中，用户会对使用系统所做出的努力有一定的感知。该构念通过 2 个二阶主题聚合而成，包括系统复杂性和系统设计合理性。本小节将按顺序进一步解释这 2 个二阶主题。

（1）系统复杂性。用户在线上独自通过手机查看信息或进行财富管理操作，在使用过程中会感知到系统的复杂程度。用户对使用系统要做的准备工作有一定的感知，如是否需要进行专门下载软件、绑定银行卡、开户等操作。受访者 6 和受访者 13 谈到了某第三方平台。

“支某宝比较方便，每个人的手机上都有支某宝这个软件，支某宝几乎都绑定了银行卡，买卖都很方便。”（受访者 6）

“每个人（的手机上）都有支某宝，也不用开户，直接在支某宝上就可以买卖，就很方便。”（受访者 13）

也有受访者提到，空闲时候偶尔翻一下，就会熟悉系统流程了。可见对该受访者来说，使用系统的准备工作并不复杂。

“我会在空闲的时候就翻阅一下，可能多翻以后，慢慢地就会熟悉一

整套的使用流程，在之后的使用中就会比较简单，主要还是熟能生巧。”（受访者 7）

除准备工作以外，用户在使用财富管理系统时，会通过具体的操作，感知系统的复杂性。许多受访者谈到了财富管理过程中重要的申购流程，认为申购流程是比较简单的。

“就是它特别简单，就像在淘宝买东西，选定之后会有一个介绍，可以仔细看看那个介绍，确认无误后再购买。”（受访者 16）

“我在我那个同学的推荐下，把最近持有的一只基金卖出一定的额度，然后以这个额度再新入手一只基金。我在操作的时候就发现根本不需要太复杂的操作，有个直接点击一下就可以转换的这样一个功能。”（受访者 15）

“通过证券公司操作更简单。只要把基金的名字直接输入自己的股票账户中，就可以直接购买。”（受访者 17）

用户在使用手机或电脑直接进行财富管理时，会对操作难度有具体的评价，这一评价反映了用户对财富管理信息系统复杂性的感知。受访者们对系统操作的整体评价是难度不高，大多数受访者都认为这些操作比较容易。

“可能在同一个 App 里面的操作会相对比较容易。”（受访者 2）

“App 的这种使用绝对没问题的，只是对老年人来说可能相对会有一些困难。”（受访者 4）

“像我这样的退休年龄的人，就是用手机电子产品不像年轻人那样得心应手，但是我觉得用支某宝是非常非常方便，就是用得很顺手的，尤其是买基金理财方面的，就是做起来，你自己都能弄得清楚。”（受访者 6）

财富管理用户通过准备工作、申购流程和操作难度等方面来衡量财富管理系统的复杂性，反映了用户对使用金融科技管理个人财富所做努力的感知。整体来看，用户对现有系统的普遍评价是不太复杂，比较容易操作。

（2）系统设计合理性。系统设计合理性会直接影响用户的使用体验。合理的设计可以让用户轻松地找到实用的信息，方便地使用各项功能，满足财富管理的基本操作需要。对财富管理用户来讲，直观地展示信息，会大大降低他们需要投入的精力和努力。许多受访者谈到了自己对财富管理平台提供信息的感受。

“但是现在呢就是某银行的平台更新比较快，也很方便，一些最近（使用情况有关）的图形等都会绘制出来，看起来还是很直观的，让人比较满意。”（受访者 9）

“把钱转进去之后一点击你输入的（理财产品）名字就好了，过了两天之后，你就每天都可以看到你的收益曲线等，这些都能看得很清楚。”（受访者 17）

“还是通过线上自己用手机操作比较直观，还方便，不用到银行里跑来跑去，我觉得这样挺好的。”（受访者 6）

“你打开每一只股票，页面下方关于股票的东西就非常好用。它的市值是多少？它的流通是多少？它的盘口是什么？它最新的那个公告是什么？大家对这个股票的看法是什么？等等。都很方便。”（受访者 16）

受访者 8 谈到他看中的平台品质时，特别提到了平台要提供真实可观的信息。

“平台要能够提供充足的、真实可观的信息，这是最重要的，能够让用户比较了解全世界市场的那种（平台）是最好的。”（受访者 8）

而受访者 16 认为平台有些信息不太直观，是对用户的极大考验，也让她感受到一定的风险。

“这种你需要自己去仔细地看一下，因为我觉得会有一些隐藏条款，可能会有一些内容字比较小，容易看不清，这还是需要自己去把控的。我觉得这个是对阅读能力的极大考验，也是对耐心的极大考验，所以我觉得这个是一个风险。”（受访者 16）

除了信息呈现的直观度以外，用户使用财富管理信息系统过程中，会用到常用的功能。这些功能的易用程度，也是用户评价系统设计合理性的重要方面。受访者 14 和受访者 18 评价了使用过的平台功能。

“我对它（余某宝）还是比较相信的，所以我的钱经常存到余某宝里面。反正它用起来很顺手，它的界面设计得也很合理。”（受访者 14）

“它的变化就是越来越实用化，而且是出于用户自身的考量，用户可以定制化界面，也可以多屏显示什么的。”（受访者 18）

也有受访者反映，自己使用的平台功能复杂或功能设计有一定的缺陷，在他们的使用过程中，带来了一定的麻烦。

“我认为它在功能的便利性上还是有一定的缺陷的，因为某银行的App 内容比较多，比如银行一块的业务、理财一块的业务、一些保险类的业务等，那个 App 上面都有。内容比较冗杂，所以不利于用户寻找和使用。”（受访者 7）

在谈到看重的平台品质时，受访者 13 更倾向于操作简单、功能方便找到的信息系统。

“要便捷好操作，就是操作不要太复杂。虽然我是学计算机的，但是它的某些功能我找一圈下来也找不到它在哪里，以及我要怎么去操作。”（受访者 13）

财富管理用户在使用金融科技后，对其使用系统所做的努力有一定的感知。用户使用系统的预期努力会从系统复杂性和系统设计合理性两方面衡量。用户在使用财富管理信息系统之前是否需要做复杂的准备工作，在使用过程中各类项目流程和操作的难度体现了用户感知的系统复杂性。此外，用户会对系统设计合理性进行衡量，直观的信息呈现和良好易用的功能会给用户带来良好的使用体验，如图 4－2 所示。

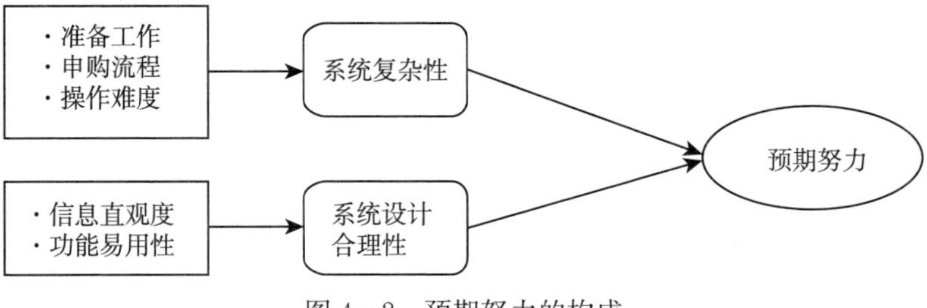

图 4－2　预期努力的构成

（3）预期努力对态度和持续使用意愿的影响。预期努力正向影响用户态度和持续使用意愿。用户感知预期努力越高，也就是感觉使用金融科技进行财富管理的轻松程度越高，用户的感受和态度就越好，持续使用意愿就越高。用户在使用金融科技进行财富管理过程中，会对金融科技系统的合理性和复杂性有一定的感知。系统设计越合理，系统操作流程复杂性越低，用户会感觉越轻松越好，感知到的预期努力会越高。受访者 1、受访者 8 和受访者 16 都认为自己一直在用某款软件的原因之一，就是操作简单、流程不复杂。

“基金那些，我还是比较愿意自己来操作，觉得放心一点，因为这些

操作本身也没有那么复杂。”（受访者 1）

“一般来说，到目前为止还没有出现过问题，能够顺利地使用，而且它的数据更新比较快，业绩也比较顺畅。”（受访者 8）

“我很喜欢用这个 App，一直在用……就是按理说，好像大额的交易会需要很复杂很严谨的手续，但是这个 App 上的购买和赎回就都很简单，尤其是后来能够使用指纹就更简单了。”（受访者 16）

受访者 6 认为手机上的软件设计很直观，感觉很好，所以未来还是会选择自己在手机上理财。受访者 16 说到自己一直在用某款软件，因为它的设计比较好。受访者 9 介绍了自己在使用的定投基金，每个月会自动扣掉部分资金，感到非常简单。

“还是通过线上自己用手机操作比较直观，还方便，不用到银行里跑来跑去，我觉得这样挺好的。如果要是让我选择，我不会再去银行存定期或者是理财。我还是选择自己用这个软件，无论是炒股还是买基金，我都愿意自己去操作。”（受访者 6）

“我一直是在同某顺 App 看基金的涨幅，因为同某顺 App 设计得比较合理，看各种数据、新闻什么的，都很方便。”（受访者 16）

“最近的一次是我做定投，有一些基金产品，应该说数额也不是很多，反正每个月它会自动地扣掉部分资金，这个也是比较简单。”（受访者 9）

通过受访者的表述，可以认为用户在使用金融科技进行财富管理过程中，评价系统设计越合理、越简单，感知自己所需要做的努力越容易能达到，其对金融科技的态度越积极，持续使用意愿也就会越强。预期努力会正向影响用户的态度和持续使用意愿。

4.4.3 社会影响

社会影响是财富管理用户对周围人（如家人和朋友）的意见影响他们使用金融科技的实际经验的程度的感知。用户使用金融科技管理个人财富，在一定程度上会受到身边人的影响。该构念通过 3 个二阶主题聚合而成，包括他人推荐、信息互动和从众行为。本小节将按顺序进一步解释这 3 个二阶主题。

（1）他人推荐。用户接受使用金融科技管理个人财富，常常是因为受到了他人的推荐。特别是来自专业人士的建议，是用户受到的社会影响中重要的部分之一。用户会接触到财富管理从业者和一些业内朋友，并受到他们的推荐的影响。例如受访者 14 和受访者 12 谈到接触过的专业人士。

“有一次我在参加省里组织的创业导师培训的时候，有一个投资经理给我们上课，他推荐了这个陆某所。他说如果你一定要在网上买理财产品的话，你就使用陆某所。”（受访者 14）

“经过某个基金经理给我们介绍以后，就说我们这个基金是某个明星基金经理在负责，那是他们基金公司的王牌基金经理，就建议我们去买这个基金。”（受访者 12）

“他就是从事基金这个行业的嘛，算是这个行业比较专业的人士，他帮我推荐了基金以后，我就去多方面地留意了。”（受访者 6）

“我们有一个大学同学，毕业以后他一直从事股票这个行业，做金融这一块。然后我们聊起来，他说他比较内行，我就蛮想让他给我推荐几只股的。他说长期来看，比较稳而个人又不太懂的话，建议买基金。”（受访者 13）

除了专业人士推荐外，用户身边一些有经验的朋友也会将自己使用多的、评价高的产品推荐给用户。基于固有的强关系，用户更容易受到这些朋友的影响，听取他们的建议。

“我研究生同学当中有一个人在这方面可能比较资深，在炒股、买基金方面就是比较厉害的一个大师级别的人。然后他给我们分享了一个类似于攻略一样的东西。”（受访者 15）

“说起来这个理财，我是 2018 年开始的，那个时候一个朋友他是很懂金融方面的，然后他向我推荐的这个理财产品。”（受访者 6）

一些受访者还提到了同事的推荐。

“这个是我同事推荐的，他是炒股的，每天跟他在同一个办公室里，听他每天说行情怎么样，他在说涨的时候就很开心。然后我就问他买的是什么股票，他就推荐给我一个 App。”（受访者 15）

“同事介绍某银行理财产品的收益率稍微高一点，比某某银行或者其他的五大行稍微高一点。”（受访者 11）

用户使用金融科技管理个人财富过程中，会受到专业人士、有经验的朋友或同事们的推荐，进而影响用户对平台的使用和对产品的选择。

（2）信息互动。用户与身边人的信息互动也是其受到的社会影响之一。财富管理和金融科技的使用，成为用户之间乐于探讨的话题。许多受访者谈到自己与他人共同探讨金融科技理财的经历。

“当时大家都在群里讨论基金很好，当时的收益也非常高，就是回报很高的小本投资。”（受访者1）

“有时候大家会一起聊聊，互相探讨探讨，每个人的投资理财方式不同。”（受访者8）

“我要买股票的话，都是和我的弟弟一起商量，去处理这个事。”（受访者5）

“一般来说，我比较偏向于自己学习和了解以后再做出一些投资判断，但是毕竟搞投资这个事，肯定还是需要经常跟别人交流的。”（受访者7）

在信息互动中，有的用户会有个人经验的分享，其他用户会通过这种信息互动而受到一定的影响。受访者谈到自己对身边人经验分享的看法时说道：

“就是在国家的政策导向下，确实可能是你不处于这个行业，你就不知道这么一个大的赛道里面，哪个点是最值得投资的、最安全的、最好的。这时候如果身边有一个朋友去研究，研究完了还愿意跟你分享，这就很好。”（受访者18）

许多受访者也向别人分享过自己的经历。

“跟同事会沟通比较多，有时候也会与同事们聊自己找到了一个好的股票，觉得还可以的，就可能会和大家分享一下。”（受访者12）

“我自己买股票、基金还是比较多的。我和那些经常炒股、买基金的人，包括家人，在一起的时候会经常谈起来（自己的经历），讲讲自己的经验或者被坑的教训。”（受访者17）

“现在我在三亚这边住，附近老年人比较多，有时候会和他们讲讲我买的基金。他们自己有工资的或者和我走得近的，也会受我一点影响，说也想买一点基金，有时候我就帮他们找找合适的。”（受访者9）

财富管理用户在日常生活中通过共同探讨和经验分享来进行信息互动，反映出用户受到的社会影响。

（3）从众行为。财富管理用户会受到社会影响的另一个表现是从众行为。用户选择使用金融科技管理个人财富，常常是跟着身边的人在做，参考他们选择的财富管理方式、平台和产品等。如受访者15和受访者17，都是看到身边的人在通过金融科技进行财富管理，受到了一定的影响。

“然后我才慢慢地发现，我身边的人，就是同事、朋友，他们其实也在理财，比如说会买一些基金。我也就自己了解了一下相关的资讯。”（受访者 15）

“这个机会也是比较偶然的，当时是同事有人在做这个（理财），就跟着他开始做起来。”（受访者 17）

受访者 6 在解释其使用某款软件的原因时谈到，是看到自己身边的人都在用，所以也跟着选择了。

“我觉得这两款（软件）属于非常常见的，就是大家都很熟悉的软件。我不知道是不是人人都在用，但是我身边的人、我认识的人都在用这两款软件。”（受访者 6）

除了跟着身边的人一起做以外，用户在使用金融科技管理个人财富过程中，也会参考网上大众的看法。例如，在选择财富管理软件时，受访者表示会倾向于选择大众认可的、排名靠前的软件。

“其实这个东西就是头部效应。虽然有很多的软件，包括一些推荐的智能选股软件，但我还是喜欢用大众认可的、市场占有率比较高的选股软件……因为这个软件是大家通用的，就是说一般国内的银行、投行全部用这个软件。”（受访者 18）

“可以说是当时大部分人可能都在用这个软件。在没有账户的情况下，我已经把这个软件下载在手机里面了，这个时候就已经可以看行情了。”（受访者 17）

“如果平台选不好的话，可能就血本无归了，这种是很常见的，比如说 P2P 的一些网站。选择主流的大众的网站去购买还是比较好一些的。”（受访者 3）

财富管理用户在使用金融科技过程中，会受到一定的社会影响，包括身边专业人士、同事或朋友的推荐，也会在日常生活中与身边的人共同探讨或分享自己使用金融科技管理财富的经验，还会跟着身边的人一起做，参考大众的意见来选择平台或产品等，如图 4－3 所示。

（4）社会影响对态度和持续使用意愿的影响。用户使用金融科技管理个人财富过程中受到的社会影响越高，也就是受到的推荐、分享的信息和从众行为越多，越能够产生积极态度，持续使用金融科技的意愿就越高。

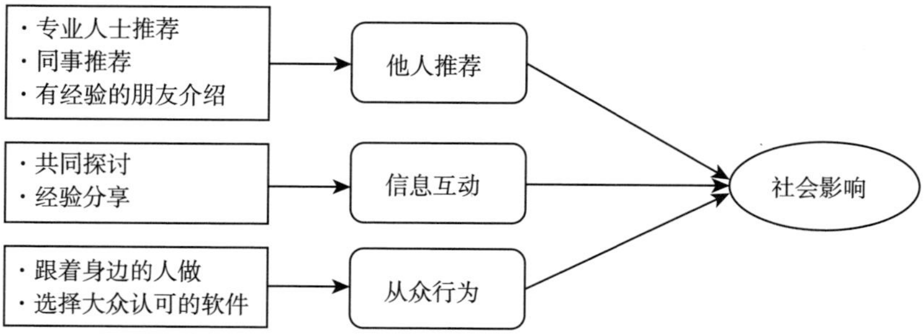

图 4-3　社会影响的构成

受访者 2、受访者 6、受访者 17 都表示他们最开始使用金融科技管理财富的决策都是受到了身边人的影响，有朋友的推荐，也有直接跟着网上的信息去做。这都让他们觉得不错，可以试试。

“我有点不记得当时发生了什么样的事情。但是每次听理财顾问去讲，他都说去年基金涨了 40%什么的，就觉得我不妨试试看。那我就按照他说的买了那一只基金。”（受访者 2）

“说起来理财，我是 2018 年开始的。当时一个朋友是从事金融方面的，然后他向我推荐了这个理财产品，我觉得还行，就在支某宝上面买了。”（受访者 6）

“开户之前我就已经下载了这个同某顺，当时是网上获取的信息。你如果关注股票这一块的话，就知道它（同某顺）就是炒股的一个软件。可以说当时大部分人可能都在用同某顺这个软件。在没有账户的情况下，我已经把这个软件下载在手机里面了，这个时候就已经可以看行情了，感觉挺好。”（受访者 17）

受访者介绍自己受到身边人的影响，一直持续使用金融科技管理个人财富，例如，持续使用某款软件或持续购买理财产品。

“在我一个研究生同学的推荐下，我买了一款那个‘5+2’的基金产品，然后一直到现在。”（受访者 15）

“那个时候他们说行长在群里面突然讲了一句，说最近基金走势应该不错，建议我们买一点，然后我就挑了两只基金。”（受访者 3）

“我一般买股票都是跟着朋友一起买。就是朋友他会花精力去研究那个行业，然后他也会花钱去了解信息，他可能会推荐给我。那我就去看一看，看了几天后觉得我是表面上稍微了解一下。”（受访者 13）

通过受访者的表述，可以认为社会影响对用户使用金融科技的态度和持续使用金融科技的意愿有正向的影响。用户在使用金融科技管理个人财富过程中受到身边的人或社会的影响越大，被推荐、分享经验、从众行为越多，其对金融科技的积极态度越多，持续使用意愿越高。

4.4.4　便利条件

便利条件是用户对组织和技术基础设施（如资源、知识、技能和人员）支持其使用金融科技进行财富管理的影响的感知。用户采纳并持续使用金融科技管理个人财富，其所处环境和自身具备的知识技能等是重要的影响因素。该构念通过 3 个二阶主题聚合而成，包括宏观环境、知识储备和熟悉度。本小节将按顺序进一步解释这 3 个二阶主题。

(1) 宏观环境。宏观环境对用户的影响是十分重要的。在经济形势良好、技术发展迅速的环境下，用户会感受到环境对使用金融科技管理个人财富的支持。受访者 17 在谈到自己最初采用金融科技管理个人财富的契机时解释道：

"对我刺激最大的其实就是 2014 年的 11 月份，那个时候券商板块，就是证券公司的股票连续涨停，大概一个月时间整个板块涨幅 150%。这个对我刺激还是蛮大的，所以我就在 12 月份开户开始（炒股）了。"（受访者 17）

受访者 18 在谈到自己坚定一直采用金融科技管理财富的原因时，强调了他对当时宏观环境的感知。

"因为当时了解的就是经济形势良好，是高刺激、稳增长的这种政策，整个国家经济也是不断上涨的，所以就感觉这种债券的保障也很高。"（受访者 18）

受访者 6 在谈到自己选择的财富管理产品时，解释了自己选择医疗和新能源方面行业的原因，主要是因为其发展前景好。

"我还买了其他的产品，像医疗方面的、新能源方面的。这些都是国家比较重视的，发展前景也都很好的。"（受访者 6）

用户会关注国家政策，从政策层面去判断国家对使用金融科技管理个人财富的支持程度。例如，受访者 10 认为要跟进政策的大方向，看齐国家政策支持的方向。

“就是目前要研究一下政策吧，也不太会反向去做。就是跟着大势来买。比如说去年白酒好，那去年主要收益就是靠白酒；今年白酒不好，那今年就买点其他的。反正就是国家政策是哪个方面的，就买哪一方面的。”（受访者 10）

谈到对大家非常熟悉的某公司和其第三方支付平台，受访者认为该平台发展初期，政策上的监管比较宽松，这也是它短时间内能大范围发展的原因之一。留意到近几年国家对一些机构的严格管控，受访者 5 认为要跟进国家的政策来判断未来走向。

“尤其支某宝这几年涉及的监管也越来越多。可以说在 2016 年、2017 年之前，支某宝基本上是刚开始接轨，没有一个明确的定位。到底是金融控股公司，还是金融科技公司（这都不清楚）。所以说那时候对它的监管是非常宽松的。”（受访者 12）

“总要看到国家的政策走向，看看喜不喜欢这个支某宝。”（受访者 5）

了解行业发展形势，跟紧国家政策，是用户使用金融科技管理个人财富过程中关注的宏观环境，反映了用户对便利条件的感知。

（2）知识储备。用户使用金融科技理财，会从知识和技术方面加强自身，以满足自己在财富管理过程中的各类需求，实现财富管理目标。用户使用金融科技管理个人财富，会基于自己具备的一定的相关知识来把握财富管理过程和结果。例如，受访者们谈到了自己的知识储备情况。

“刚开始大家就觉得自己的金融知识比较全，觉得炒股应该也没什么大问题，可以这样去操作一下。反正最终就是走上这条路了。”（受访者 12）

“有可能就是线上的话，会需要你有更多的专业知识去判断。对吧？因为都是你自己在看，你自己在了解，然后你自己决定去买。”（受访者 13）

受访者谈到用户使用金融科技应具备哪些基础条件来支持其个人财富管理过程。

“如果是有这个想法的，可以看这种入门的书籍，了解很多金融知识，或者是多媒体、听课等，通过各种渠道去提升自己。”（受访者 18）

“我觉得普通的投资者也应该懂一点理财的常识，比方说资金的结构这一块，我认为这一块是非常重要的，就不能一股脑地人家说什么，我们

就跟着去做。”（受访者 9）

除加强相关知识的学习以外，对行业动态的了解也十分必要。

“我觉得还是要关注金融行业的一个大趋势的变化。”（受访者 2）

“就是至少你要了解行情吧，就是市场的情况，比如说目前大概的一个形势，哪个行业、哪个板块可能是值得入手的。目前上涨比较厉害的，这种可能就不能买了吧。”（受访者 15）

说到了解行业动态，受访者谈到了我们非常熟悉的报纸、公众号等渠道，通过这些渠道来获取相关信息。

“我看了报纸，上面都说利率在下行了。那有没有能够锁利这样子的产品？投资嘛，肯定会关注这些信息。”（受访者 3）

“其实有很多的财经媒体，有很多的公众号，还可以了解到挺多的（受访者 4）。”

用户通过有意识地了解金融科技相关知识，主动关注行业动态，以加强自己的知识储备，支持自己使用金融科技管理个人财富。

（3）熟悉度。对信息系统的感知熟悉程度是用户持续使用金融科技管理个人财富的重要影响因素，反映了用户对便利条件的感知。用户对金融科技理财的熟悉度首先表现在用户对金融机构的熟悉程度。许多受访者在谈到最初采用网上银行来管理个人财富时，都表示倾向于选择日常发放工资的银行，原因之一是熟悉度较高。

“因为某银行的卡我应该是用的时间比较长了，包括有它的信用卡什么的，所以就对它的熟悉度相对高，对站点也相对熟悉。”（受访者 2）

“因为我的这个工资卡是某银行的，我的工资是发到某银行的嘛，所以跟某银行打交道会比较多一点，更熟悉一些。”（受访者 9）

“因为我们公司用的就是某银行的银行卡，某银行作为我们公司合作的用户，我们工资就通过它们发的嘛，我们公司与某银行在业务上的往来比较多。”（受访者 15）

用户在持续使用财富管理平台过程中，会倾向于继续使用自己较熟悉的平台和产品。

“它的界面、操作就很熟悉，用其他平台的话，我还要重新熟悉新的界面，还要重新绑卡，还要多记好几个密码，就觉得太麻烦了。”（受访者 13）

“就是说这个平台你用习惯了，用顺了，你就有黏性了，你就喜欢用这个平台。”（受访者 17）

“这两款软件都是应用比较广泛的，我用得也比较顺手，我觉得这两款软件属于那种非常常见的、用得很熟悉的软件。”（受访者 6）

“就我个人来说，对各种平台的使用我还是比较熟悉的，应该还算比较熟练。”（受访者 7）

谈到熟悉的财富管理产品，受访者 1 表示她直接听取妈妈的建议购买了熟悉的理财产品，也在反复购买自己熟悉的股票来进行财富管理。

“我从回国开始就一直与这个股票相爱相杀，就是卖出、买进、卖出这样操作很久了，所以对它也比较了解。它下跌的时候我就又买进了一点，因为我觉得还是会涨回去的，涨多少我不能保证或者确定。”（受访者 1）

“我是直接听我妈妈这边的建议。因为她本身是从事这一行业的，她对自己银行里的理财产品是比较了解的，所以听了她的建议……选择股票的时候还是要多去查询一些资料，要有所熟悉，不要选择一些太偏门的或者表面看起来好像很火热的产品或者行业。”（受访者 1）

用户能够了解到当前形势和国家政策等周围环境的支持，也会对自己金融知识的掌握情况和对行业动态的关注情况有一定的感知。此外，用户对金融机构、平台和产品的熟悉程度不同。这些都反映了用户对使用金融科技管理财富的便利条件的感知，如图 4-4 所示。

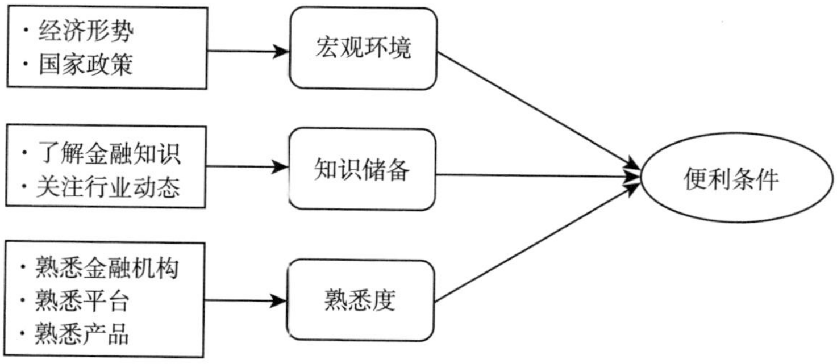

图 4-4　便利条件的构成

（4）便利条件对态度和持续使用意愿的影响。用户感知便利条件越高，也就是感受到的环境支持、自己对相关知识的掌握程度、对行业动态的关注、对平台和产品的熟悉度越高，对金融科技的态度越积极，持续使用金融科技的意愿就越高。受访者 13、受访者 17 和受访者 7 在谈到自己一直在使用的财富管理软件时，都谈到了持续使用的原因之一是已经对软件的界面和操作等非常熟悉了，就不愿意改变了。

“它的界面、操作就很熟悉，用其他平台的话，我还要重新熟悉新的界面，还要重新绑卡，还要多记好几个密码，就觉得太麻烦了。”（受访者 13）

“就是说这个平台你用顺了，你就有黏性了，你就喜欢用这个平台。后来我也试过另外一个通某信，我下载了也注册了，用了两天之后感觉不习惯，因为好多东西找不到。你不知道在哪里看这个公司的公告，不知道在哪里能看公司今年的利润是多少。同某顺我经常用嘛，那些东西在哪里就很清楚，我按一下 F10，这个数据就都出来了。”（受访者 17）

“我是通过互联网找到了同某顺，然后就开始慢慢用它，慢慢熟悉。摸透了它的一些操作使用方法以后，我就离不开它了，就没有办法再用回到一些券商提供的官方 App 上。”（受访者 7）

受访者 1 谈到自己不了解私募或者 P2P 的模式，所以不敢轻易去尝试。

“对私募或者 P2P 之类的，我不是特别了解，所以我也不敢轻易去尝试。”（受访者 1）

通过受访者的表述，可以认为用户感知的便利条件程度越高，感知周围的资源、自己的知识和熟悉度对使用金融科技进行财富管理的支持度越高，其对使用金融科技管理财富的态度越积极，持续使用意愿越高。

4.4.5　信任

信任是财富管理用户认为金融科技产品会遵守承诺，不会在期待承诺的服务时表现出投机的心理期望的程度。用户持续使用金融科技管理个人财富，对金融科技产品的信任是重要因素。该构念通过 3 个二阶主题聚合而成，包括安全性、可靠性和信息质量。本小节将按顺序进一步解释这 3 个二阶主题。

(1) 安全性。财富管理用户使用金融科技，会十分重视其安全性。用户在使用金融科技管理个人财富过程中，可以感知到金融机构和金融科技平台对用户资金的保护情况。

“其实说到平台，还有一个就是它的安全性，这家平台上你的钱最终去向是哪里，我觉得这个也挺重要的。”（受访者 4）

“因为毕竟这个东西是跟钱相关嘛，所以我肯定最看重的是这个平台的安全性，就是它对你的数据的保护、对你的资金的保护。”（受访者 7）

“在安全性方面，我感觉对于股票来说，不管你用哪一个软件，不管你去哪一个证券公司开户，安全性问题都是不用考虑的。你的钱买了股票，它是银行第三方托管的，你的钱其实是在银行里面的。”（受访者 17）

除了保护资金免受损失以外，用户也十分重视金融科技平台对自己信息的保护。受访者 7 提到了某第三方公司被曝出泄露用户信息的事件，对他持续使用该软件的意愿造成了一定的影响。

“从安全性来说，肯定是券商提供的软件相对来说比较安全。因为第三方公司提供的是一个链接平台，所以它在对用户资料的保存上确实会有些问题，比如之前同某顺也被曝出其用户信息被泄露。”（受访者 7）

对于金融科技的安全性，用户会从国家管控情况来判断。对于国家管控之下的金融机构或第三方平台，用户会感知其安全性较高。例如，受访者谈到了用户感知安全性较高的银行。

“我们对银行还是有比较高的信任度的。因为银行本身相当于有国家资质在给它背书，所以对它的信任度比较高。”（受访者 14）

而谈到蚂某金服，受访者 16 认为其没有完全在国家监管之下，因此感到其安全性较低。

“就是还是觉得它不是一个正经的金融机构，它并不是银行。我对这个东西不是很了解，就算是有什么金融体系，但我不知道它跟银行的区别，我觉得它还是没有完全在国家的监管下的。”（受访者 16）

受访者 8 在谈到感知金融科技安全性时，认为所有的数据都是在国家管控范围之内的，因此不存在很严重的安全问题。

“我们所有的大数据都是在国家管控范围之内的，安全应该不存在问题，我个人是这么想的。”（受访者 8）

财富管理用户会从资金保护情况、信息保护情况和国家管控三方面衡量使用金融科技的安全性。

（2）可靠性。用户感知利用金融科技管理个人财富的信任，会评价其可靠性。对于大多数人来说，银行机构的可靠性是较高的，这是他们持续选择购买银行理财产品的重要影响因素。

“至于平台的话也不会更换，因为目前的这两个平台就是‘T+0’的

平台，大额理财的银行都是比较靠谱的，我觉得是比较放心的。”（受访者 1）

“现在这个基金种类非常多，有一些专题什么的，我人也比较懒，反正就托付给银行了，我认为还是比较安全可靠的。”（受访者 9）

用户会通过财富管理平台或财富管理产品背景来衡量其可靠性。受访者提到更倾向于正规的平台和运营稳健的公司。

“首先一定要是正规的平台，然后是比较稳健型的企业或者公司。”（受访者 1）

“我觉得选择这样的理财方式挺好的，用支某宝买的这款产品，持续了一段时间，我觉得还是挺放心的。”（受访者 6）

企业领袖或创始人也是用户判断平台背景时会考虑的方面之一。受访者 3 和受访者 4 分别谈到其看重的高管品质。

“它的董事长或者法人在电视上的讲座或者被采访这种，我还是很看重的。比如说他前身是从政的，然后出来下海经商了，我会觉得他很了解政策，这种我也是很看好的。”（受访者 3）

“我会去分析一家公司的一些情况。我自己作为一个从业者，在公司内部也看到了一些高管、一些创始人的风格，所以我还是比较相信自己的判断和眼光。像现在的话就举个例子，比如说某信，很多风投机构是它的合作伙伴，我觉得这些人眼光不是哪家获奖公司的管理人员能够比拟的，这是我看重的一些因素。”（受访者 4）

除了对企业背景的主观判断外，企业资质更能客观地反映金融科技企业的可靠性，如受访者 14 和受访者 5 谈到能够代表企业资质的牌照。

“除了银行之外，就是国有银行推出来的（企业），它们一定要取得一个很高级别的资质，或者说牌照，它们才能够有权进行这方面的交易。”（受访者 14）

“因为它有牌照嘛，而且上市公司市值比较大，我认为还是比较靠谱的。”（受访者 5）

从可靠性来看，受访者更信任银行机构。此外，会从平台背景和企业资质两方面衡量对融合金融科技的财富管理企业的信任感。

(3) 信息质量。用户感知信任还体现在金融科技平台的信息质量上，从信息的准确性、及时性和丰富性三方面来衡量。受访者在谈到看重的金融科技平台质量时，谈到平台提供的信息的准确性。

“我基本上就用通某信，因为通某信的公式是比较强大的，然后用我们自己的一些指标、公式验证了一下，感觉它的数据相对比较准确。”（受访者 12）

“同某顺的信息质量肯定是准确的，我感觉同某顺（的信息）还是比较全面的，也比较及时，这几个方面都是比较好的。”（受访者 17）

“那我觉得从专业角度来说，互联网公司对你的分析是基于大数据的，可能会比较客观，因为它都是有人为设定好的一些指标进行参考的，不容易出现比较大的错误。”（受访者 7）

信息质量好坏的另一个判断维度是信息的及时性。受访者谈到平台信息的更新情况，也是他们判断平台质量的一项重要指标。

“它的数据更新比较快，业绩也比较顺畅，到目前为止还没有出现过问题。”（受访者 8）

“它对数据的收集能力是逐渐增强的，它做的产品是越来越好的。”（受访者 18）

平台信息的丰富程度，也是用户衡量信息质量的指标之一。用户感知平台提供信息的丰富性，反映出平台信息质量，进而构建用户对金融科技的信任感。受访者 7 和受访者 8 整体评价了自己用过的财富管理应用，认为其内容是比较丰富的。

“就银行的 App 来说，像某银行这种新兴的银行，它的内容还是比较丰富的。”（受访者 7）

“同某顺用了也有十几年了，当时是从网上知道的，用起来比较方便，因为里面的内容比较多，涉及国外的各方面的信息也比较多。”（受访者 8）

受访者 10 和受访者 16 谈到了使用的财富管理软件的具体功能，体现了信息的丰富性，如实用资讯、产品经理介绍、产品介绍和分析等。

“就它的功能性来说，比如天某基金就做得比较好，有各种你想看到的资讯，还有产品经理的介绍，一些分析也是挺全的。”（受访者 10）

“它的介绍很丰富，我觉得这个介绍比去问客服要清晰得多，因为客服跟你说完之后你可能也会一头雾水，又做不了笔记。在那个 App 上就能看清楚利率是多少、起购金额是多少，以及安全性是多少、稳定性是多少。”（受访者 16）

受访者 3 在对比线上财富管理产品和线下财富管理产品时谈到，与银行相比，第三方财富管理机构提供的产品更丰富、选择更多。

“比如说基金，银行的产品还是有限的，但是在互联网上面，如某基金或者支某宝上面的产品就非常多，我觉得还是不错的。”（受访者 3）

用户会从财富管理机构或金融科技平台的安全性、可靠性和信息质量三方面感知其对使用金融科技进行财富管理的信任度，如图 4－5 所示。财富管理企业对用户资金的保护、信息的保护以及其受国家管控情况反映了用户对其安全性的感知。用户对银行机构的倾向、对财富管理平台背景和企业资质的熟悉度反映了对其可靠性的感知。用户感知信息质量一般从平台提供信息的准确性、及时性和丰富性来判断。

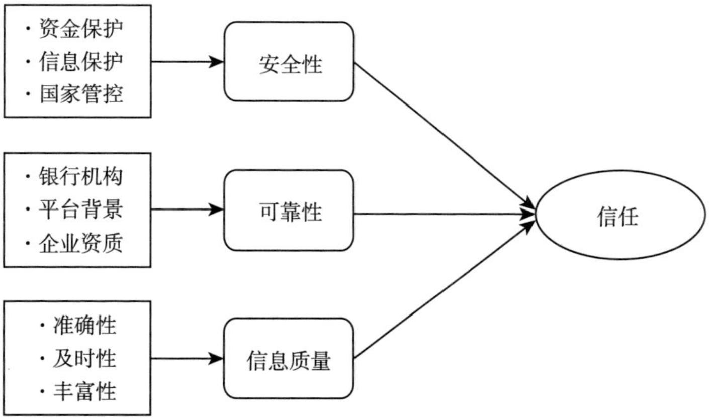

图 4－5　信任的构成

（4）信任对态度和持续使用意愿的影响。用户对使用金融科技管理财富的信任会对态度和持续使用意愿有正向影响。用户感知使用金融科技的安全性、可靠性、接受信息的质量越高，也就是他的信任越高，其态度越积极，持续使用意愿越高。受访者 1、受访者 7、受访者 4 和受访者 14 谈到自己一直在用的金融科技平台时，都谈到了自己对它的信任感，让他们有一直用下去的想法。

“我在赚到了一定数额之后，还是会把钱转成定期，这样的话就有一个比较稳定的收益。然后把剩下的工资，也就是闲钱放在‘T＋0’里。至于平台的话也不会更换，因为目前这两个就是‘T＋0’的平台，大额理财的银行是比较靠谱的，我觉得是比较放心的。”（受访者 1）

“最开始它刚出来的时候我就在用了，首先肯定是对支某宝这个平台的信任，后来也在用。”（受访者 7）

“我选择一直用这个，我觉得我比较信任它，所以我可以把它推荐给我朋友。”（受访者 4）

“我对它还是比较相信的，所以我的钱经常存到余某宝里面，反正就是很顺手。”（受访者 14）

相反的，受访者 10 和受访者 2 在解释为什么自己不使用某公司的产品时，说到了原因之一是对公司不信任，让他们感觉不太好或比较犹豫，就没有购买。

“好像它有一个专门的基金公司在做这一块，我对它不是很信任，觉得它是一个民企……当时我对它的印象不是特别好，所以我从来没有想过要在这上面买理财产品。”（受访者 10）

“像支某宝、余某宝这些，我都不是很愿意使用。因为最开始这是一个信任的问题，对这种纯科技型的金融产品，没有银行背景的金融产品，我还是比较犹豫的。”（受访者 2）

通过受访者的表述，我们认为用户的信任会正向影响态度和持续使用金融科技的意愿。用户感知到正在使用的财富管理软件或购买的财富管理产品越安全、越可靠，认为接收到的信息质量越高，也就是信任感越高，其对持续使用金融科技管理财富的积极态度和意愿也就越高。

4.4.6 感知风险

感知风险是财富管理用户对使用金融科技进行财富管理的不确定性和不利后果的感知。该构念通过 3 个二阶主题聚合而成，包括技术风险、财务风险和信息风险。本小节将按顺序进一步解释这 3 个二阶主题。

（1）技术风险。技术风险一般体现在技术漏洞或人为失误可能造成的风险。用户在使用金融科技管理个人财富的过程中，会感知到来自技术层面的潜在风险，这是影响用户持续使用金融科技管理财富的重要因素之一。受访者 16 认为越多的便利性可能会带来越多的风险，但追求便利性是技术发展的主要方向，因此技术性风险会一直存在。

“就像我说的，这个东西就是矛盾的，如果越便利，那肯定就越有风险。但是现在肯定是朝便利化发展，对吧？现在的人脸识别也好，指纹也

好，解锁的方式可能会越来越多，越来越简单，但是风险可能也越来越大。”（受访者 16）

受访者 18 举了一个真实例子来介绍人为失误造成的风险，他认为这种技术型的风险是很有可能的。

“就这种风险来说的话，最可能的就是技术性风险，目前很多系统是需要个人服务的。比如说很多年前有一个著名的事件，就是某乌龙指事件，只是多按了一个 0，然后导致整个金融系统非常规性的震动。这种风险是有的。”（受访者 18）

技术是把双刃剑，技术在带来更多便利性的同时，也可能带来一定的风险。用户在使用金融科技进行财富管理的过程中，会感知到技术性风险。

（2）财务风险。用户使用金融科技进行财富管理，重要目标之一是财富的增值，因此财务方面的风险对用户来说至关重要。用户选择金融科技平台或购买财富管理产品时，会衡量其潜在风险，可能造成其在财务方面的损失。受访者 1 和受访者 10 都谈到自己会考虑财富管理企业的发展问题，不会考虑一些民营公司或金融公司自己发行的财富管理产品。

“尤其是这种民营企业的（理财产品）就更不会去考虑了，因为觉得它的变数比较大。新闻上也经常看到有的企业开得好好的，突然间就人去楼空了。”（受访者 1）

“金融公司自己发行的东西，我是不太会去碰的。我感觉现在这种高科技的东西更新迭代太快了，不知道能发展得多好、会不会持久，这是有风险的。”（受访者 10）

一些受访者将本金不受损作为财富管理的大前提，这也反映了用户对财务风险的感知。用户进行财富管理过程中，会感知到可能存在的财务风险，例如，对本金和收益的不确定性。

“一直买的是这款产品就是低风险，我要确保我的本金不受损害，这是大前提。”（受访者 14）

受访者 10 描述了一种他并不认可的借贷模式，原因之一就是他认为这种模式的财务风险很大。

“就是说它提供一个平台，你放一笔贷款给人家，然后那个人办理贷款以后，如果他有信誉他就还，他没有信誉他就不还，以至于后来爆雷的可能性很大。这个风险确实还是蛮大的。它制定的这些规则，比较适合激进一点的人，我觉得这种金融产品不是太适合我这种保守心态的人。”（受访者 10）

受访者 6 和受访者 4 都谈到了银行理财产品，他们认为银行理财产品也是存在财务风险的，也就是本金和收益都不能 100%保证。

“因为银行里面的理财不仅是不保息，还不保本。之前某银行的就说一些理财产品连本都返不出来了。”（受访者 6）

“我个人觉得，银行的产品有时候是代销的，并不一定能够保证盈利，其实银行的某些理财产品也并不是 100%的安全。”（受访者 4）

用户感知到利用金融科技进行财富管理存在一定的财务风险。财富管理企业或金融科技企业可能面临的发展问题，以及它们提供的不保证本金和收益的财富管理产品，都可能造成用户财务方面的损失。

（3）信息风险。金融科技助力财富管理，增加了信息的传递，而这些信息也可能存在一定的风险。财富管理用户使用金融科技过程中，会接受各类信息，不实的信息可能带来一定的风险。例如，受访者 16 谈到了平台上经常推送的危言耸听的“标题党”文章，让她质疑这些信息的真实性，感知到信息的风险。

“你看我现在打开它哈，它就会出来《突传，周末最大消息 A 股要变天》这种危言耸听、耸人听闻、吸引人注目的文章，但它并不是一个专业的财政分析。”（受访者 16）

受访者 18 谈到，非正规渠道发出的信息会给财富管理用户决策带来一定的影响，用户会通过这些信息感知到一定的风险。

“会遇到一些非正规渠道发出的消息，这些消息需要进行分析，有时候这些非专业渠道发出的消息是对的，但有些消息就是市场上传出来的或者投资者自己传出来的，这种事情肯定会有风险。”（受访者 18）

借助大数据和人工智能，金融科技平台会向用户提供一些个性化推送，而当这些推送并没有较好契合用户需求，也就是合理性较差时，用户就会感知到这些信息可能带来的风险。受访者 7 和受访者 16 都认为自己接收到的推送是基于平台利益而非用户自身利益的，这让用户感觉到存在较大风险。

“支某宝也要赚钱嘛，它向你推送这些新型的基金产品，它也是可以分得佣金的。作为第三方的渠道商，它可能会基于利益的需求，而忽视了用户的真实需要。这也是一些人购买支某宝推荐的基金以后亏钱的一个原因……可能借助当下的一些热点，它会借机来推送这些产品，而实际上这些产品本身或者未来的发展情况可能并不是很好。但是它可能就不会考虑这些，它只管把这个产品卖出去就好了。”（受访者7）

“比如说这两天白酒、金融、贵金属等都很火，它就会向你推荐这些，然后你就会觉得自己被它牵着走。但你又知道这个东西明明就是危险的，它的推荐并不是合理的。”（受访者16）

受访者4认为平台有时推送的产品建议是比较主观的，可能存在一定的不合理性。

“就是说它推送的一些建议，还是根据你自己所做的风险测评的结果来的，我觉得大部分还是自己的主观（判断）。”（受访者4）

用户使用金融科技进行财富管理过程中，会感知到一定的风险，包括技术漏洞带来的技术风险、本金收益受损的财务风险、信息不真实或推送不合理而带来的信息风险，如图4-6所示，对这些风险的感知会影响用户持续使用金融科技的意愿。

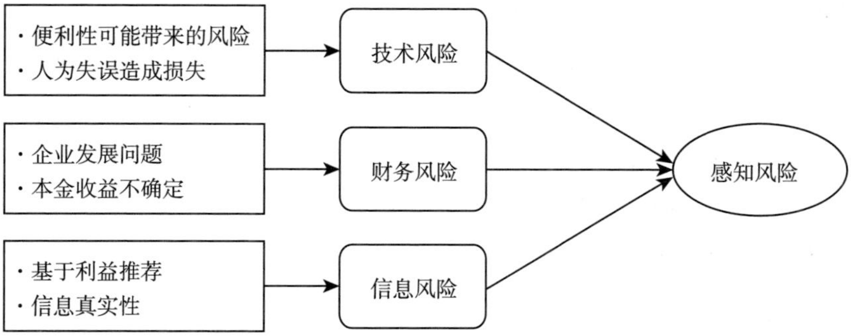

图4-6　感知风险的构成

（4）感知风险对态度和持续使用意愿的影响。感知风险会对态度和持续使用意愿产生负向影响。用户感知使用金融科技管理财富可能带来的技术风险、财务风险和信息风险越高，其积极态度越低，持续使用金融科技的意愿越低。受访者10、受访者1和受访者8谈到自己没有购买一些财富管理产品或不认同某种财富管理模式的原因之一是，认为其风险较高，感觉不适合自己或不太认同。

“这个风险确实还是蛮大的，它制定的这些规则，比较适合激进一点的人，我觉得这种高科技的金融产品不是太适合我这种保守心态的人。”（受访者 10）

“它确实是高回报率，但是风险也太高了，而且自己对它的模式不太了解或者不太认可，所以就没有去考虑。”（受访者 1）

“我觉得银行的线上理财产品还是有很多限制，比如说它的金额有所限制、推出的产品经常会有不同，而且同样要承担风险，这是我考虑的问题。”（受访者 8）

受访者 16 谈到了他感知到的信息风险，他认为平台推荐给他的产品是不合适的，感觉不太好，所以他不会按照平台的推荐去购买。受访者 7 也介绍了自己经历过的关于信息泄露的风险，让他不再继续使用该软件。

“就是因为它的推荐在我看来并不是明智的，它的推荐就是很有企图的一些推荐，比如说今天白酒已经是涨停板了，明显感觉它已经停板了好几天，它是一个高危的板块了，然后就会大力度地向你推荐这个。就有一种在刺激市场的那种感觉，感觉很不好，我是不可能购买的。”（受访者 16）

“其实对我个人来说还是有些影响的，比如说前段时间，忘了是去年还是前年，同某顺就被曝出大面积用户信息泄露，这之后很长一段时间我又重新用回了一些券商官方提供的 App。”（受访者 7）

通过受访者的表述，可以认为用户感知使用金融科技管理财富的风险越高，承受技术风险、财务风险和信息风险的可能性越高，其积极态度越低，持续使用金融科技的意愿越低。

4.4.7 感知智能性

金融科技情境下，感知智能性是指财富管理用户在使用金融科技管理财富过程中对金融科技的智能和能力的感知。相较于传统的财富管理方式，金融科技基于先进技术为用户提供了许多智能化的服务。例如，为用户进行智能化的资产配置，智能推送用户可能需要的信息，并且可以辅助人工实现更高级的分析运算等。该构念通过 3 个二阶主题聚合而成，包括资产配置、消息推送和辅助人工。本小节将按顺序进一步解释这 3 个二阶主题。

（1）资产配置。金融科技利用大数据、人工智能等技术，根据用户的风险偏好、年龄等指标，为用户定制资产配置组合。即使用户没有很多金融知识或财富管理经验，用户依然可以获取相对合理的资产配置方案，大大降低了财富管理的门槛。受访者谈到自己对金融科技智能性的看法时，受访者 18 谈到了定制化资产配置组合，受访者 7 举例介绍了自己使用过的智能资产配置组合。

“这种金融科技最直白的做法就是像千人千面一样，根据人们不同的风险承受能力和投资偏好，私人定制一款投资产品，对你来说这就是很合理的一个资产组合。”（受访者 18）

“智能组合理财是这样子的，现在市面上有非常多的基金，然后支某宝就跟别的企业合作，帮你进行基金的配置。比如说你手头有 1 万块钱，你把这 1 万块钱投进去以后，不是买的单一的基金，而是它们根据相应的策略帮你去配置这 1 万块钱。”（受访者 7）

受访者 14 认为金融科技对自己的兴趣、爱好、需求以及风险承受能力都是了解的。

“它能够根据你平常的消费购买经历，判断出你的兴趣、爱好、需求，应该也能判断出来你的风险承受能力，向你推荐一些理财产品。”（受访者 14）

更加合理化的产品组合推荐，对用户的财富管理结果也有一定保障。受访者 18 认为金融科技推荐的资产配置组合，相当于有一位非常资深的客户经理来帮助做产品了。

“根据你的年龄来说，定制化是对你更优的一个组合，就是你百分之多少投资基金，百分之多少投资别的什么。这样的话就像找了一个专业的、非常资深的客户经理来帮你做产品。我认为，对于个人来说，这是一个很好的用处。”（受访者 18）

（2）消息推送。在信息量剧增的时代，金融科技产品提供的个性化推送消息服务节省了用户大量的时间和精力。金融科技产品会根据用户的投资经历、风险偏好、关注产品等，为用户推送相关的有用资讯。

“同时它会推荐股票，它会根据你的喜好和你关注的股票去推荐一些相关板块的新闻。”（受访者 16）

“它是比较规范的，会给你及时的提醒。好比我现在持有了哪些股票，股票相关的重大事项它都会通知到你，如股票哪天的行情怎么样。就是各

种资讯它都会跟你讲。”（受访者 9）

(3) 辅助人工。除了作为用户的直观体验以外，受访者还感受到金融科技对财富管理机构和财富管理从业人员有很大的帮助。在客户分析方面，大数据通过重要指标设定，对用户的分析和评价会更加准确和客观。这也能帮助理财经理更加了解客户。

“我觉得从专业角度来说，互联网公司对你的分析是基于大数据的，可能会比较客观，因为它是有人为设定好的一些指标进行参考的，不容易出现比较大的错误……如果就人工智能和全人工对比来说的话，其实我觉得它们应该是互帮互助的一种状态，因为现在理财经理也会借助一些软件，再根据他的分析，来给用户推荐产品。”（受访者 7）

除此之外，金融科技在用户甄别信息时，也起到了很大的辅助作用。

“因为金融科技能分析你的很多信息，这个是非常有用的。然后它能收集信息，比如说帮你过滤掉刚才所说的那些‘标题党’的杂音。”（受访者 18）

与传统的财富管理方式不同，金融科技背景下的财富管理门槛大大降低，智能化的信息推送和定制化的资产配置组合帮助用户轻松管理财富。同时，大数据和人工智能等先进技术的发展，也为财富管理从业者提供了更多的辅助和参考，更好地保证用户的财富管理过程和结果。用户对金融科技智能地提供资产配置组合方案、智能地推送有效信息，以及智能地辅助人工工作的能力等方面感知到金融科技的智能性，如图 4-7 所示。

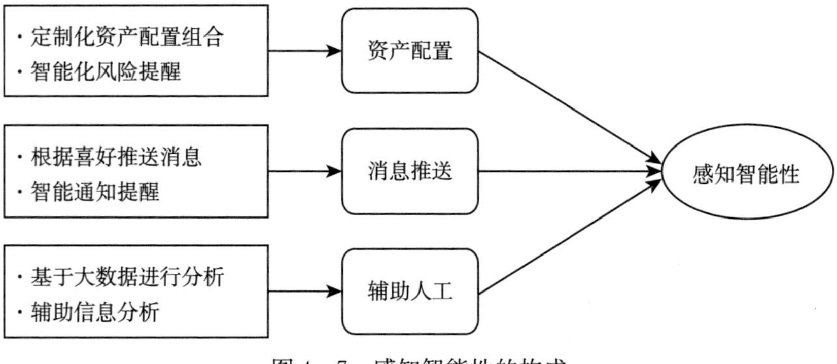

图 4-7 感知智能性的构成

(4) 感知智能性对态度和持续使用意愿的影响。受访者 15 讲到自己购买产品的经验，当她选择不太适合自己的风险偏好的产品时，系统会给出提示，这让她感觉系统比较智能，用户体验感较好。

“我觉得这个 App 的用户体验还挺好的，比如说你做那个测试之后，它就记录了你的风险偏好，然后你如果选了一支可能有悖于你的测试类型的产品，就是风险比较高的话，它会弹出一个界面来提醒你，说购买的这个基金可能与您能承受的范围不符，建议再考虑一下。我就觉得它挺智能的，这个用户体验还挺好的。”（受访者 15）

受访者 18 谈到自己使用金融科技的体验，认为这种智能化的推荐是更好的、有用处的，表明了自己积极的态度。

“根据你的年龄来说，定制化是对你更优的一个组合，就是你百分之多少投资基金，百分之多少投资别的什么。这样的话就像找了一个专业的、非常资深的客户经理来帮你做产品。我认为，对于个人来说，这是一个很好的用处。”（受访者 18）

用户在管理个人财富过程中，感受到金融科技越智能、越了解自己，越能够感受到金融科技在财富管理中的独特作用，越容易产生积极的评价，也越愿意继续使用。

4.4.8　持续使用意愿、态度和金融科技使用

用户持续使用的意愿和态度会对金融科技实际使用行为产生正向影响。用户受到他人影响或自己使用过后，会对金融科技有一些评价，产生自己的态度和可能产生继续用下去的想法，积极的态度和这种持续使用的意愿会促进实际的使用行为。受访者 20 谈到了自己第一次使用金融科技管理财富的经历。

“收益如期收到了，感觉挺不错，就想接着用，然后就又买了一些。”（受访者 20）

受访者 16 谈到了自己一直在用的平台和理财产品。

“这个产品属于一直在买的……利率要高一些，如果没什么意外的话，会一直用的。”（受访者 16）

受访者 7 在尝试一款财富管理产品时，发现不错，就一直在用了。受访者 20 也有类似的感受。

“当时看到我就下载试用了一下，结果发现挺好用的，所以我就一直用它。”（受访者 7）

“只是想试一试吧，毕竟有一直在用的，结果感觉也不错，就同步地

用着了。”（受访者 20）

用户在使用金融科技过程中，感受到金融科技对自己财富管理的过程和结果的益处越大，如更加高效、更高收益、更加便利等，对金融科技用于财富管理的态度就会越积极，越容易产生继续用下去的想法，越能够促进继续使用的行为。

4.5 案例研究结果讨论

本章以探究影响金融科技用户使用后信念对持续使用的影响为目标，选取 22 位有使用金融科技管理个人财富经历的用户，进行半结构化深入访谈，通过受访者描述自己使用金融科技管理财富的过程和感受，提炼出对用户态度和持续使用意愿产生影响的使用后信念，并梳理这些因素对态度和持续使用意愿的影响机制。本章构建了采纳后用户持续使用金融科技的影响因素模型，如图 4－8 所示。

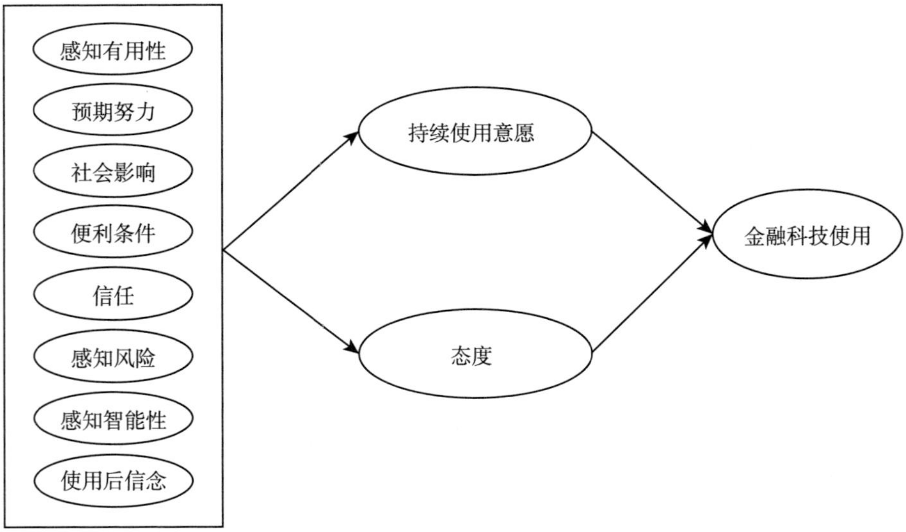

图 4－8 采纳后用户持续使用金融科技的影响因素模型

研究结果显示，感知有用性正向影响态度和持续使用意愿。用户使用金融科技管理个人财富过程中，会感知到金融科技对财富管理过程和结果的改善。例如，用户可以直接在手机上进行各项操作，金融科技平台提供了许多便利的功能，大大节省了用户的时间和精力等。从灵活性角度来看，融合了金融科技的财富管理产品的存取时间更自由，保证了用户资金的流动性。与一般信息系统不同，金融科技涉及技术和财务两方面，除了一般技术带来的便利性和灵活性外，用户感知到的较高收益和稳定收益也是影响用户持续使用意愿的重要因素。值得强调的是，金融科技降低了财富管理门槛，对于没有专业财富管理知识或经验的人来说，他们也可以利用金融科技的智能化推荐来管理财富。基于大数据和人工智能，金融科技平台会根据用户的个人画像、风险偏好、购买记录等，为用户提供个性化的消息推送和定制化的资产组合配置。用户使用金融科技管理财富后，感知到金融科技带来的过程改善和良好收益结果，会对金融科技产生较正面的评价，同时会更倾向于继续使用。这与 Shiau 等人、Joo 等人的研究结果一致[62,331]。

财富管理用户的预期努力会正向影响其对金融科技的态度和持续使用意愿。Wu 的研究结果显示，预期努力是仅次于绩效预期的影响持续使用意愿的重要因素[123]。在金融科技背景下，财富管理用户使用金融科技平台后，会评价其系统复杂性和系统设计合理性，对自己使用金融科技所做努力的轻松程度有一定的感知。当用户认为使用金融科技系统比较轻松，会产生较积极的态度，认为很简单、很不错或很喜欢，同时增加持续使用的意愿。相反，当用户认为使用金融科技十分复杂、操作难度大、信息不直观或功能不易用时，必然需要付出较多的努力才能完成财富管理任务。用户感知到的难度越大，越容易产生负面评价，认为使用金融科技管理财富太麻烦，对它不喜欢，或认为不是明智的选择，同时降低继续使用的意愿。对比前人研究，本章也发现了不一致的结果。例如，Huang（2019）对学生持续使用桌面服务的研究中发现，预期努力不会对持续使用意愿产生显著影响，并阐述了两个原因：第一，一项技术是否容易使用并不是决策背后的关键因素，因为现在大多数技术都很容易使用；第二，当一项技术被强制使用时，它是否容易使用对持续使用意愿没有显著影响[332]。本章带入金融科技管理财富的情境，来对比思考这两种可能性。一方面，尽管现在大多数技术比较容易使用，但财富管理群体中不乏 60 岁及以上的老年人，对于他们来讲，快速熟悉一个软件的操作并不是一件十分容易的事情，因此，金融科技平台的易操作性会对他们的态度和持续使用意愿产生一定的正向影响。特别是对于涉及金钱的操作，人们会更加谨慎，如果他们认为使用金融科技是困难的，可能会降低他们的使用意愿。另一方面，用户使用金融科技管理财富一般是自愿的而非强制的，除了在线上购买财富管理产品以外，用户同样可以选择线下银行或其他金融机构进行传统的财富管理。用户依然选择使用金融科技，可见其预期努力产生了一定的正向影响。

用户感知到的社会影响会正向影响态度和持续使用意愿。根据 Venkatesh 等人的研究，当信息系统用户缺乏经验时，他们对某个系统的感知在很大程度上依赖于他人的意见[122]。许多财富管理用户在初次接触金融科技时，都或多或少受到了身边人或公开信息的影响。例如，来自专业人士的推荐、同事的推荐以及朋友的介绍，是用户接受金融科技的重要影响因素。而在使用过程中与身边的人共同探讨和分享经验，以及跟着信任的人购买或选择大众认可的软件等从众行为，影响了他们使用金融科技的实际经验。当然，Venkatesh 等人认为，用户对其他人的意见的依赖度会随着经验的增加而下降[122]。相较于使用一般的信息系统，在使用金融科技进行财富管理背景下，用户财富管理的决策会更大程度地依赖于身边的人。主要原因有两方面：首先，金融科技涉及产品较丰富，一般用户很难了解所有产品，因此，向他人的请教和经验的共享会对用户持续使用意愿产生一定的影响；其次，使用金融科技进行财富管理涉及金钱，用户会对可能产生的结果更加敏感，对别人的意见和观点的依赖程度可能会更高。因此，本章认为，社会影响会正向影响用户的态度和持续使用意愿。用户感知受到他人的影响程度越大，越可能产生放心、肯定的正面态度，同时越可能增加持续使用的意愿。Blut 等人认为，社会影响对持续使用意愿和行为的影响会受其所处的社会文化影响，在高权力距离文化中，社会影响对持续使用意愿和行为的影响更强[169]。对此，由于受访者不存在较大的跨文化的差异，所以未作深入探讨。未来研究可以选取不同文化背景的样本，探究不同文化下各项因素对态度和持续使用意愿的影响。

用户感知到的便利条件会正向影响对金融科技的态度和持续使用意愿。用户在使用金融科技管理财富过程中，会感知到宏观环境、知识储备和熟悉度对自己使用金融科技进行财富管理的影响。宏观环境下，用户会通过国家政策支持和经济的良好发展形势感知到资源环境的支持。用户对金融知识的了解和行业动态的关注情况，以及对金融机构、平台和产品的熟悉度也会使用户感觉到自己受到的支持。Blut 等人认为便利条件对交易技术的影响较弱，因为交易类技术更加标准化[169]。但对于非交易类技术，便利条件非常重要，因为这类技术一般是非标准化的，而且用户使用服务可能出于各种目的[144]。金融科技背景下，用户进行财富管理一方面需要进行财富管理产品的购买和赎回，另一方面还涉及查看行情、了解行业新闻等功能的使用，而不同金融科技平台提供的此类功能有一定的差异。因此，除了交易类技术之外，非交易类服务的使用感受对用户的影响也很大。用户感受到的来自各方面的支持越多，越能够产生对金融科技的正面评价，同时，越愿意持续使用金融科技管理财富。

与 Oliveira 等的研究结果和 Shiau、Luo 等的研究结果一致，信任会正向影响态度和持续使用意愿[125,333]。用户在使用金融科技管理财富的过程中，积累的对金融科技不会违背承诺的感知越高，越会对金融科技产生正面的态度和持续使用的意愿。当用户认为使用金融科技管理财富是安全的，自己的资金、信息都受到一定的保护，金融科技提供的各项服务都在国家管控范围以内，就可能产生较积极的态度来持续使用。用户选择金融科技平台或财富管理产品，往往会衡量平台背景和资质，以判断其可靠性。此外，用户信任感还建立在对信息质量的感知上，如果用户认为金融科技平台提供的信息是准确的、及时的和丰富的，那么他会在使用过程中积累信任感，也能提升持续使用意愿。

本章研究结果显示，用户感知风险会负向影响对金融科技的态度和持续使用金融科技管理财富的意愿。在信息系统研究中，许多学者都发现了感知风险对态度和持续使用意愿的负向影响[21,334,335]。用户使用金融科技管理个人财富，会感知到可能存在的技术风险，例如，系统设计漏洞导致的风险或人为失误造成的损失等。同时，用户还会担心企业发展问题带来的财务风险、收益不确定或本金上的损失。此外，与传统财富管理相比，金融科技助力财富管理能够为用户提供更多的信息。这些信息推送的合理性和真实性是用户评判潜在信息风险的重要指标。用户对使用金融科技进行财富管理的各种不确定性和不利后果的感知，会降低用户的积极态度，同时降低持续使用意愿。一些学者选取了调节项来探索不同情况下感知风险对持续使用意愿的不同影响。例如，Ryu 在研究让用户愿意或犹豫使用金融科技的因素中，将用户分为早期接受用户和晚期接受用户。该研究发现，相较于早期接受用户，晚期接受用户感知风险对持续使用意愿的负向影响更大[21]。本章并未选取调节项进行区别研究，未来可以探索不同风险承受能力的用户的感知风险对态度和持续使用意愿的不同影响。

数据分析结果显示，用户感知金融科技的智能性会对其态度和持续使用意愿有正向的影响，这与前人研究结果基本一致。感知智能性是用户对技术智能及其能力的感知[336]。Balakrishnan 和 Dwivedi 在研究数字助理背景下用户感知对购买意愿和态度的影响因素中发现，用户感知智能性对用户的态度和购买意愿都有正向的影响[337]。此外，Pillai 和 Sivathanu 采用定性和定量相结合的混合方法，通过扩展技术采用模型与特定的环境变量，调查了印度酒店业和旅游业人工智能驱动的聊天机器人的客户行为意愿和实际使用。研究结果显示，感知智能性是仅次于感知易用性的第二大因素，对用户使用意愿有正向的影响[219]。金融科技背景下，用户在财富管理过程中会体会到金融科技带来的智能感。例如，基于大数据为用户推送个性化信息，更加符合用户的需求，也节省了用户的时间，会更容易让用户产生正面的评价和感受，让用户更愿意继续使用。根据用户的需求和风险承受偏好等，金融科技为用户智能化地制定资产配置方案，大大降低了用户的财富管理门槛，也保证了良好的财富管理结果。用户对金融科技的感知智能性越高，其对金融科技的态度就越积极，同时，继续使用金融科技管理财富的意愿就越高。

研究表明用户对金融科技的持续使用意愿和态度会正向影响其持续使用金融科技管理财富的行为，该研究结果与计划行为理论、技术接受模型理论是一致的[81,338,339]。当用户对使用金融科技管理财富有较强的继续使用的意愿时，更有可能产生继续使用行为。用户态度的建立往往先基于认知信念，如感知有用性和易用性，这些认知信念可能是通过参考他人、媒体、广告或其他来源的二手信息形成的。这些影响可能是有偏见的，因此，用户首先建立起来的态度可能是不准确的、不现实的和不确定的。使用后建立起来的情感认知是基于用户的第一手经验，因此这种态度往往更现实、更公正、更不容易改变。用户对使用金融科技来管理财富的态度越积极，持续使用的意愿越强烈，越能够产生继续使用的行为。

4.6　本章小结

本章对有使用金融科技管理财富经历的用户进行访谈，通过多案例分析，提取影响用户持续使用意愿和对金融科技态度的前置因素——感知有用性、预期努力、社会影响、便利条件、信任、感知风险和感知智能性，构建采纳后用户持续使用金融科技的影响因素模型。

用户在使用金融科技管理个人财富过程中，财富管理机构提供的智能手机软件操作简单，带来的便利性会让用户感受到金融科技对个人管理财富是有用的。此外，金融科技助力财富管理产品多样化，用户可选择的高收益且灵活的产品，使用户增加对金融科技有用性的感知，进而产生积极的态度和持续使用的想法。用户可以较轻松地完成查看、申购、赎回等操作，系统设计合理性使用户感受到使用金融科技管理个人财富并不是件困难的事情，从而对金融科技有好感，愿意继续使用。来自社会的影响对用户使用金融科技的影响也很大，特别是用户采纳金融科技初期，会与身边的人共同探讨、分享经验，也会听取专业人士的推荐等。社会影响带来的正面感受会帮助用户建立积极的态度，推动用户持续使用。宏观环境下经济形势的良好发展和国家政策对金融科技的大力支持，都会促使用户产生使用金融科技的意愿。用户的知识储备越多，对金融机构、平台和产品越熟悉，越愿意继续使用金融科技来管理个人财富。信任也是影响用户对金融科技的态度和持续使用意愿的重要因素，用户会从安全性、可靠性和信息质量等方面去衡量对金融科技的信任感。信任感越强，越容易对金融科技产生较好的态度，也越愿意继续使用。同样的，用户也会在使用金融科技过程中衡量其风险，包括技术风险、财务风险和信息风险。用户认为使用金融科技管理个人财富可能带来的经济损失和信息泄露等风险越大，对金融科技的态度会越悲观，持续使用的意愿就越低。

本章最有趣且有价值的发现是用户的感知智能性，以及感知智能性对态度和持续使用意愿的影响。作为金融科技在财富管理行业的重要应用，智能投资顾问可以为用户提供定制化资产配置组合和智能化风险提醒，基于大数据对用户作更加全面深入的分析，根据用户喜好推送消息，并发送智能化的通知提醒。对于财富管理从业者，金融科技还可以辅助人工，为客户提供更高效的服务。

作为个人研究视角混合方法研究的定性研究，本章在第 3 章定量研究结果基础上，对用户采纳后影响其持续使用的内外因素进行探索性研究。研究结果验证了定量研究部分结果，并对其影响机制进行了解释。此外，案例研究结果对个人视角中用户持续使用意愿的定量研究结果进行了补充，更加全面地描绘了财富管理背景下个人用户对金融科技的持续使用。

第5章 财富管理企业采纳金融科技的意愿和行为研究

5.1 理论框架与研究假设

5.1.1 理论框架的构建

为更好地理解财富管理企业对金融科技的采纳意愿和采纳行为，本章基于TOE框架理论，分析科技、组织和环境三个维度因素对企业采纳金融科技的意愿的影响，并增加考虑了个人维度——个人创新性。尽管TOE框架理论在组织行为决策研究中十分经典，但近年来一些学者提出该理论只关注组织层面，忽略了组织中个体的重要影响。他们呼吁将个人因素包含在内，基于TOE框架理论的研究将更有效[214,340,341]。此外，研究模型结合了感知价值，将金融科技采纳意愿对金融科技采纳行为的影响梳理清楚。在本章中，影响财富管理企业采纳金融科技的意愿的因素包括感知智能性（科技维度）、IT基础设施（组织维度）、政府支持（环境维度）和个人创新性（个人维度）。

如图5－1所示，在TOE框架理论基础上增加了个人维度，作为金融科技采纳意愿和感知价值的前因，进而影响财富管理企业对金融科技采纳行为。模型中涉及的构念及其相关假设如表5－1所示，其中假设1到假设11为直接效应假设，假设12为中介效应假设。

表5－1 研究假设

序号	假设
假设1	感知智能性正向影响金融科技采纳意愿
假设2	IT基础设施正向影响金融科技采纳意愿
假设3	政府支持正向影响金融科技采纳意愿

（续）

序号	假设
假设 4	个人创新性正向影响金融科技采纳意愿
假设 5	感知智能性正向影响感知价值
假设 6	IT 基础设施正向影响感知价值
假设 7	政府支持正向影响感知价值
假设 8	个人创新性正向影响感知价值
假设 9	感知价值正向影响金融科技采纳意愿
假设 10	金融科技采纳意愿正向影响金融科技采纳行为
假设 11	感知价值正向影响金融科技采纳行为
假设 12	完整模型下，金融科技采纳意愿中介了感知价值对金融科技采纳行为的影响

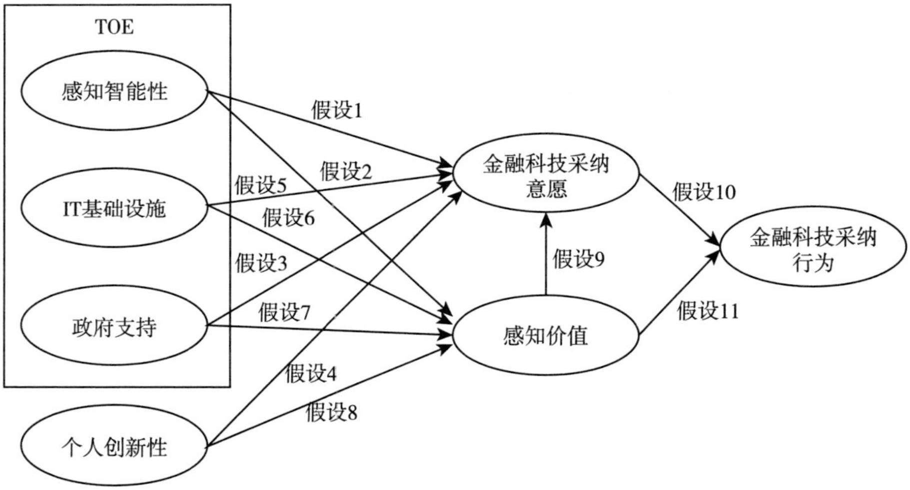

图 5-1　财富管理企业使用金融科技研究模型

注：假设 12 为完整模型下，金融科技采纳意愿中介了感知价值对金融科技采纳行为的影响。

5.1.2　研究假设的提出

（1）科技、组织、环境和个人因素对金融科技采纳意愿的影响。信息系统智能性主要是基于系统的能力水平被感知的，信息系统的智能性在用户的感知中发挥重要作用[342]。Moussawi 等人介绍了可作为个人智能代理（PIA）的数字和语音助手，可以在会话中智能地回答和帮助用户。PIA 的数字助理可以基于智能架构发挥作用，帮助用户解决问题[343]。Pillai 和 Sivathanu 将聊天机器人的感知智能性描述为用户对其能力、效率、使用和提供有效输出的能力，以及它如何在有限的互动中为客户提供解决方案的能力[219,344-346]。Pillai 和 Sivathanu 采用混合方法研究了人工智能驱动的聊天机器人在印度的酒店和旅游业的应用，研究发现感知智能性会正向影响用户对使用聊天机器人来规划出行的意愿[219]。在金融科技和财富管理的背景下，感知智能性可以引起积极的用户行为，即增强采纳意愿[347]。金融科技能够基于大数据分析用户，并提供智能的产品推荐，财富管理企业员工可以感知其智能性带来的各种益处，进而提高采纳意愿。因此，提出假设 1：感知智能性正向影响金融科技采纳意愿。

基于资源的观点理论，Barney 讨论了资源的重要性，认为资源可能会影响信息系统的采纳意愿[348]。IT 基础设施与用户接受新技术之间的关系在许多研究中都被证实[198,214]，也有学者认为 IT 基础设施是影响企业接受新技术的最重要因素[349]。Grant 认为，IT 基础设施包括有形资源和无形资源[350]。Zhu 和 Kraemer 等人都发现，拥有足够的财力资源来采购 ERP 基础设施的企业比缺乏财力资源的企业更快地实现电子商务[184,351]。在财富管理企业中，IT 基础设施可以为员工提供操作和实时互动平台，使员工更愿意接受金融科技。技能和知识等无形资源可以补充有形资源，提供了有效开发和操作应用所需的业务和管理技能[352]，进而增强金融科技采纳意愿。根据以上内容，提出假设 2：IT 基础设施正向影响金融科技采纳意愿。

在许多采用 TOE 框架理论的相关文献中，政府支持都与信息技术或信息系统采纳意愿显著正相关[353-355]。企业采纳新技术，除依赖内部资源以外，还会依赖外部资源和支持，特别是中小企业[206]。政府的理解和支持可以直接或间接地激励信息技术或信息系统的发展，并能增加企业采纳技术意愿[199]。Park 和 Kim 在研究影响韩国企业采用大数据的因素中发现，政府的支持和政策是影响企业采用大数据的影响因素之一[192]。区块链相关研究学者认为，政府支持占据首位，是在区块链采用过程中发挥巨大作用的关键因素[354,356]。因此，提出假设 3：政府支持正向影响金融科技采纳意愿。

个人创新与风险和不确定性有关，创新者通常能够应对更高水平的不确定性，具有更强的交际意识、好奇心和冒险性[357]。个人创新性是采取信息技术意愿和行为的重要前提[358,359]，许多研究都证明了个人创新性对新技术采纳意愿的积极影响[140,360]。Yu 等人认为，创新水平高的个体会通过对新技术的感知价值来抵消感知风险，能够产生更积极的态度和行为[361]。Abbas 等人的研究也表明，个人创新性对信息技术设备采纳意愿有正向影响[362]。Fauzi 和 Sheng 对打车软件的研究结果表明，消费者的创新性越高，对打车软件的使用意愿越强[363]。财富管理企业中，员工可以利用金融科技开展业务，为客户提供服务。个人创新性较高的员工更愿意在工作中尝试新技术，对处理频繁变化的能力有更强的风险容忍度和信心，更能感知到金融科技带来的益处，从而产生较高的采纳意愿。因此，提出假设 4：个人创新性正向影响金融科技采纳意愿。

（2）科技、组织、环境和个人因素对感知价值的影响。感知智能性是用户从主观评价中感知到的科技的智能和能力[359]。Hsu 等人（2015）研究了信息和通信技术在社会中对环境可持续作用的促进作用，认为传统的信息系统不会像物联网系统那样智能化，智能化主要体现在产品使用的自动化和简单化上。智能系统可以分析、判断、处理数据，通过机器电子学习节省人力和时间[364]。Moussawi 等人认为用户对系统的感知智能性越强，就会越觉得系统的使用简单，而且越觉得系统有用[365]。在财富管理企业中，金融科技提供的智能化服务可以辅助员工开展财富管理业务，员工会觉得在金融科技辅助下的工作环境是舒适和高效的，也就是感知到智能化的金融科技产生的价值。员工感知到金融科技的智能性越高，感知到的价值就越高。因此，提出假设 5：感知智能性正向影响感知价值。

感知价值反映了用户从使用各种技术服务中感受到的好处，这些好处可能源于对使用各种技术服务的容易度的感知[366]。企业为使用新技术所准备的 IT 基础设施越完善，用户越容易在使用过程中体会到好处。Verma 和 Bhattacharyya 在研究影响公司采用大数据分析的因素中发现，IT 基础设施会对感知价值产生影响，进而影响企业采纳意愿[223]。Al-sabawy 等人认为，IT 基础设施会正向影响企业价值[367]。财富管理企业

IT 基础设施越好，员工感知价值越高。因此，提出假设 6：IT 基础设施正向影响感知价值。

许多学术研究表明了政府支持在新技术采纳中的重要性[368-370]。政府为新技术使用提供一定的基础设施、政策支持和技术培训等，以帮助和推进新技术的发展[371]。Bjørn 等人发现，政府干预具有一定的影响力，政府支持会促进企业内部为采纳新技术做好各方面准备，也会渗透新技术可能带来的益处，使企业可以感知到使用新技术的价值[372]。此外，Nasri 和 Charfeddine 认为，当企业使用新技术获得政府支持时，企业员工会认为使用新技术行为是更可行且更有价值的[373]。根据以上内容，提出假设 7：政府支持正向影响感知价值。

个人接受新思想的程度和独立做出创新决定的能力一般体现了个人创新性[374]。除了对新技术的采纳意愿有一定的影响外，个人创新性还与感知价值有重要关系。例如，Ozturk 等人在对消费者持续使用移动酒店预订技术的研究中发现，感知易用性、主观规范和创新性对感知实用价值和感知娱乐价值都会产生正向影响，与其他因素相比，创新性对两类感知价值的影响都是最大的[375]。此外，Fauzi 和 Sheng 证实了打车软件用户的个人创新性对感知价值的正向影响[363]。Ramos - de - Luna 等人发现个人创新性会影响对 NFC 技术在移动支付的感知，用户创新性越强，越认为使用 NFC 简单和有用，在使用中越能感知到较高的价值[376]。金融科技背景下，用户个人创新性越强，越能够感受到使用贷款金融科技服务的益处[377]。财富管理从业者越喜欢创新，越能够在使用金融科技过程中感受到使用金融科技的益处和价值。因此，提出假设 8：个人创新性正向影响感知价值。

(3) 金融科技持续采纳意愿、行为和感知价值。先前研究发现了感知价值是新技术采纳意愿的重要预测因子之一[378]。Verma 和 Bhattacharyya 研究印度公司采纳大数据技术意愿，发现对大数据分析的感知战略价值会对大数据分析的采纳意愿有一定的影响[223]。同样的，Hu 等人认为，公民对公共服务中的物联网服务的感知价值会正向影响使用意愿[379]。在金融科技领域中，Omigie 等人研究了用户持续使用移动金融服务的意愿，结果显示用户感知实用价值和娱乐价值都对使用意愿有正向影响[380]。Xie 等人认为，在影响个人接受金融科技服务的因素中，特别是在互联网财富管理平台中，用户感知价值会对接受意愿产生正向的影响[61]。财富管理企业中，员工对金融科技感知价值越高，采纳意愿会越高。因此，提出假设 9：感知价值正向影响金融科技采纳意愿。

使用意愿对使用行为的影响已经在许多文献中被证实了[150,381,382]。Palau－Saumell 等人基于 UTAUT2 研究手机 App 在餐厅搜索或预定中的应用发现，使用意愿对使用行为有直接正向影响[165]。在手机银行采纳研究中，Alalwan 等人确定了采纳意愿对采纳行为的正向影响[383]。Hsu 等人研究物联网系统在中国的应用，认为对物联网系统的使用意愿越高，越容易产生使用行为[384]。在财富管理企业中，员工越想在工作中采纳金融科技，也就是金融科技的采纳意愿越高，越容易产生采纳金融科技开展业务的行为。因此，提出假设 10：金融科技采纳意愿正向影响金融科技采纳行为。

在 IT 服务采用中，感知价值反映了使用各种技术的行为意愿，可以被认为是消费者在使用新技术中发现的各种益处[385]。感知价值会对消费者或用户行为有直接影响。Zhang 等人的研究支持了感知价值对消费者网络购物中购买行为的正向影响，认为消费者在使用网站过程中感受到的快乐和情感价值越多，他们越能够产生冲动购买行为[386]。在技术采纳相关研究中，感知价值是除采纳意愿外的另一个对新技术采纳的重要预测因子[387-389]。Liu 等人关于移动支付采纳意愿的研究发现，与感知风险和感知益处相比，感知价值对新技术采纳的正向影响最大[390]。Malik 和 Rao 的研究也证实，在影响持续使用行为的前置因素中，感知价值的影响最大[290]。因此，提出假设 11：感知价值正向影响金融科技采纳行为。

（4）金融科技采纳意愿的中介效应。感知价值可能会直接带来实际行为[391,392]，也可能通过金融科技使用意愿来影响金融科技使用行为。Zhang 等人认为，当一个亲密的朋友推荐新技术时，个人的感知价值可能会绕过行为意愿，直接导致实际参与行为[393]。从详尽可能性模型（ELM）的角度来看，当接收到的信息来自可信的来源时，人们更容易走信息处理的外围路线。相反，人在处理一般来源的信息时，更可能通过建立在信息处理的中心路径上的理性推理来进行评估。例如，移动银行的采纳意愿会受到感知价值的正向影响[394-396]，进而影响采纳行为[397-398]。也就是说，用户感受到的价值会促进使用主观价值最大化技术的想法[399]，再产生金融科技采纳的行为。综上所述，感知价值会影响金融科技采纳意愿进而影响采纳行为。因此，提出中介效应假设 12：完整模型下，金融科技采纳意愿中介了感知价值对金融科技采纳行为的影响。

5.2　研究设计与数据收集

5.2.1　问卷设计

本章的调查问卷以“财富管理企业采用金融科技开展业务”为主题，对财富管理企业中有使用金融科技经历的员工进行调查。经过前测试和预测试，调整后确定正式的调查问卷。问卷开头交代了本次调查目的和简单说明，可以使被调查者明确调查背景和注意事项。

“您好！我们目前正在研究影响企业使用金融科技开展财富管理业务意愿的因素，因科研需要现需获得有关数据。我们的调查对象是财富管理机构从业者，如果您没有过使用金融科技开展财富管理业务的经历，麻烦您关闭此问卷，感谢您的配合。如果您有过使用金融科技开展财富管理业务的经历，可能需要您花费 5 分钟左右的时间，请您帮助完成下面的调查问卷。本问卷采用不记名的形式，希望您能如实回答问题，再次感谢您的帮助，谢谢！（注：本问卷中使用金融科技开展财富管理业务，包括利用大数据分析客户、参考智能推荐商品为客户制定资产配置方案、利用智能推送向客户发送消息等）”

问卷第一部分主要是关于被调查者的基本信息，包括被调查者性别、年龄、教育水平、职位、从事财富管理工作时间、在工作中使用金融科技时间、使用频率、日均服务客户数量和公司规模等。问卷第二部分对感知智能性、IT 基础设施、政府支持、个人创新性、金融科技采纳意愿、感知价值和金融科技采纳行为进行测量。所有变量的操作型定义和量表题项均改编自前人开发使用的成熟量表，根据本研究情境进行一定的调整和修改，在不改变量表原始测量重点的前提下，使其匹配当下研究情境，如表 5-2 所示。所有的题项都采用了李克特七点量表，范围从“非常不同意——（1）”到“非常同意——（7）”。

表 5-2 变量定义与测量题项

构念和定义	题项	来源
感知智能性是用户对技术智能及其能力的感知[336]	PIT1 我觉得金融科技有能力辅助财富管理业务开展 PIT2 我觉得金融科技提供服务是基于大量知识的 PIT3 我觉得金融科技提供的服务是很负责的 PIT4 我觉得金融科技是智能的 PIT5 我觉得金融科技提供的服务是合理的	[219]
IT 基础设施是企业的有形和无形设施，包括有形的 IT 设施、员工的技术和管理技能、当前的信息存储库和流程、部门间的协调以及对客户需求的预见性等[400]	IT1 我认为员工具备金融科技所需的管理和技术技能 IT2 在企业里，从许多业务环节中都能获取金融科技的经验和技能 IT3 我觉得在组织的各个部门，我们有能力共享金融科技资源 IT4 我们的组织可以预见客户在这个技术驱动的财富管理市场的需求	[350,401]
政府支持是政府的意愿，并提供适当的标准和政策，以鼓励采用新技术[180,402]	GS1 政府在财政上支持金融科技的发展 GS2 政府鼓励企业申请金融科技项目融资 GS3 政府提供金融科技相关技能培训 GS4 金融科技规范得到政府的支持	[402,403]
个人创新性是个人尝试任何新的信息技术的意愿[404]	PIV1 如果我听说了一种新的信息技术，我会想办法去试验它 PIV2 在我的同龄人中，我通常是较早探索新的信息技术的人 PIV3 我喜欢尝试新的信息技术 PIV4 总的来说，我愿意尝试新的信息技术	[405]
金融科技采纳意愿是企业员工参与使用金融科技来开展业务的主观可能性[406]	FAI1 我们的组织计划在未来将金融科技用于财富管理 FAI2 我们的组织打算将金融科技用于未来财富管理的产品销售和客户服务中 FAI3 在我们的日常工作中，我们的组织将一直尝试使用金融科技 FAI4 我预测我们的组织在未来会使用金融科技	[81,407]
金融科技采纳行为是使用金融科技对实现业务目标所提供的帮助[408]	FAB1 我们使用金融科技开展财富管理业务 FAB2 我们使用金融科技来为客户提供服务 FAB3 我们使用金融科技为客户配置产品 FAB4 我们使用金融科技来分析客户	[236]
感知价值被定义为人们对从产品或服务中获得的利益与为之付出的牺牲之间的主观评价[409,410]	PV1 与我需要付出的努力相比，金融科技的使用对我来说是有益的 PV2 与我需要花费的时间相比，金融科技的使用对我来说是值得的 PV3 与其他方式相比，使用金融科技为我提供了更大的价值 PV4 总的来说，金融科技的使用给我带来了很好的价值	[75]

资料来源：根据相关文献整理。

注：IT 表示 IT 基础设施，FAB 表示金融科技采纳行为，FAI 表示金融科技采纳意愿，GS 表示政府支持，PIT 表示感知智能性，PV 表示感知价值，PIV 表示个人创新性。

5.2.2　前测试与预测试

为保证调查问卷的内容效度，本章先进行了小范围的前测试，以评估逻辑一致性、易理解性、项目顺序和任务相关性。参与前测试的 8 位受访者包括 2 位信息系统领域学者、3 位博士生和 3 位财富管理从业者。受访者试填问卷后，对当前问卷的内容和结构提出了一些意见，如调查问卷的长度、个别题项的表达等，我们根据前测试反馈结果对问卷进行了整体修改。

前测试后，开展了预测试，以确定问卷具有一定的信效度。问卷通过问卷星在线编辑发放，邀请了熟悉的财富管理从业者在公司内转发并邀请其同事填写。预测试阶段共收集了 100 份问卷，将 13 份胡乱填答（例如，全部勾选同一选项、多数题项矛盾等）视为无效问卷剔除后，得到有效问卷 87 份，样本的描述性统计如表 5－3 所示。

表 5－3　预测试样本描述性统计（$N=87$）

特征	分类	频数（位）	百分比（%）
性别	男	24	27.6
	女	63	72.4
年龄	20～29 岁	60	69.0
	30～39 岁	25	28.7
	40 岁及以上	2	2.3
教育程度	大学专科	2	2.3
	大学本科	72	82.8
	硕士及以上	13	14.9
职务	普通员工	22	25.3
	基层管理者	28	32.2
	中层管理者	36	41.4
	高层管理者	1	1.1
从事财富管理工作时间	3 年内	18	20.7
	3 年到 6 年内	49	56.3
	6 年到 9 年内	16	18.4
	9 年及以上	4	4.6

（续）

特征	分类	频数（位）	百分比（%）
使用金融科技开展财富管理业务时间	2 年内	15	17.3
	2 年到 4 年内	43	49.4
	4 年到 6 年内	17	19.5
	6 年到 8 年内	8	9.2
	8 年及以上	4	4.6
工作中使用金融科技频率	一天很多次	22	25.3
	一天几次	54	62.1
	一天 1 次	9	10.3
	一周 1 次或更少	2	2.3
工作中平均每天利用金融科技服务客户数量	0～1 位	0	0
	2～3 位	25	28.7
	4～5 位	25	28.7
	6～7 位	16	18.4
	8～9 位	11	12.7
	10 位及以上	10	11.5
所在企业员工数量	100 人及以下	15	17.3
	101～200 人	25	28.7
	201～300 人	15	17.3
	301～400 人	8	9.2
	401～500 人	5	5.7
	501 人及以上	19	21.8

通过 SmartPLS 进行数据分析，结果如表 5－4 所示。各题项的因子载荷量均超过 0.6，组合信度均超过 0.8，*Cronbach's α* 值均超过 0.7，说明具有较好的信度[297]。平均方差提取（*AVE*）值均超过 0.5，说明有较好的收敛效度。

表 5－4　预测试信效度

变量	题项	因子载荷量	*Cronbach's α*	组合信度	*AVE*
IT 基础设施	IT1	0.643	0.715	0.823	0.539
	IT2	0.769			
	IT3	0.777			
	IT4	0.738			

（续）

变量	题项	因子载荷量	*Cronbach's α*	组合信度	*AVE*
金融科技采纳行为	FAB1	0.846	0.705	0.813	0.525
	FAB2	0.76			
	FAB3	0.641			
	FAB4	0.628			
金融科技采纳意愿	FAI1	0.716	0.739	0.836	0.562
	FAI2	0.722			
	FAI3	0.732			
	FAI4	0.823			
政府支持	GS1	0.808	0.772	0.849	0.586
	GS2	0.811			
	GS3	0.661			
	GS4	0.774			
感知智能性	PIT1	0.778	0.777	0.849	0.532
	PIT2	0.612			
	PIT3	0.779			
	PIT4	0.76			
	PIT5	0.704			
感知价值	PV1	0.745	0.810	0.875	0.636
	PV2	0.822			
	PV3	0.847			
	PV4	0.773			
个人创新性	PIV1	0.755	0.785	0.860	0.607
	PIV2	0.707			
	PIV3	0.805			
	PIV4	0.844			

注：IT 表示 IT 基础设施，FAB 表示金融科技采纳行为，FAI 表示金融科技采纳意愿，GS 表示政府支持，PIT 表示感知智能性，PV 表示感知价值，PIV 表示个人创新性。

采用了 Fornell - Larcker 和 HTMT 两种方法来测量区别效度，如表 5 - 5和表 5 - 6 所示，结果显示各构念间具有一定的区别效度。预测试结果保证了方法的可靠性和有效性。

表 5－5　区别效度：Fornell－Larcker

变量	1	2	3	4	5	6	7
1 IT 基础设施	0.734						
2 金融科技采纳行为	0.446	0.724					
3 金融科技采纳意愿	0.441	0.504	0.749				
4 政府支持	0.324	0.178	0.370	0.766			
5 感知智能性	0.611	0.603	0.374	0.332	0.729		
6 感知价值	0.560	0.435	0.370	0.295	0.568	0.798	
7 个人创新性	0.586	0.405	0.279	0.498	0.564	0.571	0.779

表 5－6　区别效度：HTMT

变量	1	2	3	4	5	6	7
1 IT 基础设施							
2 金融科技采纳行为	0.601						
3 金融科技采纳意愿	0.604	0.681					
4 政府支持	0.427	0.228	0.479				
5 感知智能性	0.808	0.767	0.493	0.397			
6 感知价值	0.698	0.502	0.483	0.375	0.713		
7 个人创新性	0.768	0.512	0.373	0.629	0.726	0.699	

5.3　财富管理企业使用金融科技的影响因素分析

5.3.1　描述性统计分析

正式调查问卷同样在问卷星线上发布，共收到了 300 份问卷。剔除数据不完整和无效的问卷后，保留了 264 份有效问卷进行数据分析。表 5－7 显示了受访者的人口统计资料。

表 5－7　问卷调查样本特征分析（N=264）

特征	分类	频数（位）	百分比（%）
性别	男	81	30.7
	女	183	69.3

（续）

特征	分类	频数（位）	百分比（%）
年龄	20～29 岁	154	58.3
	30～39 岁	103	39.0
	40 岁及以上	7	2.7
教育程度	大学专科	8	3.0
	大学本科	220	83.3
	硕士及以上	36	13.7
职务	普通员工	52	19.7
	基层管理者	102	38.6
	中层管理者	92	34.9
	高层管理者	18	6.8
从事财富管理工作时间	3 年内	57	21.6
	3 年到 6 年内	145	54.9
	6 年到 9 年内	43	16.3
	9 年及以上	19	7.2
使用金融科技开展财富管理业务时间	2 年内	51	19.3
	2 年到 4 年内	131	49.6
	4 年到 6 年内	52	19.7
	6 年到 8 年内	22	8.4
	8 年及以上	8	3.0
工作中使用金融科技频率	一天很多次	103	39.0
	一天几次	130	49.2
	一天 1 次	24	9.1
	一周 1 次或更少	7	2.7
工作中平均每天使用金融科技服务客户数量	0～1 位	1	0.4
	2～3 位	69	26.1
	4～5 位	106	40.1
	6～7 位	34	12.9
	8～9 位	15	5.7
	10 位及以上	39	14.8

（续）

特征	分类	频数（位）	百分比（%）
所在企业员工数量	100人及以下	42	15.9
	101～200人	75	28.4
	201～300人	51	19.3
	301～400人	25	9.5
	401～500人	20	7.6
	501人及以上	51	19.3

在264名参与者中，男性占30.7%（81位），女性占69.3%（206位），与预测试中样本分布基本一致。绝大多数（97.3%）受访者年龄在20～39岁，仅少数（2.7%）受访者在40岁及以上。97.0%的受访者（256位）有本科及以上学历。受访者中普通员工占19.7%（52位），基层管理者占38.6%（102位），中层管理者占34.9%（92位），高层管理者占6.8%（18位）。78.4%（207位）的受访者有3年以上财富管理经验。80.7%（213位）的受访者有2年以上使用金融科技开展财富管理经验。受访者在工作中使用金融科技的频率在一天几次或更多的达88.2%（233位）。在平均每天使用金融科技服务客户数量中，占比最高的是服务4～5位客户（40.1%），其次是2～3位（26.1%）。受访者所在企业规模分布广泛，其中100人及以下规模占15.9%（42位），101～200人规模占28.4%（75位），201～300人规模占19.3%（51位），301～400人规模占9.5%（25位），401～500人规模占7.6%（20位），501人及以上规模占19.3%（51位）。

5.3.2 测量模型分析

首先判断了构念形态，根据Jarvis等人提出的标准[294]，本章研究模型涉及的所有构念都为反映型构念。为验证测量模型的有效性，对测量模型进行了信度、收敛效度和区别效度评估。内部一致性信度利用Jöreskog's（1971）的组合信度和*Cronbach's α*来评估[302]，结果显示，构念组合信度在0.818～0.870，*Cronbach's α*值均在0.703～0.802，表示具有一定的信度（表5-8）。

表 5－8　信度统计

变量	组合信度	*Cronbach's α*
IT 基础设施	0.818	0.703
金融科技采纳行为	0.836	0.740
金融科技采纳意愿	0.818	0.704
政府支持	0.870	0.802
感知智能性	0.836	0.756
感知价值	0.830	0.728
个人创新性	0.848	0.760

利用 *AVE* 来评估每个构念的收敛效度。如表 5－9 所示，每个构念的 *AVE* 值均超过 0.5，说明该构念至少解释了其项目 50%的方差[303]。此外，所有项目的因子载荷量均超过 0.6，且显著[297]。

表 5－9　测量模型统计特征

变量	题项	均值	标准差	因子载荷量	t 值	*AVE*
IT 基础设施	IT1	5.678	1.007	0.787	26.400	0.531
	IT2	5.902	0.936	0.786	21.962	
	IT3	5.780	1.096	0.686	14.747	
	IT4	5.705	0.935	0.645	12.722	
金融科技采纳行为	FAB1	6.239	0.821	0.807	19.028	0.561
	FAB2	6.208	0.861	0.746	10.690	
	FAB3	6.045	0.891	0.735	12.892	
	FAB4	5.962	1.022	0.705	11.616	
金融科技采纳意愿	FAI1	6.083	0.789	0.754	21.322	0.529
	FAI2	6.148	0.752	0.736	16.485	
	FAI3	6.110	0.830	0.704	12.210	
	FAI4	6.345	0.758	0.713	10.510	
政府支持	GS1	5.739	0.951	0.801	25.423	0.625
	GS2	5.837	0.875	0.792	23.063	
	GS3	5.606	1.099	0.787	30.930	
	GS4	5.894	0.907	0.783	24.229	

（续）

变量	题项	均值	标准差	因子载荷量	t 值	*AVE*
感知智能性	PIT1	6.178	0.931	0.666	9.165	0.506
	PIT2	6.019	0.881	0.719	13.328	
	PIT3	5.826	1.011	0.653	11.244	
	PIT4	5.996	0.791	0.759	17.077	
	PIT5	5.686	0.894	0.754	19.217	
感知价值	PV1	6.189	0.740	0.745	15.714	0.551
	PV2	6.102	0.744	0.740	16.722	
	PV3	5.996	0.746	0.764	20.372	
	PV4	6.420	0.652	0.718	10.147	
个人创新性	PIV1	5.814	1.007	0.657	13.189	0.585
	PIV2	5.473	1.148	0.702	14.610	
	PIV3	6.034	0.971	0.860	32.688	
	PIV4	6.144	0.939	0.822	21.163	

注：IT 表示 IT 基础设施，FAB 表示金融科技采纳行为，FAI 表示金融科技采纳意愿，GS 表示政府支持，PIT 表示感知智能性，PV 表示感知价值，PIV 表示个人创新性。

本章采用了 Fornell - Larcker 和 HTMT 的相关比率这两种方法来评价区别效度。一方面，从表 5 - 10 中可以看出，一个构念与其他构念之间的相关系数都小于该构念 *AVE* 的平方根[304—306]。

表 5 - 10　区别效度：Fornell - Larcker

变量	1	2	3	4	5	6	7
1 IT 基础设施	0.729						
2 金融科技采纳行为	0.501	0.749					
3 金融科技采纳意愿	0.546	0.505	0.727				
4 政府支持	0.600	0.436	0.489	0.791			
5 感知智能性	0.526	0.609	0.512	0.444	0.712		
6 感知价值	0.569	0.520	0.620	0.506	0.519	0.742	
7 个人创新性	0.461	0.322	0.422	0.391	0.368	0.526	0.765

另一方面，根据 Henseler 等人提出的相关性的 HTMT 比值[307,309]，如表 5 - 11 所示，本章模型中各构念间比率值均小于 0.9。通过以上两种

方法验证，说明本章模型的所有构念之间都具有一定区别效度。

表 5-11　区别效度：HTMT

变量	1	2	3	4	5	6	7
1 IT 基础设施							
2 金融科技采纳行为	0.686						
3 金融科技采纳意愿	0.760	0.689					
4 政府支持	0.793	0.562	0.637				
5 感知智能性	0.719	0.808	0.691	0.558			
6 感知价值	0.791	0.701	0.859	0.654	0.693		
7 个人创新性	0.629	0.426	0.564	0.493	0.484	0.702	

5.3.3　结构模型分析

在评估结构模型之前，首先利用方差膨胀因子（*VIF*）检查了共线性。一般来讲，方差膨胀因子值应低于 3，本章的内部 *VIF* 值在 1.329～2.009，外部 VIF 值在 1.217～2.002，说明该模型不存在严重的共线性问题。然后使用自助法分析结构模型，设定子样本数为 5 000。结果如图 5-2 所示。

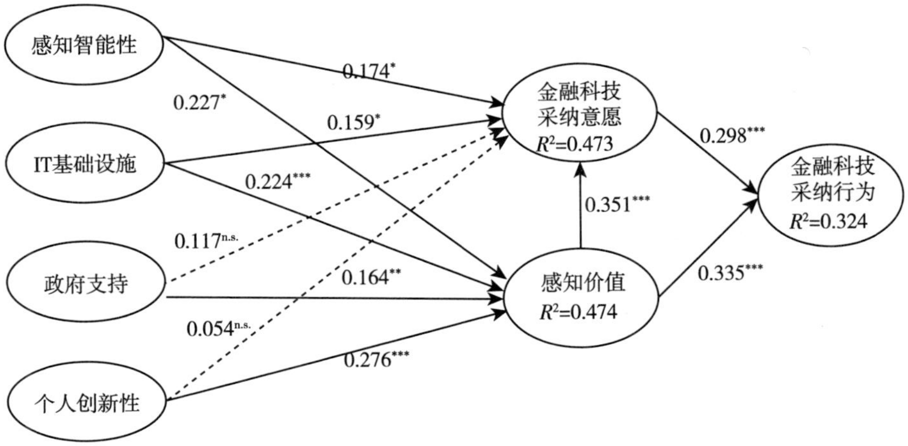

图 5-2　结构模型分析结果

注：* 表示 $p<0.05$，** 表示 $p<0.01$，*** 表示 $p<0.001$，n.s. 表示不显著。

该模型解释了金融科技采纳行为的 32.4%方差、金融科技采纳意愿的47.3%方差和感知价值的47.4%方差。感知智能性对金融科技采纳意愿（$\beta=0.174$，$t=2.459$，$P<0.05$）和感知价值（$\beta=0.227$，$t=2.914$，$P<0.01$）具有显著的正向影响。IT基础设施对金融科技采纳意愿（$\beta=0.159$，$t=2.534$，$P<0.05$）和感知价值（$\beta=0.224$，$t=3.461$，$P<0.001$）具有显著的正向影响。政府支持对金融科技采纳意愿（$\beta=0.117$，$t=1.869$，$P>0.05$）无显著的正向影响，但对感知价值（$\beta=0.164$，$t=2.596$，$P<0.01$）具有显著影响。个人创新性对金融科技采纳意愿（$\beta=0.054$，$t=0.986$，$P>0.05$）无显著影响，而对感知价值（$\beta=0.276$，$t=4.875$，$P<0.001$）具有显著的正向影响。感知价值对金融科技采纳意愿（$\beta=0.351$，$t=4.772$，$P<0.001$）和金融科技采纳行为（$\beta=0.335$，$t=3.912$，$P<0.001$）有显著的正向影响。金融科技采纳意愿对金融科技采纳行为有显著的正向影响（$\beta=0.298$，$t=4.245$，$P<0.001$）。因此，除政府支持和个人创新性对金融科技采纳意愿的影响外，其他假设都得到了支持，如表5-12所示。

表5-12　结构模型分析结果

构念关系	路径系数	t值	P值
IT基础设施→金融科技采纳意愿	0.159	2.534	0.011
IT基础设施→感知价值	0.224	3.461	0.001
金融科技采纳意愿→金融科技采纳行为	0.298	4.245	0.000
政府支持→金融科技采纳意愿	0.117	1.869	0.062
政府支持→感知价值	0.164	2.596	0.009
感知智能性→金融科技采纳意愿	0.174	2.459	0.014
感知智能性→感知价值	0.227	2.914	0.004
感知价值→金融科技采纳行为	0.335	3.912	0.000
感知价值→金融科技采纳意愿	0.351	4.772	0.000
个人创新性→金融科技采纳意愿	0.054	0.986	0.324
个人创新性→感知价值	0.276	4.875	0.000

本章提出了中介效应假设：金融科技采纳意愿在感知价值对金融科技采纳行为的影响中起中介作用，并采用了Zhao等人提出的方法检验中介效应[312]。第一，感知价值对金融科技采纳行为的间接影响（$a\times b$）显著

(β=0.104，t=3.177)。第二，感知价值对金融科技采纳行为（c）的直接影响显著（β=0.335，t=3.912）。第三，直接效应和间接效应的作用方向相同（$a \times b \times c$ 为正）。因此，判断为补充性的部分中介，即感知价值对金融科技采纳行为的影响会受到金融科技采纳意愿的部分中介（表 5-13）。

表 5-13　中介效应分析

效应	β 值	t 值
直接效应		
感知价值→金融科技采纳行为	0.335	3.912***
间接效应		
感知价值→金融科技采纳意愿→金融科技采纳行为	0.104	3.177***

注：***表示 $P<0.001$。

本章研究假设除假设 3 和假设 4 以外，均得到支持，如表 5-14 所示。

表 5-14　研究假设检验结果

序号	假设	检验结果
假设 1	感知智能性正向影响金融科技采纳意愿	支持
假设 2	IT 基础设施正向影响金融科技采纳意愿	支持
假设 3	政府支持正向影响金融科技采纳意愿	不支持
假设 4	个人创新性正向影响金融科技采纳意愿	不支持
假设 5	感知智能性正向影响感知价值	支持
假设 6	IT 基础设施正向影响感知价值	支持
假设 7	政府支持正向影响感知价值	支持
假设 8	个人创新性正向影响感知价值	支持
假设 9	感知价值正向影响金融科技采纳意愿	支持
假设 10	金融科技采纳意愿正向影响金融科技采纳行为	支持
假设 11	感知价值正向影响金融科技采纳行为	支持
假设 12	完整模型下，金融科技采纳意愿中介了感知价值对金融科技采纳行为的影响	支持

5.4　研究结果讨论

本章旨在根据 TOE 框架理论，梳理财富管理企业中会影响金融科技采纳意愿和行为的重要因素。与之前的研究一致[397]，金融科技采纳意愿和感知价值显著正向影响金融科技采纳行为。在信息系统和市场营销领域，采纳、使用或购买的意愿都对实际行为有重要的影响。财富管理企业中，员工想要使用金融科技的想法和意愿会推动采纳和使用的行为。采纳的意愿越高，越能够产生实际的采纳和使用行为。决定金融科技采纳行为的另一个关键因素是感知价值。本章研究结果显示，感知价值对金融科技采纳行为有正向影响，且感知价值对金融科技采纳行为影响的路径系数大于金融科技采纳意愿对金融科技采纳行为影响的路径系数，这在以往研究结果中较少体现。与采纳意愿对采纳行为的影响相比，员工感知价值对实际采纳金融科技开展业务行为的影响更大。此外，与 Turel 等人（2007）、Farah 等人（2018）、Karjaluoto 等人（2018）的研究结论一致，感知价值对采纳意愿有正向影响[388,397,411]。财富管理企业中，员工对使用金融科技可能带来的额外价值感知越强烈，越容易产生接纳和尝试使用的想法，也就是说，感知价值越高，采纳意愿越高。

在基于 TOE 框架理论和新增个人维度的四种影响中，只有感知智能性和 IT 基础设施对金融科技采纳意愿有显著影响，其中代表科技维度的感知智能性对金融科技采纳意愿的影响最大。在财富管理企业中，金融科技的引入可以帮助进行复杂的数据处理和分析，并基于大数据等先进技术提供个性化的服务[412]。企业员工感知到金融科技的智能化程度和其提供服务的合理化程度越高，越容易产生尝试使用的意愿和想法。同样的，员工感知到的金融科技具有的科技化和智能化程度越高，会越认为金融科技能够带来一定的益处，如提供更精准的客户分析、节省更多的时间、推荐更适合的产品等。这与以往的智能系统相关研究结果基本一致[337]。因此，本章研究结果显示，科技维度的感知智能性对企业金融科技的采纳意愿和感知价值有正向影响。

本章研究结果表明，组织维度的 IT 基础设施对金融科技采纳意愿和感知价值有正向影响。根据信息系统成功模型[413]，知识和技术基础设施的质量会影响用户使用系统的意愿。金融科技背景下，财富管理的 IT 基础设施包括有形的 IT 设施、员工的技术和管理技能、当前的信息存储库和流程、部门间的协调以及对客户需求的预见性等。这些有形或无形资产越丰富，员工对采纳金融科技可能带来的不确定性就越小，采纳的意愿也会越高。这与 Alam 等人的研究结果一致，IT 基础设施是医院采用人力资源信息系统的最重要维度[414]。然而，本章的研究结果与 Pillai 等人对汽车零部件制造公司使用 AI 授权的工业机器人的研究结果不同。Pillai 等人认为 IT 基础设施对采纳意愿没有显著的影响，表明汽车零部件制造公司的物理 IT 基础设施不足，同时，面对先进而复杂的技术，一些公司更愿意采用传统的以劳动力为基础的制造劳动力，暴露了管理技能的缺乏[415]。财富管理企业采用金融科技，其复杂性和操作难度往往并不高，因此，当员工认为公司已经具备必要的 IT 基础设施时，会有在工作中使用金融科技的想法。另外，IT 基础设施也会影响感知价值。Chang 等人认为，技术基础设施对虚拟社区感知价值有正向影响，相对于高经验成员，基础设施对感知价值的影响在低经验成员中表现更显著[416]。财富管理企业中 IT 基础设施越完备，员工越能够从中感受到金融科技带来的省时、高效、准确等益处，感知价值越高。

在环境维度下，本章发现政府支持对金融科技采纳意愿并没有显著影响，但对感知价值有显著正向影响。尽管政府支持在新技术采纳中的重要影响在许多研究中都被证实[414,417-423]，但也有一些研究发现，这一影响并不显著。例如，Pillai 等人发现政府支持没有对工业机器人的采纳意愿产生显著影响[415]。Sanchez - Torres 等人的研究结果也显示，电子银行用户不认为政府对互联网使用的支持会影响他们使用网上银行的意愿，因为用户可能认为银行是私营部门，与政府政策关系并不大[424]。财富管理企业中，政府为推进企业采纳金融科技而给予一定的支持，使员工较容易产生对金融科技的正向感知和态度，感知到金融科技可能带来的价值，但并不能直接产生使用金融科技的意愿。通过分析数据发现，尽管政府支持对金融科技采纳意愿没有直接的显著影响，但通过感知价值有间接的显著影响，从政府支持到感知价值再到金融科技采纳意愿的间接效应量为 0.057 ($t=2.245$)，政府支持对金融科技采纳意愿的总效应量为 0.174 ($t=2.535$)。因此，政府支持对金融科技采纳的影响不容忽视。

在传统的 TOE 框架理论基础上，本章还考虑了个人因素。研究发现，个人创新性对金融科技采纳意愿没有显著影响，但对感知价值有显著影响。虽然有研究表明个人创新性会对新技术的采纳意愿有正向影响[355,362]，但是不同于个人对新技术的态度，员工在企业中对新技术的采纳意愿受到的个人因素的影响并不显著。财富管理企业中，无论是创新性较强还是较弱的员工，可能都会迫于业务需要、管理者要求等而采纳金融科技。虽然个人创新性对金融科技采纳意愿没有显著的直接影响，但是通过感知价值对金融科技采纳意愿有间接的显著影响（β=0.097，t=3.408），个人创新性对金融科技采纳的总效应量为0.151（t=2.338）。从感知价值角度来看，个人创新性对感知价值的影响是显著的。与Karjaluoto等人（2019）的结论一致，个人创新性在新技术采纳的早期阶段是一个重要的变量，特别是对感知价值会有一定的影响。理解个人创新性与感知价值的关系很有必要，因为愿意探索新技术的客户往往能从使用创新服务中感知和期望更多的价值，也更愿意尝试使用[425]。财富管理企业中，创新性较强的员工更容易通过金融科技相关培训感知到金融科技可能带来的额外价值。

金融科技采纳意愿在感知价值和金融科技采纳行为之间发挥中介作用。财富管理企业员工在了解金融科技可能带来的益处后，会先产生采纳的意愿，这种积极的想法会推动金融科技采纳行为的产生。员工感觉到的价值越多，想要使用的想法就会越强烈，也就越可能产生使用行为。感知价值可能会直接影响到金融科技的采纳行为，也可能会通过提高采纳意愿而增加采纳行为。因此，感知价值是影响金融科技采纳行为的关键因素。感知价值不仅可以直接影响金融科技的采纳行为，还在金融科技采纳意愿对金融科技采纳行为的影响中起部分中介作用。显著的直接效应表明可能存在一些被忽略的第二中介，可以在未来的研究中继续探索[312]。尽管其他中介因子可能被忽略，但可以确认金融科技采纳意愿在感知价值和金融科技采纳行为之间存在部分中介作用。

5.5 本章小结

本章以财富管理企业为研究对象，基于TOE框架理论，除考虑科技、组织和环境因素外，增加考虑了个人因素，充分探讨各类因素对财富管理企业采纳金融科技的意愿、员工感知价值和采纳行为的影响。有趣的是，四个维度的因素对感知价值的影响都大于对金融科技采纳意愿的影响，可见感知价值具有相当的重要性。科技维度的感知智能性和组织维度的IT

基础设施都对采纳意愿和感知价值有显著影响。对于财富管理企业来说，一方面可以作充足的 IT 基础设施准备，包括有形和无形资产准备；另一方面可以通过培训、宣传等，使员工感知到金融科技的智能性和智能性可能带来的额外价值，如节省时间、更准确的分析、更合理的推荐等。环境维度的政府支持仅对员工感知价值有正向影响，对采纳意愿并没有显著影响。个人维度的个人创新性对采纳意愿没有显著影响，却是四类因素中对感知价值影响最大的因素，而感知价值又会影响采纳意愿和采纳行为。因此，企业应重视员工个人创新性的培养，招聘创新意识较强的员工。与金融科技采纳意愿相比，感知价值对金融科技采纳行为的影响更大，不仅会直接影响，而且会通过意愿的中介来间接影响采纳行为。

第6章 结论与展望

6.1 财富管理背景下金融科技使用研究结果讨论

近年来，金融科技为普惠金融发展、应对社会重大挑战作出了巨大贡献，成为学术界和实务界关注的热点。金融科技的使用将持续推动金融科技创新，促进特定领域不断进步，为行业有序发展提供保障。在财富管理背景下，金融科技大大提高了财富管理效率，并降低了财富管理风险，对金融科技在财富管理行业的使用的研究有着重要价值。不同于一般技术，作为新兴技术与金融的结合，金融科技具有技术和金融双重属性。无论是在个人用户还是在企业中，金融科技的使用都受到许多不同类型因素的影响。因此，本书从个体和企业两个视角出发，分别探究影响个人持续使用金融科技管理财富和影响企业采纳金融科技开展业务的重要因素，并梳理这些因素如何影响金融科技的使用。在个体研究视角中，由于影响个体的内外因素较复杂，单一方法很难给出全面的解释，所以采用定量研究和定性研究相结合的混合方法。本书的主要研究内容和研究结论如下。

(1) 个体认知视角中用户持续使用金融科技的意愿研究。个体认知视角中，用户持续使用金融科技管理个人财富的意愿受到哪些因素影响？其影响作用和影响机制是怎样的？为回答该研究问题，基于信息系统期望确认理论和自我效能理论，通过解释力和预测力双重判断，构建用户持续使用金融科技管理个人财富的理论模型。通过问卷调查法收集数据，并用结构方程模型作数据分析。

研究结果表明，用户持续使用金融科技意愿会受到满意度和感知有用性的正向影响，满意度会受到确认感和感知有用性的正向影响，感知有用性也会受到确认感的影响。此外，考虑到金融科技在财富管理背景下的应用这一特定领域，将自我效能区分为金融自我效能和科技自我效能。研究发现，它们都会对确认感和感知有用性有正向影响。除直接影响以外，本书还发现了确认感的中介效应，金融自我效能和科技自我效能分别可以通过确认感对感知有用性产生间接影响。金融自我效能对用户感知有用性和确认感的预测作用最大，其次是科技自我效能的影响作用。因此，在认识到确认感、感知有用性和满意度的重要性的同时，像之前关于一般信息系统持续意愿的研究中提到的，为财富管理提供金融科技服务的从业者还应考虑用户的内在因素，即他们的金融自我效能和科技自我效能，并为用户提供理性的理财产品和服务。这样做可以提高用户的满意度和用户的持续意愿，从而增强金融科技公司的竞争力。

（2）采纳后用户持续使用金融科技行为的案例研究。用户在采纳金融科技后，有哪些内外因素影响其持续使用意愿和态度，进而影响持续使用行为？为回答该研究问题，在第 3 章定量研究结果基础上，第 4 章采用定性研究方法，利用多案例研究探索影响用户持续使用意愿和态度的内外因素。以有使用金融科技进行财富管理经历的用户为研究对象，进行一对一的半结构化深入访谈。按照事先准备好的访谈提纲请用户描述自己的财富管理经历和感受，格外留意用户提到的访谈提纲以外的有价值信息，进行深入挖掘。访谈持续至 22 位受访者后信息达到饱和，根据 Gioia 等人提出的数据分析方法，将原始数据进行编码、抽象和概念化，形成理论性诠释[323]，共提取到 7 个影响因素，并梳理影响关系。

研究结果表明，感知有用性、预期努力、社会影响、便利条件、信任和感知智能性会对用户持续使用意愿和态度产生正向影响，感知风险会对持续使用意愿和态度产生负向影响。持续使用意愿和态度都会对金融科技使用产生正向影响。作为先量后质的顺序型混合方法中的定性研究，研究结果对先前定量研究结果进行了验证、解释和补充，构建了更全面的个人视角下金融科技使用模型，如图 6－1 所示。定量研究中感知有用性对持续使用意愿的正向影响，在定性研究中得到了验证。除感知有用性以外，案例研究还发现了其他影响持续使用意愿和态度的重要因素。特别是感知智能性这一较新概念，在以往新技术采纳和使用研究中较少出现，然而在金融科技背景下却十分重要。金融科技提供的智能化资产配置、个性化消息推送等，都是其智能性的体现。用户在使用过程中，对其智能化的感知程度越高，越能够建立对金融科技的良好态度，产生持续使用的想法。感知智能性这一概念除了在个人研究层面被证明对财富管理背景下金融科技的使用有重要影响外，在企业研究视角中也被发现是重要因素。

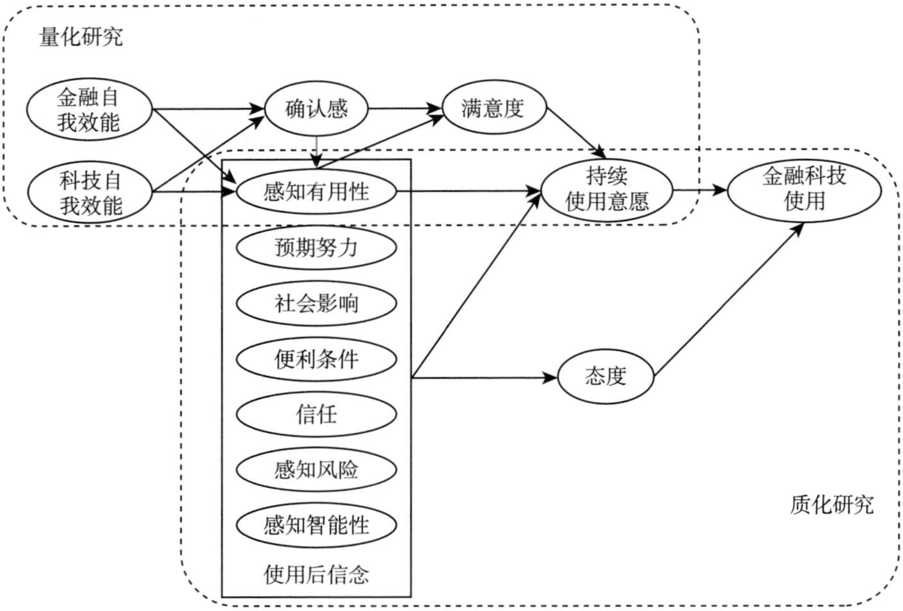

图 6-1　个人视角下金融科技使用混合方法研究结果

(3) 财富管理企业使用金融科技的意愿和行为研究。从企业层面来看，影响财富管理企业采纳金融科技的意愿有哪些因素？这些因素如何影响感知价值和采纳意愿？感知价值和采纳意愿如何影响企业金融科技采纳行为？为回答该研究问题，基于 TOE 框架理论，分别采用感知智能性、IT 基础设施、政府支持作为技术、组织和环境的因素。此外，考虑到企业员工的个人特质，增加了个人因素，即个人创新性。在 TOE 框架理论基础上，结合价值理论，构建了企业金融科技采纳意愿和行为理论模型。以财富管理企业员工为对象发放问卷，回收并分析数据。

研究结果表明，金融科技采纳行为会受到企业采纳意愿和员工感知价值的正向影响，其中感知价值对采纳行为的影响比采纳意愿对采纳行为的影响更大。员工感知价值会受到感知智能性、IT 基础设施、政府支持和个人创新性的正向影响。而采纳意愿仅受到感知智能性和 IT 基础设施的影响。前文提到的感知智能性，不仅在用户视角中对用户使用金融科技的意愿有重要影响，在企业视角中对企业金融科技采纳意愿和员工感知价值也有重要影响。因此，无论是金融科技公司还是财富管理企业，都应从产品设计、服务等方面入手，使用户和企业员工感受到金融科技的智能性，建立良好的态度和价值感受。

本书从个体和企业双视角研究财富管理背景下金融科技的使用。在个体视角中通过先量后质的混合方法，建立了个人持续使用金融科技进行财富管理的模型，在企业视角中构建了财富管理企业采纳金融科技模型。将三个子研究结合，可以看到财富管理背景下个人和企业金融科技使用的研究结果，图 6 - 2 显示了财富管理背景下个人和企业金融科技使用意愿和行为整合模型。

6.2　理论贡献和管理启示

本书基于信息系统期望确认理论、自我效能理论、技术采纳与利用整合理论、TOE 框架理论等，系统地研究财富管理背景下影响金融科技使用的因素。个人研究视角下，利用混合方法，结合定量和定性研究，分析了个人使用金融科技管理财富的影响因素和机制。企业研究视角下，利用问卷调查研究了技术、组织、环境和个人维度下，重要因素对财富管理企业采纳金融科技的意愿和行为的影响。本书在理论和方法上有一定的贡献，研究结果也为管理实践提供了有价值的启示。

6.2.1　理论贡献

（1）有助于形成系统的财富管理背景下金融科技研究体系。金融科技是近几年的研究热点，其应用涉及多个领域。以往金融科技相关研究较多且未区分具体应用领域，大都进行总体性的研究，这样的研究结果提供给金融科技独特领域的参考往往是片面的。本书聚焦于财富管理行业，通过定量研究和定性研究方法，对财富管理行业中个人和企业对金融科技的采纳和使用作探索和实证。特定领域下的研究结果更加准确，也更具参考价值。本书较好地扩展了金融科技和财富管理研究文献，拓展了信息系统期望确认理论、自我效能理论、技术采纳与利用整合模型的边界，帮助形成系统的财富管理背景下金融科技研究体系，为未来金融科技在财富管理领域的研究提供有价值参考。本书强调了与一般自我效能相比，对特殊情境

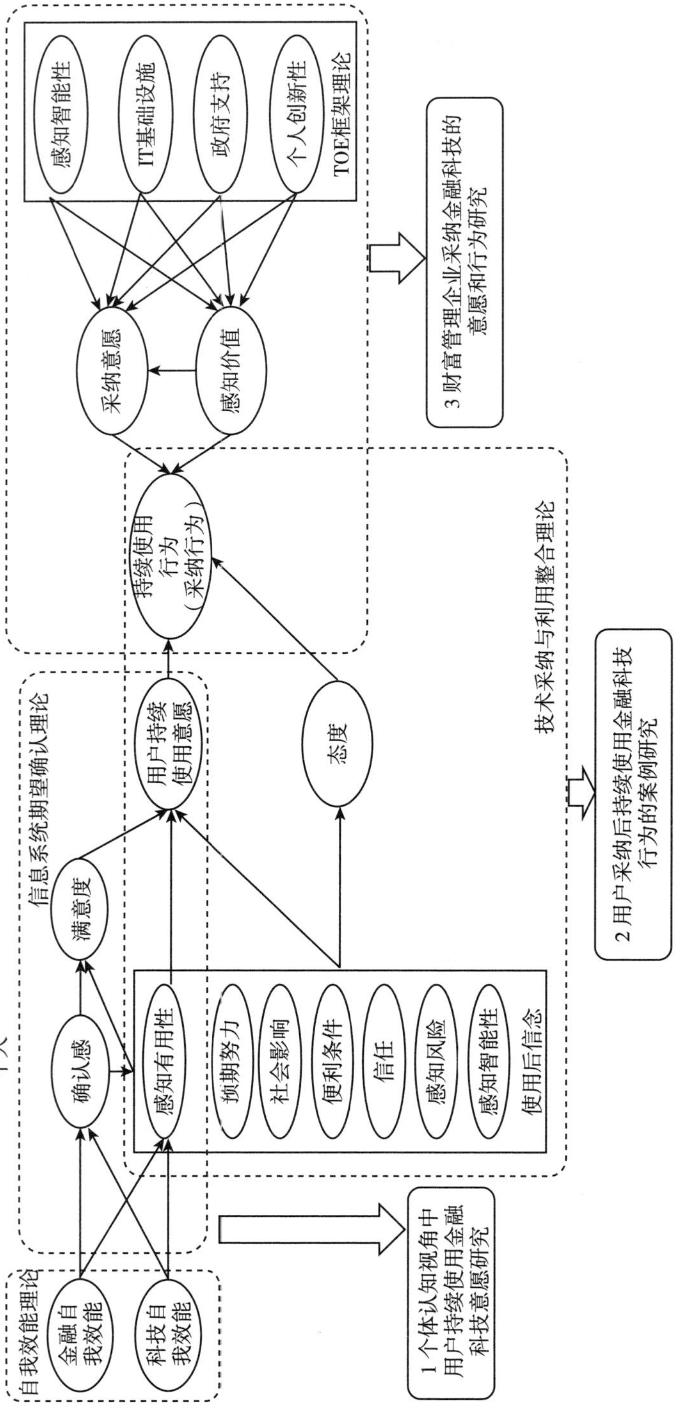

图6-2　财富管理背景下个人和企业金融科技使用意愿和行为整合模型

下具体的自我效能的测量更有意义，并将金融科技情境下用户的自我效能区分为金融自我效能和科技自我效能。未来金融科技相关研究可以参考本书，对自我效能作出更加准确的区分和测量。

（2）构建了财富管理背景下个人用户和企业使用金融科技整合模型。本书在个人视角中，基于信息系统期望确认理论和自我效能理论，构建了用户持续使用金融科技管理个人财富意愿的模型，通过问卷调查法收集分析数据来验证模型，并通过案例分析构建采纳后使用金融科技管理个人财富意愿和行为的模型。在企业视角中，基于 TOE 框架理论，增加个人因素，构建财富管理企业金融科技采纳行为模型。本书汇总的个人和企业双视角下金融科技的使用意愿和使用行为整合模型是目前为止金融科技在财富管理应用中较全面的综合性模型之一，为未来个人层面和企业层面金融科技使用研究提供了理论基础。

（3）从方法论的角度，个人研究视角混合方法的采纳为研究者提供了混合方法研究范例。本书将个人使用金融科技管理财富的研究方法设计为先定量后定性的顺序型混合方法。定量研究构建了用户持续使用金融科技管理个人财富意愿的模型，案例研究结果在验证了部分定量研究结果、解释了影响机制的同时，对定量研究结果进行了补充和完善，对研究问题作出了更合理的解释，最终增进了对研究主题的理解。混合方法结合定量研究和定性研究，并充分发挥各自优点，为研究问题提供更广泛的视角和更深入的理解，帮助研究者形成更具整体性的认识。混合方法弥补了单一方法的不足，充分发挥了定性研究方法和定量研究方法的优势，能够对研究现象和研究问题给出更加准确合理的分析和解释。特别是对当前较新较复杂的研究问题，混合方法能够克服单一方法的局限性，帮助研究者们更好地找到研究突破口，并对研究结果的准确性和稳定性给出更大的保障。然而，由于对混合方法的认识度和掌握度不足等问题，在信息系统领域使用混合方法的研究还不多。作为目前少数的使用该方法的研究，本书为研究者提供了采用顺序型混合方法的框架构建和写作思路参考。

本书在个体认知视角下用户持续使用金融科技意愿研究中，除了使用 R^2 评价模型解释力外，还利用 PLSpredict 评价模型的样本外预测力。模型预测力的评估对理论的发展和演变有非常重要的作用，因此，本书充分强调了模型预测力的重要性，弥补了当前研究对模型预测力的评价重视程度不够的现况。本书提供了详细的 PLSpredict 方法使用步骤和清晰的评价指标解释，为未来研究者使用该方法评价模型提供了范例。此外，本书实证研究中识别了重要的中介因子，即确认感（基于期望确认理论和自我效能理论）和采纳意愿（基于 TOE 框架理论和价值理论）。中介因子的识别和中介效应的确认对理论构建有一定的贡献，对理论的发展和演变有重要影响。然而，许多文献在中介效应假设和中介效应分析方法中存在不准确的问题，采用不准确的中介效应分析方法，可能影响研究结果的准确性。本书作了严谨的中介效应假设，并采用准确的中介分析方法，提供了详细的中介分析过程，对未来中介分析相关研究有一定的参考价值。

6.2.2 管理启示

本书从个人和企业双视角对财富管理背景下金融科技的使用机制作深入探究，得到的实用性结论对金融科技和财富管理企业管理实践和行业健康有序发展具有一定的指导意义。

(1) 企业应更加关注客户对自身能力的感知，提高用户金融自我效能和科技自我效能。本书确认了两类自我效能对持续使用意愿的重要影响路径和机制。企业应重视对用户自我效能的了解和培养，帮助用户提高自我效能。企业应采取有效的工具测量用户金融自我效能和科技自我效能，对自我效能水平不同的用户采取不同的策略，以增强其确认感和感知有用性，进而提高他们的满意度和持续使用意愿。了解关键因素的影响路径和机制，有助于财富管理企业采取有针对性的措施，提升用户的持续使用意愿，对企业客户关系管理和营销业务开展具有指导意义。

(2) 人力资源管理中，企业应将员工个人创新性作为招聘和培训中的重要评价指标，并注重员工感知价值的培养。深入挖掘影响财富管理企业采纳金融科技的因素，厘清其影响机制，对于财富管理初创企业制定发展战略以及银行数字化转型有一定的参考价值。不同于个人用户对金融科技的采纳，影响企业采纳金融科技意愿和行为涉及更多类的因素和更加广泛的影响机制。本书从技术、组织、环境和个人多方面梳理了影响财富管理企业采纳金融科技的因素，分析各个因素对金融科技企业采纳意愿和行为的影响，帮助企业了解影响机制。在企业视角研究中，个人维度中员工的个人创新性对金融科技感知价值有重要影响，该影响因素的确认可作为财富管理企业运营和管理的重要依据。财富管理企业在招聘和培训员工等工作中，可将员工个人创新性作为评价指标之一。个人创新性越强的员工，越能够感知金融科技带来的价值，越容易产生采纳的意愿和行为。此外，企业应重视政府支持对金融科技采纳意愿的间接影响，通过提高员工感知价值来提高采纳意愿，进而影响采纳行为。

(3) 企业应在营销活动充分发挥感知智能性的重要作用。在个人视角和企业视角研究中，本书都发现了感知智能性对金融科技采纳意愿和采纳行为的重要影响。无论是用户还是财富管理企业员工，对金融科技智能性的感知都会直接或间接地影响金融科技使用意愿和行为。对于财富管理用户，企业层面和社会层面都应通过媒体宣传、大众培训等，使用户感知到以数据和各种先进技术为依托的金融科技具有相当的智能性。这样既方便了用户管理财富，又能在一定程度上保障财富管理的良好结果。因此，企业应通过各种营销活动来提高用户对金融科技智能性的感知。同样的，对于财富管理企业员工，企业应采取有效措施增强员工对金融科技智能性的感知，强化金融科技智能性可能带来的额外价值，如节省更多时间、更准确的分析、更合理的推荐等，进而提升金融科技采纳意愿和行为，使金融科技在财富管理企业中发挥更大的作用。

6.3　研究局限性与未来展望

本书从个人和企业双重视角研究财富管理背景下金融科技的使用。采用了混合方法，结合定量研究和定性研究，建立了全面而实用的模型，取得了一些研究成果。扩充了现有理论，为金融科技和财富管理相关研究提供了有价值的参考，也从实践上为金融科技机构和财富管理企业提出了新颖的观点和实用的建议。但受限于研究条件和现实问题的复杂性，本书存在以下局限性，未来研究可以继续开展。

(1) 本书使用的数据是截面数据，静态分析了个人和企业在财富管理背景下对金融科技的使用。由于金融科技的复杂性和动态性，无论是个人用户还是企业，对金融科技的使用意愿和行为都有可能随着时间和行业的发展而改变。因此，未来研究可以从动态的角度，在一段时间内对用户使用情况作动态追踪，得到更全面、更精准、更有参考价值的研究结论。

（2）本书对采纳后用户进行了深入访谈，案例研究结果可能存在局限性。样本的选择采用的是理论抽样，但由于案例样本数量的限制以及理论抽样本身的局限性，使本书研究结果的普适性会受到影响。尽管我们已经阅读了一定数量相关文献，也准备了较为详细的访谈提纲，但在访谈过程中仍有可能存在问题挖掘不够深入等局限。此外，受限于此次访谈资料，本书并没有探讨年龄、性别、受教育程度等因素的调节作用。未来研究可以考虑调节因素的影响，以更好地回应 Blut 等人提出的建议[169]，扩充金融科技、技术采纳与利用整合理论两方面文献。此外，对于本书的案例研究结果，未来也可以作进一步的实证研究。

（3）本书聚焦于金融科技在财富管理行业中的应用，未能拓展到其他行业。金融科技应用十分广泛，受到研究时间和研究条件的限制，本书仅从个人和企业视角探究了财富管理领域中金融科技的使用。未来研究可以拓展至其他特定领域和应用，如区块链、借贷、保险等。也可以从某一视角入手，作跨领域的研究，以发现不同领域间影响金融科技采纳和使用的因素差异，为金融科技的有序发展提供更多的参考。

参考文献

[1] 吴超．金融科技时代财富管理企业核心竞争力研究：量化投资技术和商业模式创新思维［D］．北京：中国科学院大学，2017.

[2] 毕马威中国．《毕马威中国领先金融科技公司 50 榜单》，2016.

[3] Gomber P，Koch J A，Siering M. Digital finance and FinTech：Current research and future research directions［J］．Journal of Business Economics，2017，87（5）：537－580.

[4] Schulte P，Liu G. FinTech is merging with IoT and AI to challenge banks：How entrenched interests can prepare［J］．Institutional Investor Journals，2018，20（3）：41－57.

[5] Dapp T. Fintech－The digital（r）evolution in the financial sector［J］．Deutsche Bank Research，2014.

[6] Lines B. How fintech is shaping financial services. Global FinTech Report. 2016.

[7] Philippon T. The FinTech opportunity［J］．NBER Working，2016.

[8] Bofondi M，Gobbi G. The big promise of fintech［J］．European Economy，2017（2）：107－119.

[9] Vives X. The impact of fintech on banking［J］．European Economy，2017（2）：97－105.

[10] Lee I，Shin Y J. Fintech：Ecosystem，business models，investment decisions，and challenges［J］．Business Horizons，2018，61（1）：35－46.

[11] 张晓燕．金融科技赋能智慧财富管理［J］．清华财富评论，2020（1）：24－25.

[12] 高海涛，徐恺英，盛盼盼，等．基于 AHP－DEA 的高校移动图书馆服务质量评价模型研究［J］．情报科学，2016，34（12）：88－91.

[13] 靳嘉林，王日芬，郑小昌．面向网页信息筛选的可信度评估研究［J］．情报理论与实践，2017，40（5）：116－121.

[14] 张丽华，王娟，苏源德．撰写文献综述的技巧与方法［J］．学位与研究生教育，2004（1）：45－47.

[15] 黄甫全，游景如，涂丽娜，等．系统性文献综述法：案例、步骤与价值［J］．电化教育研究，2017（11）：11－18.

[16] 赵新宇，范欣．政府治理：以幸福为名——基于中国问卷调查数据的实证研究［J］．吉林大学社会科学学报，2016（1）：60－70.

[17] 曹剑波．基于三个维度的实验知识论研究［J］．中国高校社会科学，2017（6）：

112-121.

[18] 尹伊，石秀，雷晋芳．深度访谈方法的进一步探讨［J］．科技情报开发与经济，2008，18（4）：160-161.

[19] 杨善华，孙飞宇．作为意义探究的深度访谈［J］．社会学研究，2005（5）：53-68.

[20] 刘选．实证研究怎么做：让研究者困惑的地方——来自华东师大第二届全国教育实证研究论坛的启示［J］．现代远程教育研究，2017（3）：18-25.

[21] 巴曙松，白海峰．金融科技的发展历程与核心技术应用场景探索［J］．清华金融评论，2016（11）：99-103.

[22] Arner D，Barberis J，Buckley R. The evolution of Fintech：A new post-crisis paradigm?［J］. UNSW Law Research Paper，2016（62）：1271-1319.

[23] Ryu H S. What makes users willing or hesitant to use Fintech：The moderating effect of user type［J］. Industrial Management & Data Systems，2018，118（3）：541-569.

[24] Imerman M B，Fabozzi F J. Cashing in on innovation：a taxonomy of FinTech［J］. Journal of Asset Management，2020，21（3）：167-177.

[25] Chen M A，Wu Q，Yang B. How valuable is FinTech innovation?［J］. Review of Financial Studies，2019，32（5）：2062-2106.

[26] Milian E Z，Spinola M M，Carvalho M M. Fintechs：A literature review and research agenda［J］. Electronic Commerce Research and Applications，2019（34）.

[27] Bettinger A. FINTECH：A series of 40 time shared models used at manufacturers hanover trust company［J］. Interfaces，1972，2（4）：62-63.

[28] Schueffel P. Taming the beast：A scientific definition of Fintech［J］. Journal of Innovation Management，2017，4（4）：1-24.

[29] Shim Y，Shin D H. Analyzing China's fintech industry from the perspective of actor-network theory［J］. Telecommunications Policy，2016，40（2-3）：168-181.

[30] Kim Y，Choi J，Park Y J，et al. The adoption of mobile payment services for "Fintech"［J］. International Journal of Applied Engineering Research，2016，11（2）：1058-1061.

[31] Kalmykova E，Ryabova A. FinTech market development perspectives［J］. SHS Web of Conferences，2016（28）：4-8.

[32] Lee T，Kim H. An exploratory study on fintech industry in Korea：Crowdfunding case［J］，2nd International Conference on Innovative Engineering Technologies，2015：58-64.

[33] Kuo-Chuen D L，Teo E G S. Emergence of FinTech and the LASIC principles［J］. Journal of Financial Perspectives，2015，3（3）：24-36.

[34] 唐松，赖晓冰，黄锐．金融科技创新如何影响全要素生产率：促进还是抑制？——理论分析框架与区域实践 [J]. 中国软科学，2019 (7)：134-144.

[35] Wonglimpiyarat J. FinTech banking industry：a systemic approach [J]. Foresight，2017，19 (6)：590-603.

[36] Drasch B J，Schweizer A，Urbach N. Integrating the "Troublemakers"：A taxonomy for cooperation between banks and fintechs [J]. Journal of Economics and Business，2018 (100)：26-42.

[37] Haddad C，Hornuf L. The emergence of the global fintech market：economic and technological determinants [J]. Small Business Economics，2018：1-25.

[38] Hung J L，Luo B. FinTech in Taiwan：a case study of a bank's strategic planning for an investment in a FinTech company [J]. Financial Innovation，2016，2 (15)：1-16.

[39] Kang J. Mobile payment in Fintech environment：trends，security challenges，and services [J]. Human-Centric Computing and Information Sciences，2018，8 (32)：1-16.

[40] 王丽辉．金融科技与中小企业融资的实证分析——基于博弈论的视角 [J]. 技术经济与管理研究，2017 (2)：93-97.

[41] Ng A W，Kwok B K B. Emergence of Fintech and cybersecurity in a global financial centre [J]. Journal of Financial Regulation and Compliance，2017，25 (4)：422-434.

[42] 袁远．我国互联网金融理财产品法律监管研究——以 P2P 网贷"自动投标"理财产品为中心 [J]. 东方法学，2018 (4)：150-160.

[43] Bons R W，Alt R，Lee H G，et al. Banking in the Internet and mobile era [J]. Electron Markets，2012 (22)：197-202.

[44] 李延霞．持续优化金融领域外资营商环境 [J]. 财经界，2019 (8)：20-21.

[45] 杨海平，纪燕飞．新形势下中小银行大零售转型思路探讨 [J]. 北方金融，2019 (7)：1-3.

[46] 何独业，沈军．高净值客户需求变化趋势与私人银行转型发展研究 [J]. 农银学刊，2019 (2)：32-38.

[47] Wu C R，Lin C T，Tsai P H. Evaluating business performance of wealth management banks [J]. European Journal of Operational Research，2010，207 (2)：971-979.

[48] Chang S C，Tsai P H. A hybrid financial performance evaluation model for wealth management banks following the global financial crisis [J]. Technological and Economic Development of Economy，2016，22 (1)：21-46.

[49] D'Acunto F，Prabhala N，Rossi A G. The promises and pitfalls of Robo-advising [J]. Review of Financial Studies，2019，32 (5)：1983-2020.

[50] Beaverstock J V, Hall S, Wainwright T. Fournir des services aux super nantis: Les nouvelles élites financières et l'essor de l'écologie de détail quantàla gestion de fortune privée [J]. Regional Studies, 2013, 47 (6): 834-849.

[51] Musto C, Semeraro G, Lops P, et al. Personalized finance advisory through case-based recommender systems and diversification strategies [J]. Decision Support Systems, 2015 (77): 100-111.

[52] Yeh Y P. Corporate social responsibility and service innovation on customer loyalty: An empirical investigation in wealth management services [J]. International Journal of Bank Marketing, 2015, 33 (6): 1-21.

[53] Zhao H, Liu Q, Zhu H, et al. A sequential approach to market state modeling and analysis in online P2P lending [J]. IEEE Transactions on Systems, Man, and Cybernetics: Systems, 2018, 48 (1): 21-33.

[54] Gruin J, Knaack P. Not just another shadow bank: Chinese authoritarian capitalism and the "Developmental" promise of digital financial innovation [J]. New Political Economy, 2020, 25 (3): 370-387.

[55] Dang D M, Forsyth P A, Vetzal K R. The 4% strategy revisited: a pre-commitment mean-variance optimal approach to wealth management [J]. Quantitative Finance, 2017, 17 (3): 335-351.

[56] Data Age 2025: The Evolution of data to life-critical [EB/OL]. (2021-11-08) [2023-08-15]. https://www.i-scoop.eu/big-data-action-value-context/data-age-2025-datasphere.

[57] Snijders C, Matzat U, Reips U D. "Big Data": Big gaps of knowledge in thefield of Internet [J]. International Journal of Internet Science, 2012 (7): 1-5.

[58] Gillon K, Aral S, Ching-Yung L, et al. Business analytics: Radical shift or incremental change? [J] Communications of the Association for Information Systems, 2014 (34): 287-296.

[59] Brynjolfsson E, McAfee A. Race against the machine: How the digital revolution is accelerating innovation, driving productivity, and irreversibly transforming employment and the economy [M]. Lexington, MA: Digital Frontier Press, 2011.

[60] Yang D, Chen P, Shi F, et al. Internet finance: Its uncertain legal foundations and the role of big data in its development [J]. Emerging Markets Finance and Trade, 2011, 54 (4): 721-732.

[61] Xie J, Ye L, Huang W, et al. Understanding fintech platform adoption: Impacts of perceived value and perceived risk [J]. Journal of Theoretical and Applied Electronic

Commerce Research，2021，16 (5)：1893 - 1911.

[62] Shiau W L，Yuan Y，Pu X，et al. Understanding fintech continuance：perspectives from self - efficacy and ECT - IS theories [J]. Industrial Management & Data Systems，2020，120 (9)：1659 - 1689.

[63] Rasiwala F S，Kohli B. Artificial Intelligence in FinTech：understanding stakeholders perception on innovation，disruption，and transformation in finance [J]. International Journal of Business Intelligence Research，2021，12 (1)：48 - 65.

[64] 侯晓．“双循环”背景下行业银行零售业务发展趋势 [J]. 企业经济，2021，40 (6)：145 - 152.

[65] Lin A J，Chang H Y，Huang S W，et al. Improving service quality of wealth management bank for high - net - worth customers during COVID - 19：A fuzzy - DEMATEL approach [J]. International Journal of Fuzzy Systems，2021.

[66] 隋璐．平台经济背景下数字财富管理转型探究 [J]. 人民论坛，2020 (5)：98 - 99.

[67] 孟醒，申曙光．证券公司财富管理业务的竞争优势、战略目标与转型路径 [J]. 南方金融，2018 (4)：90 - 98.

[68] 王聪聪，党超，徐峰，等．互联网金融背景下的金融创新和财富管理研究 [J]. 管理世界，2018，34 (12)：168 - 170.

[69] 李小飞，陈芬．区块链技术背景下保险业家庭财富管理研究 [J]. 广西社会科学，2021 (1)：67 - 70.

[70] Boreiko D，Massarotti F. How risk profiles of investors affect Robo - advised portfolios [J]. Frontiers in Artificial Intelligence，2020，3 (60)：1 - 9.

[71] Bhattacherjee A. Understanding information systems continuance [J]. MIS Quarterly，2001，25 (3)：351 - 370.

[72] Limayem M，Hirt S G，Cheung C M K. How habit limits the predictive power of intention：The case of information systems continuance [J]. MIS Quarterly，2007，31 (4)：705 - 737.

[73] Oliver. A cognitive model of the antecedents and consequences of satisfaction decisions [J]. Journal of Marketing Research，1980，17 (4)：460 - 469.

[74] Finn A，Wang L，Frank T. Attribute perceptions，customer satisfaction and intention to recommend E - services [J]. Journal of Interactive Marketing，Direct Marketing Educational Foundation，2009，23 (3)：209 - 220.

[75] Kim S H，Bae J H，Jeon H M. Continuous intention on accommodation apps：Integrated value - based adoption and expectation - confirmation model analysis [J]. Sustainability，2019，11 (6)：1 - 17.

[76] McKinney V, Yoon K, Zahedi F "Mariam" . The measurement of Web - customer satisfaction: An expectation and disconfirmation approach [J]. Information Systems Research, 2002, 13 (3): 296 - 315.

[77] Fazio R H, Zanna M P. Direct experience and attitude - behavior consistency [J]. Advances in Experimental Social Psychology, 1981 (14): 161 - 202.

[78] Bem D J. Self - perception theory [J]. Advances in Experimental Social Psychology, 1972 (6): 1 - 62.

[79] Mathieson K. Predicting user intentions: comparing the technology acceptance model with the theory of planned behaviour [J]. Information System Research, 1991, 2 (3): 173 - 191.

[80] Spreng R A, MacKenzie S B, Olshavsky R W. A reexamination of the determinants of consumer satisfaction [J]. Journal of Marketing, 1996, 60 (3): 15 - 32.

[81] Davis F D. Perceived usefulness, perceived ease of use, and user acceptance of information technology [J]. MIS quarterly, 1989, 13 (3): 319 - 340.

[82] Fazio R H, Zanna M P. Attitudinal qualities relating to the strength of the attitude - behavior relationship [J]. Journal of Experimental Social Psychology, 1978, 14 (4): 398 - 408.

[83] Chiu C M, Hsu M H, Sun S Y, et al. Usability, quality, value and e - learning continuance decisions [J]. Computers and Education, 2005, 45 (4): 399 - 416.

[84] Oghuma A P, Libaque - Saenz C F, Wong S F, et al. An expectation - confirmation model of continuance intention to use mobile instant messaging [J]. Telematics and Informatics, 2016, 33 (1): 34 - 47.

[85] Bhattacherjee A, Barfar A. Information technology continuance research: Current state and future directions [J]. Asia Pacific Journal of Information, 2011, 21 (2): 1 - 18.

[86] Cheng Y M. Extending the expectation - confirmation model with quality and flow to explore nurses' continued blended e - learning intention [J]. Information Technology & People, 2014, 27 (3): 230 - 258.

[87] Ding Y, Chai K H. Emotions and continued usage of mobile applications [J]. Industrial Management & Data Systems, 2015, 115 (5): 833 - 852.

[88] Zheng L. The role of consumption emotions in users' mobile gaming application continuance intention [J]. Information Technology & People, 2019, 33 (1): 340 - 360.

[89] Shiau W L, Luo M M. Continuance intention of blog users: The impact of perceived enjoyment, habit, user involvement and blogging time [J]. Behaviour & Information

Technology, 2013, 32 (6): 570 - 583.

[90] Ayanso A, Herath T C, O'Brien N. Understanding continuance intentions of physicians with electronic medical records (EMR): An expectancy - confirmation perspective [J]. Decision Support Systems, 2015 (77): 112 - 122.

[91] Yuan S, Liu Y, Yao R, et al. An investigation of users' continuance intention towards mobile banking in China [J]. Information Development, 2016, 32 (1): 20 - 34.

[92] Nascimento B, Oliveira T, Tam C. Wearable technology: What explains continuance intention in smartwatches? [J]. Journal of Retailing and Consumer Services, 2018 (43): 157 - 169.

[93] Zhou W, Tsiga Z, Li B, et al. What influence users' e - finance continuance intention? The moderating role of trust [J]. Industrial Management & Data Systems, 2018, 118 (8): 1647 - 1670.

[94] Gupta A, Dhiman N, Yousaf A, et al. Social comparison and continuance intention of smart fitness wearables: an extended expectation confirmation theory perspective [J]. Behaviour and Information Technology, 2020, 40 (2): 1 - 14.

[95] Bandura A. Self - efficacy: Toward a unifying theory of behavioral change [J]. Psychological Review, 1977, 84 (2): 191 - 215.

[96] Bandura A. Self - efficacy mechanism in human agency [J]. American Psychologist, 1982, 37 (2): 122 - 147.

[97] Bandura A. Self - efficacy: The exercise of control [M]. New York, NY: Freeman, 1997.

[98] Bandura A. The explanatory and predictive scope of self - efficacy theory [J]. Journal of Social and Clinical Psychology, 1986, 4 (3): 359 - 373.

[99] Compeau D R, Higgins C A. Computer self - efficacy: Development of a measure and initial test [J]. MIS Quarterly, 1995, 19 (2): 189 - 211.

[100] Chen K, Chen J V, Yen D C. Dimensions of self - efficacy in the study of smart phone acceptance [J]. Computer Standards and Interfaces, 2011, 33 (4): 422 - 431.

[101] Choi S. What promotes smartphone - based mobile commerce? Mobile - specific and self - service characteristics [J]. Internet Research, 2018, 28 (1): 105 - 122.

[102] Li M, Dong Z Y, Chen X. Factors influencing consumption experience of mobile commerce: A study from experiential view [J]. Internet Research, 2012, 22 (2): 120 - 141.

[103] Bandura A. Social cognitive theory: An agentic perspective [J]. Annual Review of

Psychology, 2001, 52 (1): 1 - 26.
[104] Van J J B. Article Self - efficacy Theory and Measurement [J]. Scholarly Inquiry for Nursing Practice, 2001, 15 (31): 189 - 207.
[105] Schneider W, Chein J M. Controlled & automatic processing: Behavior, theory, and biological mechanisms [J]. Cognitive Science, 2003, 27 (3): 525 - 559.
[106] Stajkovic A D, Luthans F. Self - efficacy and work - related performance: A meta - analysis [J]. Psychological Bulletin, 1998, 124 (2): 240 - 261.
[107] Yang S, Lu Y, Zhao L, et al. Empirical investigation of customers' channel extension behavior: Perceptions shift toward the online channel [J]. Computers in Human Behavior, 2011, 27 (5): 1688 - 1696.
[108] Tang J T E, Tang T I, Chiang C H. Blog learning: Effects of users' usefulness and efficiency towards continuance intention [J]. Behaviour and Information Technology, 2012, 33 (1): 36 - 50.
[109] Susanto A, Chang Y, Ha Y. Determinants of continuance intention to use the smartphone banking services: An extension to the expectation - confirmation model [J]. Industrial Management & Data Systems, 2016, 116 (3): 508 - 525.
[110] Cassar G, Friedman H. Does self - efficacy affect entrepreneurial investment? [J] Strategic Entrepreneurship Journal, 2009, 3 (3): 241 - 260.
[111] Betz N E, Hackett G. The relationship of mathematics self - efficacy expectations to the selection of science - based college majors [J]. Journal of Vocational Behavior, 1983, 23 (3): 329 - 345.
[112] Gist M E. Self - efficacy: Implications for organizational behavior and human resource management [J]. Academy of Management Review, 1987, 12 (3): 472 - 485.
[113] Chen I S. Computer self - efficacy, learning performance, and the mediating role of learning engagement [J]. Computers in Human Behavior, 2017 (72): 362 - 370.
[114] Shim S, Serido J, Lee S K. Problem - solving orientations, financial self - efficacy, and student - loan repayment stress [J]. The Journal of Consumer Affairs, 2019, 53 (3): 1273 - 1296.
[115] Yeşilyurt E, Ulaş A H, Akan D. Teacher self - efficacy, academic self - efficacy, and computer self - efficacy as predictors of attitude toward applying computer - supported education [J]. Computers in Human Behavior, 2016 (64): 591 - 601.
[116] Kao A C, Tsai C, Shih M, et al. International forum of educational technology & society development of a survey to measure self - efficacy and attitudes toward Web - based professional development among elementary school teachers [J]. Educational

Technology & Society, 2014, 17 (4): 302 - 315.

[117] Ma Q, Liu L. The role of internet self - efficacy in the acceptance of web - based electronic medical records [J]. Journal of Organizational and End User Computing, 2005, 17 (1): 38 - 57.

[118] Forbes J, Kara S M. Confidence mediates how investment knowledge influences investing self - efficacy [J]. Journal of Economic Psychology, 2010, 31 (3): 435 - 443.

[119] Holden H, Rada R. Understanding the influence of perceived usability and technology self - efficacy on teachers' technology acceptance [J]. Journal of Research on Technology in Education, 2011, 43 (4): 343 - 367.

[120] Serido J, Shim S, Tang C. A developmental model of financial capability: A framework for promoting a successful transition to adulthood [J]. International Journal of Behavioral Development, 2013, 37 (4): 287 - 297.

[121] Hong J C, Hwang M Y, Tai K H, et al. Using calibration to enhance students' self - confidence in English vocabulary learning relevant to their judgment of over - confidence and predicted by smartphone self - efficacy and English learning anxiety [J]. Computers and Education, 2014 (72): 313 - 322.

[122] Venkatesh V, Morris M G, Davis G B, et al. User acceptance of information technology: Toward a unified view [J]. MIS Quarterly, 2003, 27 (3): 425 - 478.

[123] Wu C G, Wu P Y. Investigating user continuance intention toward library self - service technology: The case of self - issue and return systems in the public context [J]. Library Hi Tech, 2019, 37 (3): 401 - 417.

[124] Thongsri N, Shen L, Bao Y. Investigating factors affecting learner's perception toward online learning: evidence from ClassStart application in Thailand [J]. Behaviour and Information Technology, 2019, 38 (12): 1243 - 1258.

[125] Oliveira T, Faria M, Thomas M A, et al. Extending the understanding of mobile banking adoption: When UTAUT meets TTF and ITM [J]. International Journal of Information Management, 2014, 34 (5): 689 - 703.

[126] Venkatesh V, Thong J Y L, Xu X. Consumer acceptance and use of information technology: Extending the unified theory of acceptance and use of technology [J]. MIS Quarterly, 2012, 36 (1): 157 - 178.

[127] Brown S A, Venkatesh V. Model of adoption of technology in the household: a baseline model test and extension incorporating household life cycle [J]. MIS Quarterly, 2005, 29 (4): 399 - 426.

[128] Heijden H. User acceptance of hedonic information systems [J]. MIS Quarterly,

2004，28（4）：695－704.

[129] Thong J YL，Hong S J，Tam K Y. The effects of post－adoption beliefs on the expectation－confirmation model for information technology continuance [J]. International Journal of Human－Computer Studies，2006，64（9）：799－810.

[130] Childers T L，Carr C L，Peck J，et al. Hedonic and utilitarian motivations for online retail shopping behavior [J]. Journal of Retailing，2001，77（4）：511－535.

[131] Zeithaml V A. Consumer perceptions of price，quality，and value：a means－end Model and synthesis of evidence [J]. Journal of Marketing，1988，52（3）：2－22.

[132] Dodds W B，Monroe K B，Grewal D. Effects of price，brand，and store information on buyers [J]. Journal of Marketing Research，1991，28（3）：307－319.

[133] Fishbein M，Ajzen I. The influence of attitudes on behavior [C]. In：Albarracín D，Johnson BT and Zanna MP（eds）The Handbook of Attitudes. Mahwah：Erlbaum，2005：173－222.

[134] Kim S S，Malhotra N K，Narasimhan S. Two competing perspectives on automatic use：a theoretical and empirical comparison [J]. Information Systems Research，2005，16（4）：418－432.

[135] Zhou T，Lu Y，Wang B. Integrating TTF and UTAUT to explain mobile banking user adoption [J]. Ccmputers in Human Behavior，2010，26（4）：760－767.

[136] Martins C，Oliveira T，Popovič A. Understanding the internet banking adoption：A unified theory of acceptance and use of technology and perceived risk application [J]. International Journal cf Information Management，2014，34（1）：1－13.

[137] Baptista G，Oliveira T. Understanding mobile banking：The unified theory of acceptance and use of technology combined with cultural moderators [J]. Computers in Human Behavior，2015（50）：418－430.

[138] Merhi M，Hone K，Tarhini A. A cross－cultural study of the intention to use mobile banking between Lebanese and British consumers：Extending UTAUT2 with security，privacy and trust [J]. Technology in Society，2019（59）：101－151.

[139] Al－Saedi K，Al－Emran M，Ramayah T，et al. Developing a general extended UTAUT model for M－payment adoption [J]. Technology in Society，2020，62（1）：1－10.

[140] Slade E L，Dwivedi Y K，Piercy N C，et al. Modeling consumers′ adoption intentions of remote mobile payments in the United Kingdom?：Extending UTAUT with innovativeness，risk，and trust [J]. Psychology & Marketing，2015，32（8）：860－873.

[141] Teo A C, Tan G W H, et al. The effects of convenience and speed in m - payment [J]. Industrial Management & Data Systems, 2015, 115 (2): 311 - 331.

[142] Patil P, Tamilmani K, Rana N P, et al. Understanding consumer adoption of mobile payment in India: Extending Meta - UTAUT model with personal innovativeness, anxiety, trust, and grievance redressal [J]. International Journal of Information Management, 2020, 54 (2): 1 - 16.

[143] Cao Q, Niu X. Integrating context - awareness and UTAUT to explain Alipay user adoption [J]. International Journal of Industrial Ergonomics, 2019 (69): 9 - 13.

[144] Chiu C M, Wang E T G. Understanding Web - based learning continuance intention: The role of subjective task value [J]. Information and Management, 2008, 45 (3): 194 - 201.

[145] Terzis V, Economides A A. The acceptance and use of computer based assessment [J]. Computers and Education, 2011, 56 (4): 1032 - 1044.

[146] El - Masri M, Tarhini A. Factors affecting the adoption of e - learning systems in Qatar and USA: Extending the unified theory of acceptance and use of technology 2 (UTAUT2) [J]. Educational Technology Research and Development, 2017, 65 (3): 1 - 21.

[147] Mohammadyari S, Singh H. Understanding the effect of e - learning on individual performance: The role of digital literacy [J]. Computers and Education, 2015 (82): 11 - 25.

[148] Chao C M. Factors determining the behavioral intention to use mobile learning: An application and extension of the UTAUT model [J]. Frontiers in Psychology, 2019 (10).

[149] Raza S A, Qazi W, Khan K A, et al. Social Isolation and acceptance of the learning management system (LMS) in the time of COVID - 19 pandemic: An expansion of the UTAUT model [J]. Journal of Educational Computing Research, 2021, 59 (2): 183 - 208.

[150] Hoque R, Sorwar G. Understanding factors influencing the adoption of mHealth by the elderly: An extension of the UTAUT model [J]. International Journal of Medical Informatics, 2017 (101): 75 - 84.

[151] Dwivedi Y K, Shareef M A, Simintiras A C, et al. A generalised adoption model for services: A cross - country comparison of mobile health (m - health) [J]. Government Information Quarterly, 2016, 33 (1): 174 - 187.

[152] Sun Y, Wang N, Guo X, et al. Understanding the acceptance of mobile health serv-

ices: A comparison and integration of alternative models [J]. Journal of Electronic Commerce Research, 2013, 14 (2): 179 - 185.

[153] Cimperman M, Makovec Brenčič M, Trkman P. Analyzing older users' home telehealth services acceptance behavior - applying an Extended UTAUT model [J]. International Journal of Medical Informatics, 2016 (90): 22 - 31.

[154] Queiroz M M, Fosso Wamba S. Blockchain adoption challenges in supply chain: An empirical investigation of the main drivers in India and the USA [J]. International Journal of Information Management, 2019 (46): 70 - 82.

[155] Wong L W, Tan G W H, Lee V H, et al. Unearthing the determinants of blockchain adoption in supply chain management [J]. International Journal of Production Research, 2020, 58 (7): 2100 - 2123.

[156] Lian J W, Yen D C. Online shopping drivers and barriers for older adults: Age and gender differences [J]. Computers in Human Behavior, 2014 (37): 133 - 143.

[157] Yang K. Determinants of US consumer mobile shopping services adoption: Implications for designing mobile shopping services [J]. Journal of Consumer Marketing, 2010, 27 (3): 262 - 270.

[158] Min Q, Ji S, Qu G. Mobile commerce user acceptance study in China: A revised UTAUT model [J]. Tsinghua Science and Technology, 2008, 13 (3): 257 - 264.

[159] Escobar - Rodríguez T, Carvajal - Trujillo E. Online purchasing tickets for low cost carriers: An application of the unified theory of acceptance and use of technology (UTAUT) model [J]. Tourism Management, 2014 (43): 70 - 88.

[160] San Martín H, Herrero Á. Influence of the user's psychological factors on the online purchase intention in rural tourism: Integrating innovativeness to the UTAUT framework [J]. Tourism Management, 2012, 33 (2): 341 - 350.

[161] Gupta B, Dasgupta S, Gupta A. Adoption of ICT in a government organization in a developing country: An empirical study [J]. Journal of Strategic Information Systems, 2008, 17 (2): 140 - 154.

[162] Rana N P, Dwivedi Y K, Williams M D, et al. Adoption of online public grievance redressal system in India: Toward developing a unified view [J]. Computers in Human Behavior, 2016 (59): 265 - 282.

[163] Hew J J, Lee V H, Ooi K B, et al. What catalyses mobile apps usage intention: an empirical analysis [J]. Industrial Management & Data Systems, 2015, 95 (3): 1 - 32.

[164] Tam C, Santos D, Oliveira T. Exploring the influential factors of continuance intention to use mobile Apps: Extending the expectation confirmation model [J]. Infor-

mation Systems Frontiers, 2020, 22 (1): 243 - 257.

[165] Palau - Saumell R, Forgas - Coll S, Sánchez - García J, et al. User acceptance of mobile Apps for restaurants: An expanded and extended UTAUT - 2 [J] Sustainability, 2019, 11 (4): 1 - 24.

[166] Zuiderwijk A, Janssen M, Dwivedi Y K. Acceptance and use predictors of open data technologies: Drawing upon the unified theory of acceptance and use of technology [J]. Government Information Quarterly, 2015, 32 (4): 429 - 440.

[167] Oh J C, Yoon S J. Predicting the use of online information services based on a modified UTAUT model [J]. Behaviour and Information Technology, 2014, 33 (7): 716 - 729.

[168] Venkatesh V, Brown S A, Sullivan Y W. Guidelines for conducting mixed - methods research: An extension and illustration [J]. Journal of the Association for Information Systems, 2016, 17 (7): 435 - 494.

[169] Blut M, Chong A YL, Tsiga Z, et al. Meta - analysis of the unified theory of acceptance and use of technology (UTAUT): Challenging its validity and charting a research agenda in the read ocean [J]. Journal of the Association for Information Systems, 2021.

[170] Berry H, Guillén M F, Zhou N. An institutional approach to cross - national distance [J]. Journal of International Business Studies, 2010, 41 (9): 1460 - 1480.

[171] Rai A, Maruping L M, Venkatesh V. Offshore information systems project success: The role of social embeddedness and cultural characteristics [J]. MIS Quarterly, 2009, 33 (3): 617 - 641.

[172] Triandis H C, Gelfand M J. Converging measurement of horizontal and vertical individualism and collectivism [J]. Journal of Personality and Social Psychology, 1998, 74 (1): 118 - 128.

[173] Novak T P, Hoffman D L, Duhachek A. The influence of goal - directed and experiential activities on online flow experiences [J]. Journal of Consumer Psychology, 2003, 13 (1 - 2): 3 - 16.

[174] Goodhue D L, Thompson R L. Task - technology fit and individual performance [J]. MIS Quarterly, 1995, 19 (2): 213 - 236.

[175] L G Tornatzky M. The processes of technological innovation, Lexington Books, Fleischer, 1990.

[176] Hossain M A, Quaddus M. The adoption and continued usage intention of RFID: an integrated framework [J]. Information Technology & People, 2011, 24 (3): 236 - 256.

[177] Oliveira T, Martins M F. Firms patterns of e - business adoption: evidence for the European Union - 27 [J]. The Electronic Journal Information Systems Evaluation, 2010, 13 (1): 47 - 56.

[178] Ramdani B, Kawalek P, Lorenzo O. Predicting SMEs' adoption of enterprise systems [J]. Journal of Enterprise Information Management, 2009, 22 (1/2): 10 - 24.

[179] Zhu K, Kraemer K L. Post - adoption variations in usage and value of e - business by organizations: cross - country evidence from the retail industry [J]. Information Systems Research, 2005, 16 (1): 61 - 84.

[180] Wen K, Chen Y. E - business value creation in small and medium enterprises: a US study using the TOE framework [J]. International Journal of Electronic Business, 2010, 8 (1): 80 - 100.

[181] Wang Y M, Wang Y S, Yang Y F. Understanding the determinants of RFID adoption in the manufacturing industry [J]. Technological Forecasting and Social Change, 2010, 77 (5): 803 - 815.

[182] Salwani M I, Marthandan G, Norzaidi M D, et al. E - commerce usage and business performance in the Malaysian tourism sector: empirical analysis [J]. Information Management & Computer Security, 2009, 17 (2): 166 - 185.

[183] Lin H F, Lin S M. Determinants of e - business diffusion: a test of the technology diffusion perspective [J]. Technovation, 2008, 28 (3): 135 - 145.

[184] Zhu K, Kraemer K L, Xu S, et al. Information technology payoff in E - Business environments: An international perspective on value creation of E - Business in the financial services industry [J]. Journal of Management Information Systems, 2004, 21 (1): 17 - 54.

[185] Huang L S, Chou Y J, Lin C H. The influence of reading motives on the responses after reading blogs [J]. Cyberpsychology and Behavior, 2008, 11 (3): 351 - 355.

[186] Claycomb C, Iyer K, Germain R. Predicting the level of B2B e - commerce in industrial organizations [J]. Industrial Marketing Management, 2005, 34 (3): 221 - 34.

[187] Collins P D, Hage J, Hull F M. Organizational and technological predictors of change in automaticity [J]. Academy of Management Journal, 1988, 31 (3): 512 - 543.

[188] Hsu P F, Ray S, Li - Hsieh Y Y. Examining cloud computing adoption intention, pricing mechanism, and deployment model [J]. International Journal of Information Management, 2014, 34 (4): 474 - 488.

[189] Ifinedo P. An empirical analysis of factors influencing internet/e - business technologies adoption by smes in Canada [J]. International Journal of Information Technology and De-

cision Making，2011，10（4）：731－766.

［190］ Wang H J，Lo J. Adoption of open government data among government agencies ［J］. Government Information Quarterly，2016，33（1）：80－88.

［191］ Orji I J，Kusi－Sarpong S，Huang S，et al. Evaluating the factors that influence blockchain adoption in the freight logistics industry ［J］. Transportation Research Part E：Logistics and Transportation Review，2020（141）.

［192］ Park J H，Kim Y B. Factors activating big data adoption by Korean firms ［J］. Journal of Computer Information Systems，2021，61（3）：285－293.

［193］ Kuan K K Y，Chau P Y K. A perception－based model for EDI adoption in small businesses using a technology－organization－environment framework ［J］. Information and Management，2001，38（8）：507－521.

［194］ Chen D Q，Preston D S，Swink M. How the use of big data analytics affects value creation in supply chain management ［J］. Journal of Management Information Systems，2015，32（4）：4－39.

［195］ Awa H O，Ojiabo O U，Emecheta B C. Integrating TAM，TPB and TOE frameworks and expanding their characteristic constructs for e－commerce adoption by SMEs ［J］. Journal of Science & Technology Policy Management，2015，6（1）：76－94.

［196］ Jia Q，Guo Y，Barnes S J. Enterprise 2.0 post－adoption：Extending the information system continuance model based on the technology－organization－environment framework ［J］. Computers in Human Behavior，2017（67）：95－105.

［197］ Ruivo P，Oliveira T，Neto M. Examine ERP post－implementation stages of use and value：Empirical evidence from Portuguese SMEs ［J］. International Journal of Accounting Information Systems，2014，15（2）：166－184.

［198］ Awa H O，Ojiabo O U. A model of adoption determinants of ERP within T－O－E framework ［J］. Information Technology and People，2016，29（4）：901－930.

［199］ Ghobakhloo M，Arias－Aranda D，Benitez－Amado J. Adoption of e－commerce applications in SMEs ［J］. Industrial Management & Data Systems，2011（111）.

［200］ Wang Y S，Li H T，Li C R，et al. Factors affecting hotels' adoption of mobile reservation systems：A technology－organization－environment framework ［J］. Tourism Management，2016（53）：163－172.

［201］ Ramdani B，Chevers D，Williams D A. SMEs' adoption of enterprise applications：A technology－organisation－environment model ［J］. Journal of Small Business and Enterprise Development，2013，20（4）：735－753.

［202］ Ifinedo P. Internet/e－business technologies acceptance in Canada's SMEs：An exploratory investigation [J]. Internet Research, 2011, 21 (3): 255 - 281.

[203] Yang Z, Sun J, Zhang Y, et al. Understanding SaaS adoption from the perspective of organizational users: A tripod readiness model [J]. Computers in Human Behavior, 2015 (45): 254 - 264.

[204] Chan F T S, Chong A Y L. A SEM - neural network approach for understanding determinants of interorganizational system standard adoption and performances [J]. Decision Support Systems, 2012, 54 (1): 621 - 630.

[205] Chong A Y L, Chan F T S. Structural equation modeling for multi - stage analysis on Radio Frequency Identification (RFID) diffusion in the health care industry [J]. Expert Systems with Applications, 2012, 39 (10): 8645 - 8654.

[206] Ahani A, Rahim N Z A, Nilashi M. Forecasting social CRM adoption in SMEs: A combined SEM - neural network method [J]. Computers in Human Behavior, 2017 (75): 560 - 578.

[207] Borgman H P, Bahli B, Heier H, et al. Cloudrise: Exploring cloud computing adoption and governance with the TOE framework [J]. Proceedings of the Annual Hawaii International Conference on System Sciences, 2013: 4425 - 4435.

[208] Ahmadi H, Nilashi M, Ibrahim O. Organizational decision to adopt hospital information system: An empirical investigation in the case of Malaysian public hospitals [J]. International Journal of Medical Informatics, 2015, 84 (3): 166 - 188.

[209] Nilashi M, Ahmadi H, Ahani A, et al. Determining the importance of hospital information system adoption factors using fuzzy analytic network process (ANP) [J]. Technological Forecasting and Social Change, 2016 (111): 244 - 264.

[210] Yoon T E, George J F. Why aren′t organizations adopting virtual worlds? [J]. Computers in Human Behavior, 2013, 29 (3): 772 - 790.

[211] Martins R, Oliveira T, Thomas M A. An empirical analysis to assess the determinants of SaaS diffusion in firms [J]. Computers in Human Behavior, 2016 (62): 19 - 33.

[212] Tashkandi A N, Al - Jabri I M. Cloud computing adoption by higher education institutions in Saudi Arabia: An exploratory study [J]. Cluster Computing, 2015, 18 (4): 1527 - 1537.

[213] Yeh C C, Chen Y F. Critical success factors for adoption of 3D printing [J]. Technological Forecasting and Social Change, 2018 (132): 209 - 216.

[214] Ahmadi H, Nilashi M, Shahmoradi L, et al. Hospital information system adoption: Expert perspectives on an adoption framework for Malaysian public hospitals [J].

Computers in Human Behavior, 2017 (67): 161 - 189.

[215] Lee O K, Wang M, Lim K H, et al. Knowledge management systems diffusion in chinese enterprises: A multistage approach using the technology - organization - environment framework [J]. Journal of Global Information Management, 2009, 17 (1): 70 - 84.

[216] Picoto W N, Bélanger F, Palma - Dos - Reis A. An organizational perspective on m - business: Usage factors and value determination [J]. European Journal of Information Systems, 2014, 23 (5): 571 - 592.

[217] Sohaib O, Naderpour M, Hussain W, et al. Cloud computing model selection for e - commerce enterprises using a new 2 - tuple fuzzy linguistic decision - making method [J]. Computers and Industrial Engineering, 2019 (132): 47 - 58.

[218] Zhang Y, Sun J, Yang Z, et al. Critical success factors of green innovation: Technology, organization and environment readiness [J]. Journal of Cleaner Production, 2020: 264.

[219] Pillai R, Sivathanu B. Adoption of AI - based chatbots for hospitality and tourism [J]. International Journal of Contemporary Hospitality Management, 2020, 32 (10): 3199 - 3226.

[220] Sila I. Factors affecting the adoption of B2B e - commerce technologies [J]. Electronic Commerce Research, 2013 (13).

[221] Chang I C, Hwang H G, Hung M C, et al. Factors affecting the adoption of electronic signature: Executives' perspective of hospital information department [J]. Decision Support Systems, 2007, 44 (1): 350 - 359.

[222] Chatterjee S, Rana N P, Dwivedi Y K, et al. Understanding AI adoption in manufacturing and production firms using an integrated TAM - TOE model [J]. Technological Forecasting and Social Change, 2021: 170.

[223] Verma S, Bhattacharyya S S. Perceived strategic value - based adoption of big data analytics in emerging economy: A qualitative approach for Indian firms [J]. Journal of Enterprise Information Management, 2017, 30 (3): 354 - 382.

[224] Ali O, Shrestha A, Osmanaj V, et al. Cloud computing technology adoption: an evaluation of key factors in local governments [J]. Information Technology & People, 2021, 34 (2): 666 - 703.

[225] Lin H F. Understanding the determinants of electronic supply chain management system adoption: Using the technology - organization - environment framework [J]. Technological Forecasting and Social Change, 2014 (86): 80 - 92.

[226] Aboelmaged M G. Predicting e-readiness at firm-level: An analysis of technological, organizational and environmental (TOE) effects on e-maintenance readiness in manufacturing firms [J]. International Journal of Information Management, 2014, 34 (5): 639-651.

[227] Gibbs J L, Kraemer K L. A cross-country investigation of the determinants of scope of e-commerce use: An institutional approach [J]. Electronic Markets, 2004, 14 (2): 124-137.

[228] Palacios-Marqués D, Soto-Acosta P, Merigó J M. Analyzing the effects of technological, organizational and competition factors on web knowledge exchange in SMEs [J]. Telematics and Informatics, 2015, 32 (1): 23-32.

[229] Soto-Acosta P, Colomo-Palacios R, Popa S. Web knowledge sharing and its effect on innovation: An empirical investigation in SMEs [J]. Knowledge Management Research and Practice, 2014, 12 (1): 103-113.

[230] Xu S, Zhu K, Gibbs J. Global technology, local adoption: A cross-country investigation of Internet adoption by companies in the United States and China [J]. Electronic Markets, 2004, 14 (1): 13-24.

[231] Zhu Y, Li Y, Wang W, et al. What leads to post-implementation success of ERP? An empirical study of the Chinese retail industry [J]. International Journal of Information Management, 2010, 30 (3): 265-276.

[232] Zhu K, Kraemer K, Xu S. Electronic business adoption by European firms: A cross-country assessment of the facilitators and inhibitors [J]. European Journal of Information Systems, 2003, 12 (4): 251-268.

[233] Zhu K, Dong S, Xu S X, et al. Innovation diffusion in global contexts: Determinants of post-adoption digital transformation of European companies [J]. European Journal of Information Systems, 2006, 15 (6): 601-616.

[234] Soares-Aguiar A, Palma-dos-Reis A. Why do firms adopt E-procurement systems? Using logistic regression to empirically test a conceptual model [J]. IEEE Transactions on Engineering Management, 2008, 55 (1): 120-133.

[235] Martín S S, López-Catalán B, Ramón-Jerónimo M A. Factors determining firms' perceived performance of mobile commerce [J]. Industrial Management & Data Systems, 2012, 112 (6): 946-963.

[236] Oliveira T, Thomas M, Espadanal M. Assessing the determinants of cloud computing adoption: An analysis of the manufacturing and services sectors [J]. Information and Management, 2014, 51 (5): 497-510.

[237] Bose R, Luo X. Integrative framework for assessing firms' potential to undertake Green IT initiatives via virtualization - A theoretical perspective [J]. Journal of Strategic Information Systems, 2011, 20 (1): 38 - 54.

[238] Musawa M S, Wahab E. The adoption of electronic data interchange (EDI) technology by nigerian smes: A conceptual framework [J]. Journal of Business Management and Economics, 2012, 3 (2): 55 - 68.

[239] Jang H. An empirical study on the factors influencing RFID adoption and implementation [J]. International Journal Management Review, 2010, 5 (2): 55 - 73.

[240] Carnaghan C, Klassen K. Exploring the determinants of web - based e - business evolution in Canada [J]. AMCIS Proceedings, Coloredo, 2007.

[241] Raymond L, Uwizeyemungu S. A profile of ERP adoption in manufacturing SMEs [J]. Journal of Enterprise Information Management, 2007, 20 (4): 487 - 502.

[242] Tushman M, Nadler D. Organizing for innovation [J]. California Management Review, 1986, 28 (3): 74 - 94.

[243] Clohessy T, Acton T. Investigating the influence of organizational factors on blockchain adoption: An innovation theory perspective [J]. Industrial Management & Data Systems, 2019, 119 (7): 1457 - 1491.

[244] Bhattacherjee A, Premkumar G. Understanding changes in belief and attitude toward information technology usage: A theoretical model and longitudinal test [J]. MIS Quarterly, 2004, 229 - 254.

[245] Keil M, Tiwana A. Relative importance of evaluation criteria for enterprise systems: A conjoint study [J]. Information Systems Journal, 2006, 16 (3): 237 - 262.

[246] Koh C, Ang S, Straub D W. IT outsourcing success: A psychological contract perspective [J]. Information Systems Research, 2004, 15 (4): 356 - 373.

[247] Creswell J W. Research designs: Qualitative, quantitative, and mixed methods approaches (3rd ed.) [M]. Thousand Oaks, 2009.

[248] Teddlie C, Tashakkori A. Major issues and controversies in the use of mixed methods in the social and behavioral sciences. [C] Handbook of mixed methods in social and behavioral research (1st ed.) . Thousand Oaks, 2003: 3 - 50.

[249] Venkatesh V, Brown S A, Bala H. Bridging the qualitative - quantitative divide: Guidelines for conducting mixed methods research in information systems [J]. MIS Quarterly, 2013, 37 (1): 21 - 54.

[250] Tashakkori A, Teddlie C B. Handbook of mixed methods in social & behavioral research [M]. 2003.

[251] Orlikowski W J, Baroudi J J. Studying information technology in organizations [J]. Information Systems Research, 1991, 2 (1): 1-28.

[252] Johnson R B, Onwuegbuzie A J, Turner L A. Toward a definition of mixed methods research [J]. Journal of Mixed Methods Research, 2007, 1 (2): 112-133.

[253] Ivankova N V, Creswell J W, Stick S L. Using mixed-methods sequential explanatory design: From theory to practice [J]. Field Methods, 2006, 18 (1): 3-20.

[254] Tashakkori A, Teddlie C. Quality of inferences in mixed methods research. In M. M. Bergman [C]. Advances in mixed methods research: Theories and applications. London, UK, 2008: 53-65.

[255] Jick T D. Mixing qualitative and quantitative methods: Triangulation in action [J]. Administrative Science Quarterly, 1979, 24 (4): 602-611.

[256] Johnson R B, Onwuegbuzie A J. Mixed methods research: A research paradigm whose time has come [J]. Educational Researcher, 2004, 33 (7): 14-26.

[257] Creswell J W. Research designs: Qualitative, quantitative, and mixed methods approaches (2nd ed.) [M]. Thousand Oaks, 2003.

[258] Maxwell J A, Loomis D M. Mixed methods design: An alternative approach. Handbook of mixed methods in social and behavioral research (1st ed.) [M]. 2003: 241-272.

[259] Caracelli V J, Greene J C. Crafting mixed-method evaluation designs [J]. New Directions for Evaluation, 1997 (74): 19-32.

[260] Guest G. Describing mixed methods research: An alternative to typologies [J]. Journal of Mixed Methods Research, 2012, 7 (2): 141-151.

[261] Maxwell J A. Qualitative research design: An interactive approach [M]. Thousand Oaks, 1996.

[262] Nastasi B K, Hitchcock J H, Brown L M. An inclusive framework for conceptualizing mixed methods design typologies: Moving toward fully integrated synergistic research models [C]. Handbook of mixed methods in social and behavioral research (2nd ed.) . Thousand Oaks, 2010: 305-338.

[263] Tashakkori A, Teddlie C. Mixed methodology: Combining qualitative and quantitative approaches [M]. Thousand Oaks, 1998.

[264] Castro F G, Kellison J G, Boyd S J, et al. A methodology for conducting integrative mixed methods [J]. National Institute of Health, 2011, 4 (4): 342-360.

[265] Teddlie C, Tashakkori A. A general typology of research designs featuring mixed methods [J]. Research in the Schools, 2006, 13 (1): 12-28.

[266] Creswell J W, Fetters M D, Ivankova N V. Designing a mixed methods study in

primary care [J]. Annals of Family Medicine，2004，2 (1)：7 - 12.

[267] Asebedo S，Payne P. Market volatility and financial satisfaction：The role of financial self - efficacy [J]. Journal of Behavioral Finance，2019，20 (1)：42 - 52.

[268] Joo S H，Grable J E. An exploratory framework of the determinants of financial satisfaction [J]. Journal of Family and Economic Issues，2004，25 (1)：25 - 50.

[269] Burkhardt M E，Brass DJ. Changing patterns or patterns of change：The effects of a change in technology on social network structure and power [J]. Administrative Science Quarterly，1990，35 (1)：104 - 127.

[270] Dwivedi Y K，Lal B，Williams M D. Managing consumer adoption of broadband：Examining drivers and barriers [J]. Industrial Management & Data Systems，2009，109 (3)：357 - 369.

[271] Hernández B，Jiménez J，Martín M J. Age，gender and income：Do they really moderate online shopping behaviour? [J]. Online Information Review，2011，35 (1)：113 - 133.

[272] Fagan M H，Neill S，Wooldridge B R. An empirical investigation into the relationship between computer self - efficacy，anxiety，experience，support and usage [J]. Journal of Computer Information Systems，2004，44 (2)：95 - 104.

[273] Gecas V. The social psychology of self - efficacy [J]. Annual Review of Sociology，1989，15 (1)：291 - 316.

[274] Farrell L，Fry T R L，Risse L. The significance of financial self - efficacy in explaining women′ s personal finance behaviour [J]. Journal of Economic Psychology，2016 (54)：85 - 99.

[275] Wood R，Bandura A，Bailey T. Mechanisms governing organizational performance in complex decision - making environments [J]. Organizational Behavior and Human Decision Processes，1990，46 (2)：181 - 201.

[276] Wood R，Bandura A. Impact of conceptions of ability on self - regulatory mechanisms and complex decision making [J]. Journal of Personality and Social Psychology，1989a，56 (3)：407 - 415.

[277] Wood R，Bandura A. Social cognitive theory of organizational management [J]. Academy of Management Review，1989b，14 (3)：361 - 384.

[278] Teo T. Modelling technology acceptance in education：A study of pre - service teachers [J]. Computers and Education，2009，52 (2)：302 - 312.

[279] Alalwan A A，Dwivedi Y K，Rana N P，et al. Consumer adoption of mobile banking in Jordan [J]. Journal of Enterprise Information Management，2016，29 (1)：118 - 139.

[280] Chen Y Y, Huang H L, Hsu Y C, et al. Confirmation of expectations and satisfaction with the Internet shopping: The role of Internet self - efficacy [J]. Computer and Information Science, 2010, 3 (3): 14 - 22.

[281] Bhattacherjee A. An empirical analysis of the antecedents of electronic commerce service continuance [J]. Decision Support Systems, 2001, 32 (2): 201 - 214.

[282] Fu X, Zhang J, Chan F T S. Determinants of loyalty to public transit: A model integrating satisfaction - loyalty theory and expectation - confirmation theory [J]. Transportation Research Part A: Policy and Practice, 2018 (113): 476 - 490.

[283] Venkatesh V, Goyal S. Expectation disconfirmation and technology adoption: Polynomial modeling and response surface analysis [J]. MIS Quarterly, 2010, 34 (2): 281 - 303.

[284] Al - Momani A M, Mahmoud M A, Ahmad M S. Factors that influence the acceptance of internet of things services by customers of telecommunication companies in Jordan [J]. Journal of Organizational and End User Computing, 2018, 30 (4): 51 - 63.

[285] Venkatesh V, Thong J Y L, Chan F K Y, et al. Extending the two - stage information systems continuance model: Incorporating UTAUT predictors and the role of context [J]. Information Systems Journal, 2011, 21 (6): 527 - 555.

[286] Brown S A, Venkatesh V, Goyal S. Expectation confirmation in information systems research: A test of six competing models [J]. MIS Quarterly, 2014, 38 (3): 729 - 756.

[287] Chiang H S. Continuous usage of social networking sites: The effect of innovation and gratification attributes [J]. Online Information Review, 2013, 37 (6): 851 - 871.

[288] Shim S, Serido J, Tang C. The ant and the grasshopper revisited: The present psychological benefits of saving and future oriented financial behaviors [J]. Journal of Economic Psychology, 2012, 33 (1): 155 - 165.

[289] Yazid Z A, Ismail S, Taib N M, et al. Testing the financial attitude as a mediator for the relationship between financial self - efficacy with financial behavior [J]. Journal of Computational and Theoretical Nanoscience, 2017, 23 (8): 8009 - 8012.

[290] Malik G, Rao A S. Extended expectation - confirmation model to predict continued usage of ODR/ride hailing apps: role of perceived value and self - efficacy [J]. Information Technology & Tourism, 2019, 21 (4): 461 - 482.

[291] Teo T S H, Pok S H. Adoption of WAP - enabled mobile phones among Internet users [J]. The International Journal of Management Science, 2003, 31 (6): 483 - 498.

[292] Verkasalo H, López - Nicolás C, Molina - Castillo F J, et al. Analysis of users and

non - users of smartphone applications [J]. Telematics and Informatics, 2010, 27 (3): 242 - 255.

[293] Zhang X, Su J. A combined fuzzy DEMATEL and TOPSIS approach for estimating participants in knowledge - intensive crowdsourcing [J]. Computers & Industrial Engineering, 2019: 137.

[294] Jarvis C B, MacKenzie S B, Podsakoff P M. A critical review of construct indicators and measurement model misspecification in marketing and consumer research [J]. Journal of Consumer Research, 2003, 30 (2): 199 - 218.

[295] Montford W, Goldsmith R E. How gender and financial self - efficacy influence investment risk taking [J]. International Journal of Consumer Studies, 2016, 40 (1): 101 - 106.

[296] Tan M, Teo T S H. Factors influencing the adoption of Internet banking [J]. Journal of the Association for Information Systems, 2000, 1 (1): 1 - 42.

[297] Wixom B H, Watson H J. An empirical investigation of the factors affecting data warehousing success [J]. MIS Quarterly, 2007, 25 (1): 17 - 41.

[298] Armstrong J S, Overton T S. Estimating nonresponse bias in mail surveys [J]. Journal of Marketing Research, 1977, 14 (3): 396 - 402.

[299] Podsakoff P M, Organ D W. Self - reports in organizational research: Problems and prospects [J]. Journal of Management, 1986, 12 (4): 531 - 544.

[300] Mattila A S, Enz C A. The role of emotions in service encounters [J]. Journal of Service Research, 2002, 4 (4): 267 - 277.

[301] Chin W W, Thatcher J B, Wright R T. Assessing common method bias: Problems with the ULMC technique [J]. MIS Quarterly, 2012, 36 (3): 1003 - 1019.

[302] Jöreskog K G. Simultaneous factor analysis in several populations [J]. Psychometrika, 1971, 36 (4): 409 - 426.

[303] Chin W W, Marcolin B L, Newsted P R. A partial least squares latent variable modeling approach for measuring interaction effects: results from a Mote Carlo simulation study and voice mail emotion/adoption study [J]. Information Systems Research, 2003, 14 (2): 189 - 217.

[304] Fornell C, Larcker D F. Evaluating structural equation models with unobservable variables and measurement error [J]. Journal of Marketing Research, 1981, 18 (1): 39 - 50.

[305] Hair J F, Ringle C M, Sarstedt M. PLS - SEM: Indeed a silver bullet [J]. Journal of Marketing Theory and Practice, 2011, 19 (2): 139 - 152.

[306] Hair J F, Jr Hult G T M, Ringle C, et al. A primer on partial least squares structural equation modeling (PLS-SEM). London, 2016.

[307] Voorhees C M, Brady M K, Calantone R, et al. Discriminant validity testing in marketing: an analysis, causes for concern, and proposed remedies [J]. Journal of the Academy of Marketing Science, 2016, 44 (1): 119-134.

[308] Franke G, Sarstedt M. Heuristics versus statistics in discriminant validity testing: a comparison of four procedures [J]. Internet Research, 2019, 29 (3): 430-447.

[309] Henseler J, Dijkstra T K, Sarstedt M, et al. Common beliefs and reality about partial least squares: Comments on Rönkkö & Evermann [J]. Organizational Research Methods, 2014, 17 (2), 182-209.

[310] Shmueli G, Koppius O R. Predictive analytics in information systems research [J]. MIS Quarterly, 2011, 35 (3): 553-572.

[311] Shmueli G, Ray S, Velasquez Estrada J M, et al. The elephant in the room: predictive performance of PLS models [J]. Journal of Business Research, 2016, 69 (10): 4552-4564.

[312] Zhao X, Lynch J G, Chen Q. Reconsidering Baron and Kenny: Myths and truths about mediation analysis [J]. Journal of Consumer Research, 2010, 37 (2): 197-206.

[313] Shiau W L, Huang L C, Shih C H. Understanding continuance intention of blog users: A perspective of flow and expectation confirmation theory [J]. Journal of Convergence Information Technology, 2011, 6 (4): 306-317.

[314] Ivanaj S, Nganmini G B, Antoine A. Measuring e-learners' perceptions of service quality [J]. Journal of Organizational and End User Computing, 2019, 31 (2): 83-104.

[315] Lee M C. Explaining and predicting users' continuance intention toward e-learning: an extension of the expectation-confirmation model [J]. Computers & Education, 2010, 54 (2): 506-516.

[316] Jin B S, Yoon S H, Ji Y G. Development of a continuous usage model for the adoption and continuous usage of a smartphone [J]. International Journal of Human-Computer Interaction, 2013, 29 (9): 563-581.

[317] Edmondson A C, McManus S E. Methodological fit in management field research [J]. Academy of Management Review, 2007, 32: 1155-1179.

[318] Yin R K. Case study research: Design and methods [M], 5th ed., Sage Publications, Thousand Oaks, 2014.

[319] Eisenhardt K M. Agency theory: an assessment and review [J]. Acad. Manag. Rev, 1989, 14 (1): 57-74.

[320] Klein H K, Myers M D. A set of principles for conducting and evaluating interpretive field studies in information systems [J]. MIS Quarterly: Academy of Management Review, 1999, 23 (1): 67-94.

[321] Kvale S. The interview situation. In An introduction to qualitative research interviewing [M]. London, 1996: 124-143.

[322] Strauss A, Corbin J. Basics of qualitative research: Procedures and techniques for developing grounded theory [M]. Thousand Oaks, 1998.

[323] Gioia D A, Corley K G, Hamilton A L. Seeking qualitative rigor in inductive research: Notes on the Gioia methodology [J]. Organizational Research Methods, 2013, 16 (1): 15-31.

[324] Langley A. Strategies for theorizing from process data [J]. Academy of Management Review, 1999 (24): 691-710.

[325] Lincoln Y S, Guba E G. Naturalistic inquiry [M]. Beverly Hills, 1985.

[326] Locke K, Golden - Biddle K. Constructing opportunities for contribution: Structuring intertextual coherence and "problematizing" in organizational studies [J]. Academy of Management Journal, 1997 (40): 1023-1062.

[327] Van Maanen J. The fact offiction in organizational ethnography [J]. Administrative Science Quarterly, 1979 (24): 539-550.

[328] Glaser B, Strauss A. Grounded theory: the discovery of grounded theory [J]. Sociology the Journal of the British Sociological Association, 1967, 12 (1): 27-49.

[329] Pratt M G. Fitting oval pegs into round holes: Tensions in evaluating and publishing qualitative research in top - tier North American journals [J]. Organizational Research Methods, 2008 (11): 481-509.

[330] Tracy S J. Qualitative quality: Eight "big - tent" criteria for excellent qualitative research [J]. Qualitative Inquiry, 2010 (16): 837-851.

[331] Joo Y J, Park S, Shin E K. Students' expectation, satisfaction, and continuance intention to use digital textbooks [J]. Computers in Human Behavior, 2017 (69): 83-90.

[332] Huang Y M. Examining students' continued use of desktop services: Perspectives from expectation - confirmation and social influence [J]. Computers in Human Behavior, 2019 (96): 23-31.

[333] Shiau W L, Luo M M. Factors affecting online group buying intention and satisfaction: A social exchange theory perspective [J]. Computers in Human Behavior, 2012, 28 (6): 2431-2444.

[334] Gewald H, Dibbern J. Risks and benefits of business process outsourcing: A study of transaction services in the German banking industry [J]. Information and Management, 2009, 46 (4): 249 - 257.

[335] Wu I L, Chiu M L, Chen K W. Defining the determinants of online impulse buying through a shopping process of integrating perceived risk, expectation - confirmation model, and flow theory issues [J]. International Journal of Information Management, 2020, 52 (2).

[336] Johnson R D, Hornik S, Salas E. An empirical examination of factors contributing to the creation of successful e - learning environments [J]. International Journal of Human - Computer Studies, 2008, 66 (5): 356 - 369.

[337] Balakrishnan J, Dwivedi Y K. Conversational commerce: entering the next stage of AI - powered digital assistants [J]. Annals of Operations Research, 2021.

[338] Ajzen I. Attitudes, personality, and behavior [M]. Chicago IL: Dorsey Press, 1988.

[339] Ajzen I. The theory of planned behavior [J]. Organizational Behavior and Human Decision Processes, 1991 (50): 179 - 211.

[340] Premkumar G. A Meta - Analysis of Research on Information Technology Implementation in Small Business [J]. Journal of Organizational Computing, 2003, 13 (2): 91 - 121.

[341] Awa H O, Ukoha O, Igwe S R. Revisiting Technology - Organization - Environment (T - O - E) Theory for Enriched Applicability [J]. The Bottom Line, 2017 (1): 2 - 22.

[342] Bartneck C, Kulić D, Croft E, et al. Measurement instruments for the anthropomorphism, animacy, likeability, perceived intelligence, and perceived safety of robots [J]. International Journal of Social Robotics, 2009, 1 (1): 71 - 81.

[343] Moussawi S, Koufaris M, Benbunan - Fich R. How perceptions of intelligence and anthropomorphism affect adoption of personal intelligent agents [J]. Electron Markets. 2020.

[344] Mirnig N, Stollnberger G, Miksch M, et al. To err is robot: how humans assess and act toward an erroneous social robot [J]. Frontiers Robotics AI, 2017 (4): 1 - 15.

[345] Yu C E. Humanlike robots as employees in the hotel industry: thematic content analysis of online reviews [J]. Journal of Hospitality Marketing and Management, 2020, 29 (1): 22 - 38.

[346] Moussawi S, Koufaris M. Perceived intelligence and perceived anthropomorphism of personal intelligent agents: scale development and validation. Proceedings of the 52nd

HI International Conference on System Sciences，University of HI，2019：115－124.

[347] Ma W W K，Andersson R，Streith K O. Examining user acceptance of computer technology：An empirical study of student teachers [J]. Journal of Computer Assisted Learning，2005，21（6）：387－395.

[348] Barney Jay. Resource－based theories of competitive advantage：A ten－year retrospective on the resource－based view [J]. Journal of Management，2001，27（6）：643－650.

[349] Ramanathan R，Duan Y，Cao G，et al. World academy of science [J]，Engineering and Technology，2012（69）.

[350] Grant R M. The resource－based theory of competitive advantage：Implications for strategy formulation [J]. California Management Review，1991，33（3）：114－135.

[351] Zhu K，Kraemer K L. E－commerce metrics for net－enhanced organizations：Assessing the value of e－commerce to firm performance in the manufacturing sector [J]. Information Systems Research，2002，13（3）：275－295.

[352] Eze S，Awa H，Okoye J，et al. Determinant factors of information communication technology（ICT）adoption by government－owned universities in Nigeria：a qualitative approach [J]. Journal of Enterprise Information Management，2013，26（4）：427－443.

[353] Hasani T，Bojei J，Dehghantanha A. Investigating the antecedents to the adoption of SCRM technologies by start－up companies [J]. Telematics and Informatics. 2016，34（5）：655－675.

[354] Tutusaus M，Schwartz K，Smit S. The ambiguity of innovation drivers：The adoption of information and communication technologies by public water utilities [J]. Journal of Cleaner Production. 2018（171）：79－85.

[355] Chen W C，Chen C W，Chen W K. Drivers of mobile payment acceptance in China：An empirical investigation [J]. Information（Switzerland），2019，10（12）：1－20.

[356] Basole R C，Seuss C D，Rouse W B. IT innovation adoption by enterprises：Knowledge discovery through text analytics [J]. Decision Support Systems，2013，54（2）：1044－1054.

[357] Kim C，Mirusmonov M，Lee I. An empirical examination of factors influencing the intention to use mobile payment [J]. Computers in Human Behavior，2010，26（3）：310－322.

[358] Rogers E M. Diffusion of innovations [M]. New York，USA：The Free Press，1995.

[359] Lee M K O, Cheung C M K, Chen Z H. Understanding user acceptance of multimedia messaging services: An empirical study [J]. Journal of the American Society for Information and Technology, 2007, 58 (13): 2066 - 2077.

[360] Thakur R, Srivastava M. Adoption readiness, personal innovativeness, perceived risk and usage intention across customer groups for mobile payment services in India [J]. Internet Research, 2014, 24 (3): 369 - 392.

[361] Yu T, Lin M, Liao Y. Understanding factors influencing information communication technology adoption behavior: The moderators of information literacy and digital skills [J]. Computers in Human Behavior, 2017 (71): 196 - 208.

[362] Abbas H A, Khalil O E M, Hamdy H I. Determinants of the behavioral intention to adopt tablet computers in an Arabian milieu [J]. International Journal of Mobile Human Computer Interaction, 2019, 11 (1): 16 - 39.

[363] Fauzi A A, Sheng M L. Ride - hailing apps' continuance intention among different consumer groups in Indonesia: the role of personal innovativeness and perceived utilitarian and hedonic value [J]. Asia Pacific Journal of Marketing and Logistics, 2020, 33 (5): 1195 - 1219.

[364] Hsu J S C, Shih S P, Hung Y W, et al. The role of extra - role behaviors and social controls in information security policy effectiveness [J]. Information Systems Research, 2015, 26 (2): 282 - 300.

[365] Moussawi S, Koufaris M, Benbunan - Fich R. How perceptions of intelligence and anthropomorphism affect adoption of personal intelligent agents [J]. Electronic Markets, 2021, 31 (2): 343 - 364.

[366] Woodruff Robert B. Customer value: The next source for competitive advantage [J]. Journal of the Academy of Marketing Sciences, 1997, 25 (2): 139 - 153.

[367] Alsabawy A Y, Cater - Steel A, Soar J. IT infrastructure services as a requirement for e - learning system success [J]. Computers and Education, 2013 (69): 431 - 451.

[368] Kimiagari S, Baei F. Promoting e - banking actual usage: mix of technology acceptance model and technology - organisation - environment framework [J]. Enterprise Information Systems, 2021: 1 - 57.

[369] Wang Z, Liu Z, Liu J. Innovation strategy or policy pressure? The motivations of BIM adoption in China's AEC enterprises [J]. Journal of Asian Architecture and Building Engineering, 2021: 1 - 12.

[370] Zhang Z, Liu M, Yang Q. Examining the external antecedents of innovative work behavior: The role of government support for talent policy [J]. International

Journal of Environmental Research and Public Health, 2021, 18 (3): 1-17.

[371] Martinsons M G. Relationship-based e-commerce: theory and evidence from China [J]. Information Systems Journal, 2008, 18 (4): 331-356.

[372] Bjørn P, Fitzgerald B, Scopula A. The role of social awareness in technology acceptance ofgroupware in virtual learning teams. In Proceedings of the 26th Information Systems Research Seminar in Scandinavia, IRIS, Haikko Manor, Finland. 2003.

[373] Nasri W, Charfeddine L. Factors affecting the adoption of Internet banking in Tunisia: An integration theory of acceptance model and theory of planned behavior [J]. The Journal of High Technology Management Research, 2012, 23 (1): 1-14.

[374] Midgley D F, Dowling G R. Innovativeness: The concept and its measurement [J]. Journal of Consumer Research. 1978, 4 (4): 229-242.

[375] Ozturk A B, Nusair K, Okumus F, et al. The role of utilitarian and hedonic values on users' continued usage intention in a mobile hotel booking environment [J]. International Journal of Hospitality Management, 2016 (57): 106-115.

[376] Ramos-de-Luna I, Montoro-Ríos F, Liébana-Cabanillas F, et al. NFC technology acceptance for mobile payments: A Brazilian perspective [J]. Review of Business Management, 2017, 19 (63): 82-103.

[377] Contreras Pinochet L H, Diogo G T, Lopes E L, et al. Propensity of contracting loans services from FinTech' s in Brazil [J]. International Journal of Bank Marketing, 2019, 37 (5): 1190-1214.

[378] Kim M K, Oh J, Park J H, et al. Perceived value and adoption intention for electric vehicles in Korea: Moderating effects of environmental traits and government supports [J]. Energy, 2018 (159): 799-809.

[379] Hu G, Chohan S R, Liu J. Does IoT service orchestration in public services enrich the citizens' perceived value of digital society? [J]. Asian Journal of Technology Innovation, 2020, 30 (1): 217-243.

[380] Omigie N O, Zo H, Ciganek A P, et al. Understanding the continuance of mobile financial services in Kenya: The roles of utilitarian, hedonic, and personal values [J]. Journal of Global Information Management, 2020, 28 (3): 36-57.

[381] Venkatesh V, Davis F D. A theoretical extension of the technology acceptance model: Four longitudinal field studies [J]. Management science, 2000 (46): 186-204.

[382] Sheppard B H, Hartwick J, Warshaw P R. The theory of reasoned action: A meta-analysis of past research with recommendations for modifications and future research

[J]. Journal of consumer research，1988：325 - 343.
[383] Alalwan A A，Dwivedi Y K，Rana N P，et al. Consumer adoption of Internet banking in Jordan：Examining the role of hedonic motivation，habit，self - efficacy and trust [J]. Journal of Financial Services Marketing，2015，20 (2)：145 - 157.
[384] Hsu M H，Tien S W，Lin H C，et al. Understanding usage of Internet of Things (IOT) systems in China cognitive experience and affect experience as moderator [J]. Information Technology & People，2017，30 (1)：117 - 138.
[385] Chang T Z，Wildt A R. Price，product information，and purchase intention：An empirical study [J]. Journal of the Academy of Marketing Science，1994，22 (1)：16 - 27.
[386] Zhang L Y，Shi Y J，Lu Q. Consumer′s decision - making behavior in online shopping：An integrated analysis [J]. Applied Mechanics and Materials，2014 (519 - 520)：422 - 429.
[387] Grandon E E，Pearson J M. Electronic commerce adoption：An empirical study of small and medium US businesses [J]. Information and Management，2004，42 (1)：197 - 216.
[388] Turel O，Serenko A，Bontis N. User acceptance of wireless short messaging services：deconstructing perceived value [J]. Information and Management，2007，44 (1)：63 - 73.
[389] Kim B，Oh J. The difference of determinants of acceptance and continuance of mobile data services：A value perspective [J]. Expert Systems with Applications，2011，38 (3)：1798 - 1804.
[390] Liu Y，Yang Y，Li H. A unified risk - benefit analysis framework for investigating mobile payment adoption，2012 International Conference on Mobile Business Proceedings，2012.
[391] Eggert A，Ulaga W. Customer perceived value：A substitute for satisfaction in business markets? [J]. Journal of Business & Industrial Marketing，2013 (17)：107 - 118.
[392] Tam J L M. Customer satisfaction，service quality and perceived value：An integrative model [J]. Journal of Marketing Management，2004，20 (7 - 8)：897 - 917.
[393] Zhang Y，Zhang H，Yang Z，et al. Snowball effect of user participation in online environmental communities：Elaboration likelihood under social influence [J]. International Journal of Environmental Research and Public Health，2019，16 (17).
[394] Chaouali W，Lunardo R，Ben Yahia I，et al. Design aesthetics as drivers of value in

mobile banking: does customer happiness matter? [J]. International Journal of Bank Marketing, 2020, 38 (1): 219-241.

[395] Pham L, Williamson S, Mohebbi C, et al. The mediating role of perceived value in the effect of multi-dimensional risk in mobile banking [J]. International Journal of Enterprise Information Systems, 2019, 15 (4): 1-25.

[396] Arahita C L, Hatammimi J. Factors affecting the intention to reuse mobile banking service [J]. International Journal of Research in Business and Social Science, 2015, 4 (4): 15-22.

[397] Farah M F, Hasni M J S, Abbas A K. Mobile-banking adoption: empirical evidence from the banking sector in Pakistan [J]. International Journal of Bank Marketing, 2018, 36 (7): 1386-1413.

[398] Makanyeza C. Determinants of consumers' intention to adopt mobile banking services in Zimbabwe. International Journal of Bank Marketing [J]. International Journal of Bank Marketing, 2017, 12 (7): 1-32.

[399] Dootson P, Beatson A, Drennan J. Financial institutions using social media-do consumers perceive value? [J] The International Journal of Bank Marketing, 2016, 34 (1): 9-36.

[400] Keen P G W. Shaping the future [M]. Boston, MA: Harvard Business School Press, 1991.

[401] Wei H L, Lin K Y, Lu H P, et al. Understanding the intentions of users to 'stick' to social networking sites: a case study in Taiwan [J]. Behaviour and Information Technology, 2015, 34 (2): 151-162.

[402] Lin C Y, Ho Y H. RFID technology adoption and supply chain performance: An empirical study in China's logistics industry [J]. Supply Chain Management, 2009, 14 (5): 369-378.

[403] Lin D, Lee C K M, Lau H, et al. Strategic response to industry 4.0: An empirical investigation on the Chinese automotive industry [J]. Industrial Management & Data Systems, 2018, 118 (3): 589-605.

[404] Agarwal R, Prasad J. A conceptual and operational definition of personal innovativeness in the domain of information technology [J]. Information Systems Research, 1998, 9 (2): 204-215.

[405] Yang S, Lu Y, Gupta S, et al. Mobile payment services adoption across time: An empirical study of the effects of behavioral beliefs, social influences, and personal traits [J]. Computers in Human Behavior, 2012, 28 (1): 129-142.

[406] Fishbein M, Ajzen I. Belief, attitude, intention, and behavior: An introduction to theory and research [M]. Reading, Mass: Addison-Wesley, 1975.

[407] Kaushik A K, Agrawal A K, Rahman Z. Tourist behaviour towards self-service hotel technology adoption: trust and subjective norm as key antecedents [J]. Tourism Management Perspectives, 2015 (16): 278-289.

[408] Burton-Jones A, Grange C. From use to effective use: A representation theory perspective [J]. Information Systems Research, 2013, 24 (3): 632-658.

[409] Kim H, Chan H C, Chan Y P. A balanced thinking-feelings model of information systems continuance [J]. International Journal of Human-Computer Studies, 2007 (65): 511-525.

[410] Liu X, Zhou L, Wu Y C J. Supply chain finance in China: business innovation and theory development [J]. Sustainability, 2015, 7 (11): 14689-14709.

[411] Karjaluoto H, Shaikh A A, Saarijärvi H, et al. How perceived value drives the use of mobile financial services apps [M]. International Journal of Information Management (in Press), 2018.

[412] Guo L. Regulating investment Robo-advisors in China: Problems and prospects [J], European Business Organization Law Review, 2020, 21 (1): 69-99.

[413] Delone W H, McLean E R. The DeLone and McLean model of information systems success: A ten-year update [J]. Journal of Management Information Systems, 2003, 19 (4): 9-30.

[414] Alam M G R, Masum A K M, Beh L S, et al. Critical factors influencing decision to adopt human resource information system (HRIS) in hospitals [J]. PLoS ONE, 2016, 11 (8): 1-22.

[415] Pillai R, Sivathanu B, Mariani M, et al. Adoption of AI-empowered industrial robots in auto component manufacturing companies [J]. Production Planning and Control, 2021: 1-17.

[416] Chang C M, Hsu M H, Hsu C S, et al. Examining the role of perceived value in virtual communities continuance: Its antecedents and the influence of experience [J]. Behaviour and Information Technology, 2014, 33 (5): 502-521.

[417] Bjerkan K Y, Nørbech T E, Nordtømme M E. Incentives for promoting battery electric vehicle (BEV) adoption in Norway [J]. Transportation Research Part D: Transport and Environment, 2016 (43): 169-180.

[418] Byun H, Shin J, Lee C Y. Using a discrete choice experiment to predict the penetration possibility of environmentally friendly vehicles [J]. Energy, 2018

(144): 312 - 321.

[419] Lieven T. Policy measures to promote electric mobility: A global perspective [J]. Transportation Research Part A: Policy and Practice, 2015 (82): 78 - 93.

[420] Mersky A C, Sprei F, Samaras C, et al. Effectiveness of incentives on electric vehicle adoption in Norway [J]. Transportation Research Part D: Transport and Environment, 2016 (46): 56 - 68.

[421] Noori M, Tatari O. Development of an agent - based model for regional market penetration projections of electric vehicles in the United States [J]. Energy, 2016 (96): 215 - 230.

[422] Sierzchula W, Bakker S, Maat K, et al. The influence of financial incentives and other socio - economic factors on electric vehicle adoption [J]. Energy Policy, 2014 (68): 183 - 194.

[423] Wang S, Li J, Zhao D. The impact of policy measures on consumer intention to adopt electric vehicles: Evidence from China [J]. Transportation Research Part A: Policy and Practice, 2017 (105): 14 - 26.

[424] Sanchez - Torres J A, Arroyo - Cañada F J A, Sandoval A V, et al. E - banking in Colombia: factors favouring its acceptance, online trust and government support [J]. The Eletronic Library, 2018, 34 (1): 1 - 5.

[425] Karjaluoto H, Shaikh A A, Saarijärvi H, et al. How perceived value drives the use of mobile financial services apps [J]. International Journal of Information Management, 2019 (47): 252 - 261.

致　　谢

感谢台湾铭传大学萧文龙教授的大力支持和悉心指导，萧教授针对本书内容给予了许多直接、深入、有益的指导和建议，保障了本书研究方法的适用性和研究结论的准确性。感谢杭州科技职业技术学院商务管理学院的领导和同事，为本书的撰写和顺利出版提供了大量的帮助和支持。

图书在版编目（CIP）数据

财富管理背景下金融科技使用意愿和行为的影响机制研究 / 袁野著. -- 北京 ：中国农业出版社，2024. 10.

ISBN 978-7-109-32498-5

Ⅰ. F830

中国国家版本馆 CIP 数据核字第 2024J6Y447 号

中国农业出版社出版

地址：北京市朝阳区麦子店街 18 号楼

邮编：100125

责任编辑：边　疆　张潇逸

版式设计：杨　婧　　责任校对：张雯婷

印刷：北京中兴印刷有限公司

版次：2024 年 10 月第 1 版

印次：2024 年 10 月北京第 1 次印刷

发行：新华书店北京发行所

开本：720mm×960mm　1/16

印张：13.25

字数：245 千字

定价：79.00 元